中國學術思想 研究輯刊

三八編

林慶彰 主編

第 3 冊

從簡帛《老子》看《老子》思想與《莊子》外雜篇之關係

林煒倫 著

花木蘭文化事業有限公司

國家圖書館出版品預行編目資料

從簡帛《老子》看《老子》思想與《莊子》外雜篇之關係
／林煒倫 著 -- 初版 -- 新北市：花木蘭文化事業有限公司，
2023〔民 112〕
目 2+172 面；19×26 公分
（中國學術思想研究輯刊 三八編；第 3 冊）
ISBN 978-626-344-391-4（精裝）
1.CST：老子 2.CST：莊子 3.CST：道家 4.CST：老莊哲學
030.8   112010411

ISBN-978-626-344-391-4

9 786263 443914

中國學術思想研究輯刊
三八編 第 三 冊   ISBN：978-626-344-391-4

從簡帛《老子》看《老子》思想
與《莊子》外雜篇之關係

作 者 林煒倫
主 編 林慶彰
總 編 輯 杜潔祥
副總編輯 楊嘉樂
編輯主任 許郁翎
編 輯 張雅淋、潘玟靜 美術編輯 陳逸婷
出 版 花木蘭文化事業有限公司
發 行 人 高小娟
聯絡地址 235 新北市中和區中安街七二號十三樓
        電話：02-2923-1455 ／傳真：02-2923-1452
網 址 http://www.huamulan.tw 信箱 service@huamulans.com
印 刷 普羅文化出版廣告事業
封面設計 劉開工作室
初 版 2023 年 9 月
定 價 三八編 16 冊（精裝）新台幣 42,000 元

從簡帛《老子》看《老子》思想
與《莊子》外雜篇之關係

林煒倫 著

作者簡介

林煒倫，國立臺灣師範大學國文系碩士，現職為高中教師。研究興趣主要在近世出土文獻中的思想方面以及先秦道家文獻。

提　要

　　近世思想史之研究，由於出土文獻的發現，有了新的發展。1993 年郭店楚簡《老子》的出土，即為二十世紀末重大的學術發現，亦是截至今日所發現最早的《老子》傳本。「老子」一詞，實含老子其人、其學以及其書三個意涵，而郭店《老子》的發現，對於老子其人的時代，其學於戰國的發展狀況，其書如何流傳、改變而成現今所見的傳世本《老子》，提供了新的研究材料。老子之學於戰國之時，各自有著不同的支派，如莊子之學以及黃老之學，這些流派分別發展與結合後產生的文獻，大量出現在傳世本《莊子》外、雜篇中，使《莊子》外、雜篇儼然成為戰國道家思想之集大成者。本文藉由《老子》形成期與成型期的文本對勘，以及《莊子》外、雜篇中所見的戰國時期道家思想，研究《老子》成書過程中思想的演變。

　　本文擬在前輩學者的研究成果上，著重於思想發展性的研究。首章「緒論」，依序說明研究動機與目的、研究範圍之釐定、研究方法的運用以及前人研究文獻的回顧，第二章「簡帛《老子》及其流傳」，主要討論郭店《老子》的文獻性質，以及在《老子》一書形成過程中，郭店《老子》居於重要的地位。第三章「《莊子》外雜篇中的思想議題」，透過對於《莊子》外、雜篇的分析，主要討論戰國晚期道家各支派的思想特徵以及發展狀況。第四章「《莊子》外雜篇思想與《老子》的關係」，主要探討《老子》文本於郭店本到帛書本，其中可能雜入的莊子後學思想，如無君派思想、黃老思想等，並推論《老子》文本形成與莊子後學的關係。第五章「結論」，總結本文的研究成果，並指出目前的局限以及未來研究發展的可能。

目

次

第一章　緒　論 ………………………………………… 1
　第一節　研究動機與目的 ……………………………… 1
　第二節　前人研究成果之回顧 ………………………… 5
　第三節　研究範圍與議題 ……………………………… 7
　　一、研究範圍之文本 ………………………………… 8
　　二、研究議題 ………………………………………… 9
　第四節　研究方法與步驟 …………………………… 10
　　一、研究方法 ……………………………………… 11
　　二、研究步驟與綱要 ……………………………… 15
　第五節　研究成果之限制 …………………………… 16
第二章　簡帛《老子》及其流傳 …………………… 19
　第一節　老子其人與其書 …………………………… 19
　第二節　郭店《老子》的文本性質 ………………… 30
　　一、郭店《老子》的分組原因 …………………… 32
　　二、郭店《老子》各組之性質與地位 …………… 39
　　三、郭店《老子》各組的流傳 …………………… 42
　第三節　帛書《老子》與漢簡《老子》的文本
　　　　　性質 ………………………………………… 51
　　一、馬王堆帛書《老子》 ………………………… 51
　　二、北京大學藏西漢竹書《老子》 ……………… 61

　第四節　簡、帛本《老子》間文本與思想的差異 … 65
第三章　《莊子》外雜篇中的思想議題 ………………… 71
　第一節　「道」與宇宙論 ………………………………… 73
　　一、道與宇宙創生 ……………………………………… 73
　　二、氣與宇宙原質 ……………………………………… 77
　　三、道與一 ……………………………………………… 81
　第二節　修養論 ………………………………………… 84
　　一、「心」的修養 ……………………………………… 86
　　二、「形」的修養 ……………………………………… 90
　第三節　政治論 ………………………………………… 94
　　一、無君思想 …………………………………………… 96
　　二、黃老治術 ………………………………………… 100
　第四節　小結 ………………………………………… 104
第四章　《莊子》外雜篇思想與《老子》的關係 ‥ 107
　第一節　從「道」與宇宙論觀測 ……………………… 108
　　一、先天地生的「道」 ……………………………… 109
　　二、生天生地的「道」 ……………………………… 113
　第二節　從修養論觀測 ………………………………… 132
　第三節　從政治思想論觀測 …………………………… 137
　　一、小國寡民 ………………………………………… 137
　　二、反戰思想 ………………………………………… 143
　　三、黃老治術 ………………………………………… 147
第五章　結　論 ………………………………………… 149
參考書目 …………………………………………………… 153

表目次
　表一：老子、老萊子、太史儋三人比較表 ……… 29
　表二：郭店《老子》甲、乙、丙三組各簡連繫
　　　　情況表 ………………………………………… 32
　表三：李零編排之郭店《老子》甲組簡序表 …… 41

第一章　緒　論

老子其人，自《史記》已載「莫知其然」〔註1〕，被認定為影響東方文化深遠的道家思想創始者，其神秘的色彩誠如其言「道」一般，不知其名，惚恍難識。而《老子》其書自宋代文人即已有「晚出」之說，其說幾經論辯，民初《古史辨》時期亦為論者所聚焦的一大議題。近半世紀以來，簡帛《老子》出土文獻陸續面世，雖使老子晚出之論至此漸息，然新材料所產生的新議題，仍引發學界新的爭論。

第一節　研究動機與目的

自 1973 年以來，陸續出土了馬王堆帛書《老子》甲、乙本（以下簡稱「帛書《老子》」）、湖北省荊門市郭店楚簡三組《老子》（以下簡稱「郭店《老子》」）以及北京大學藏漢簡《老子》（以下簡稱「漢簡《老子》」）等，為老子其人、其學及其書的討論，提供了更多論證材料。《老子》一書在三種出土文獻面世後，似可連繫成一條歷時的文本演變脈絡：郭店《老子》、帛書《老子》、漢簡《老子》到傳世本《老子》，橫跨先秦到西漢中期，這一個脈絡提供我輩研究學術史、先秦文本演變過程極佳的研究材料，正如劉笑敢所言：

> 近十年來研究老子是非常幸運的一件事。幸運的是在馬王堆帛書《老子》出土以後，我們又有了竹簡本《老子》，加之傳統的古本和流傳至今的版本，我們可以考察一部文獻在兩千年的演變中所出現的各

〔註1〕參見司馬遷著、瀧川龜太郎考證：《史記會注考證》（台北：萬卷樓出版社，1999年），頁855。

種現象，並可以從中發現一些類似於規律的通則。這不僅為了解《老子》本身演變的情況提供了基本資料，而且為了解一般文獻的流傳、加工以及思想的理解、發展提供了前所未有的機遇。……老子竹簡本、帛書本的出土也為我們研究版本（version）和文本（text）的演變提供了一個跨越兩千年的「天然實驗」，這是千古未有的機會，也是其他文獻研究領域中沒有的機會。〔註2〕

過去許多非一時一人之作的先秦諸子百家文本，學者多僅能看見彙編完成的文本，難以透過文本形成的過程，去探究各家文本作為一家之言，其思想發展的狀況。而三種出土的《老子》文獻中，又以郭店楚簡本最具學術史研究之價值，龐樸說：

這次郭店的楚簡，雖說數量最少，若從學術史的角度來看，也許價值最高。因為它填補了儒家學說史上一段重大空白，還透露了一些儒道兩家在早期和平共處的信息。這些都是我們聞所未聞的。〔註3〕

龐樸所說，前所未聞的儒道和平共處時期，點出了郭店《老子》與前此所見的各《老子》文本的明顯不同處之一：不見對聖人、仁義的抨擊。對此已有許多學者指出，《老子》文本的變化，可能與莊子後學有所關聯。〔註4〕此一推測，引發了筆者的興趣：現今《老子》文本中，有多少成分來自於莊子後學？

對於郭店《老子》的研究，丁原植認為，應當更加明確地分辨人物、學術以及著作之間的分別，他說：

透過竹簡《老子》的研究，我們似乎要將「老子」、老子與《老子》三者不同的意含，加以明確地分辨。「老子」代表一種思潮的發展，它與《老子》資料的產生有關。老子是形成《老子》思想的一個重要關鍵人物，它確有其人。而《老子》卻指對此種思潮資料編輯的思想文獻。〔註5〕

〔註2〕參見劉笑敢：《老子古今——五種對勘與析評引論》（北京：中國社會科學出版社，2006年5月），頁3~4。

〔註3〕參見龐樸：〈古墓新知——漫讀郭店楚簡〉，《中國哲學》編輯部，國際儒聯學術委員會編：《郭店楚簡研究》（《中國哲學》第20輯）（瀋陽：遼寧教育出版社，1999年1月），頁8。

〔註4〕學者如許抗生、陳鼓應、王中江、劉澤亮、李澤厚、丁原植以及日人谷中信一等，具體說法於後文詳述。

〔註5〕參見丁原植：《郭店竹簡老子釋析與研究（增修版）》（台北：萬卷樓出版社，1999年），〈序言〉頁5。

　　丁氏之言，一方面可說是指出了藉由考察傳世本《老子》文句，推斷老子晚出論者的盲點；另一方面亦點出，欲以近世出土的幾種《老子》文本，去證明傳世本《老子》的內容皆成於戰國之前，其證據力亦相當有限。目前可為確論的，僅是傳世本《老子》的部分文本，及其蘊涵之思想，起源早於戰國中期；這些《老子》文本或思想若真有一創發者「老子」，其時代亦早於戰國中期，甚至可以上溯至春秋晚期。

　　關於《老子》文本的流傳，寧鎮疆於《《老子》「早期傳本」結構及其流變研究》一書中探討其「流傳」與「形成」時說：

> 這裡的「流傳」指的是文獻學上自「原本」形成之後就開始的流傳，
> 參與「流傳」的可以包括歷史上形形色色的傳本，就《老子》來說，
> 它包括歷史上存在的所有早期的傳本。而「形成」，則純謂今本的形
> 成。從《老子》結構的演變歷程來看，簡直可以說，《老子》的「今本」
> 就是在經歷過「流傳」這樣的時空隧道之後，才最後形成的。〔註6〕

寧氏的說法認為，《老子》一書之形成，是有一「原本」，流傳到各地，由於時地之不同，產生演變，而有各種傳本，經後人整理而成為今日所見的五千言《老子》。而就目前所見之文獻可推知，思想規模近於傳世本《老子》五千言的文本應於戰國晚期大致已形成，如帛書《老子》甲、乙本及漢簡《老子》；而前此流傳的郭店《老子》，可視為「形成階段」的一種文本。〔註7〕而郭店《老子》中，所缺少的傳世本《老子》思想特色，正是筆者意欲研究釐清的核心材料。谷中信一考察《莊子》一書中〈知北游〉與〈胠篋〉兩篇的思想，認為傳世本《老子》對於仁、義、禮的批判，實是戰國黃老思想與儒家對立日益加深，更具體的說是與荀子學派的嚴重對立，其後才增入傳世本《老子》文本的，故

〔註6〕參見寧鎮疆：《《老子》「早期傳本」結構及其流變研究》（上海：學林出版社，2006 年 5 月），頁 259～260。

〔註7〕「形成階段」一詞乃引用日學者池田知久。池田知久：「同樣是郭店楚簡本，同樣是第六十四章下段的經文，究竟為何甲本和丙本會有如此差異，這恐怕是因為郭店楚簡本作為歷史上幾乎最早問世的《老子》，其文本尚處形成階段，尚未確定下來。」參見〔日〕池田知久著、曹峰譯：《池田知久簡帛研究論集》（北京：中華書局，2006 年），頁 39。姜廣輝亦有相似的見解：「在郭店一號墓墓主時代，大約《老子》傳本還相當原始，不僅不似後世五千言之大備，即求一相對完整的原始本也不可得。換言之，郭店一號墓墓主時代，可能尚處於《老子》傳本的廣泛搜羅而有待整合的階段。」參見姜廣輝：〈關於郭店簡《老子》三組簡文的傳本問題〉，《湖南大學學報（社會科學版）》21 卷 1 期（2007 年 1 月），頁 7。

郭店《老子》中並未有相關文句。〔註8〕黃老學者是否與儒家，甚或荀子學派對立，尚待更多證據。然谷中信一認為，郭店《老子》所無，而存在於傳世本《老子》中的文句或篇章，可能為戰國興起的莊子之學或黃老之學所摻入的，是值得參考的觀點。

　　若老子為道家思想的創發者，其後的莊子、黃老等皆為其後起之學，則《莊子》一書之外、雜篇，亦實可謂戰國晚期老子後學的集大成，謝君萍即認為：

> 由於《老子》學派與黃老思想在戰國晚期，都各自有著不同的支派，它們分別再與莊子學結合之後的情形，也是相當複雜和多樣的。其交錯融合的結果，使得今本《莊子》外、雜篇，儼然成為戰國道家思想之集大成者。研究《莊子》外、雜篇中莊子學術與《老子》、黃老之學交融的情形，就等於研究戰國晚期道家各流派發展與融合的概況。〔註9〕

由以上引文可知，戰國時期已可見的老子之學、莊子之學，以及闡發轉化《老子》的黃老之學，產生了交錯相融的現象，而《莊子》外、雜篇實堪為其交融之具體呈現。是故，筆者認為，要探討郭店《老子》融合戰國其他學術後，演變為成型期的帛書《老子》，或可從《莊子》外、雜篇入手。

　　寧鎮疆在《《老子》「早期傳本」結構及其流變研究》書中提到《老子》在戰國時處於未定型的狀況，說：

> 《老子》流傳及形成上求「優」而非求「真」的規律，其實反映了早期《老子》對經文還要求不嚴，即尚沒有定型，還屬於「海納百川」的時期。這種形形色色的「晚出」內容的混入正文，正是我們前面講到的「附益」，也接近「古史辨」派所謂「層累地形成」，是古書形成過程中非常自然的現象。〔註10〕

求優而不求真，所指乃是《老子》文本在戰國時期「海納百川」增加的部分，並非以是否符合老學思想原意為衡量，而是以充實思想內涵為主，故其「混

〔註8〕參見谷中信一：〈從郭店《老子》看今本《老子》的完成〉，武漢大學中國文化研究院編：《郭店楚簡國際學術研討會論文集》（武漢：湖北人民出版社，2000年），頁436～444。

〔註9〕參見謝君萍：《莊子後學與《老子》、黃老之學關係研究》（國立中山大學中國文學研究所碩士論文，陳師麗桂指導，2007年），頁2。

〔註10〕參見寧鎮疆：《《老子》「早期傳本」結構及其流變研究》，頁262。

入」、「附益」之內容具有戰國學術發展之特色。筆者本文所要探討的，即是在此「海納百川」的情形下，莊子後學所注入的成分多寡。

筆者將採參前人之研究成果，以「從簡帛《老子》看《老子》思想與《莊子》外雜篇之關係」為題，從帛書、漢簡《老子》多於郭店《老子》的五分之三內容所呈現的思想狀況，去了解《老子》文本在先秦時期之成書歷程與思想增生與演變，及其與《莊子》外、雜篇的關係。

第二節　前人研究成果之回顧

歷來有關「老子」的研究，不勝枚舉。依本論文之研究方向，以 1993 年出土郭店《老子》後的相關研究，較具參考價值。

1993 年中國湖北省荊門市郭店村一號楚墓出土的郭店《老子》甲、乙、丙三組，無論形式或內容，皆與傳世本《老子》以及前此出土的馬王堆帛書《老子》有不少差距，引發國內外學者高度的重視以及強烈的研究興趣。就大型學術研討會部分，1998 年 5 月美國達慕斯大學舉行了全球首次「郭店《老子》學術討論會」，集結了臺灣、中國、日本、美國、加拿大、英國、法國、德國、比利時等國家共 30 多位學者，共同就郭店《老子》三組中所存在的問題，如性質、結構、內容、價值以及研究方式等，進行了既深入且廣泛的討論。除了研討會外，另有多場針對郭店楚簡或出土文獻的學術會議，如 1999 年 1 月，由臺灣輔仁大學哲學系主辦的「本世紀出土思想文獻與中國古典哲學研究兩岸學術會議」；1999 年 10 月，由中國武漢大學、美國哈佛燕京學社、國際儒學聯合會等聯合舉辦的「郭店楚簡國際研討會」在武漢大學召開，來自世界各國共 80 多位學者參與了會議；2000 年 8 月，由中國北京大學主辦的「新出簡帛國際學術研討會」；2003 年郭店楚墓出土十周年時，荊門市博物館召開「郭店楚簡國際研討會」；2003 年 12 月，美國哈佛燕京學社主辦「新出楚簡國際學術研討會」等等，都發表了許多對於郭店《老子》深入研究的論文，足見郭店楚簡文獻在學術界中受重視之程度。

郭店《老子》研究之向度，大抵可分為簡章組合、文字釋讀、書寫勘誤、詞意考釋、異文對校、文本性質以及思想研究等方面〔註11〕，思想之研究大抵

〔註11〕　參見李若暉：〈郭店竹書《老子》研究述論〉，《古籍整理研究學刊》第二期（2004年 3 月），頁 1～18。

以最後三者為主。然而就出土文獻研究方面，文字釋讀卻是最基礎的工夫及步驟。

　　有關文字釋讀、校注方面的研究論著，成果頗豐，除了荊門市博物館《郭店楚墓竹簡》原整理者的釋文外，後續研究者如丁原植《郭店竹簡《老子》釋析與研究》（1998 年）、劉信芳《荊門郭店竹簡《老子》解詁》（1999 年）、魏啟鵬《楚簡《老子》柬釋》（1999 年）、彭浩編《郭店楚簡《老子》校讀》（2000年）、尹振環《楚簡《老子》辨析》（2001 年）、劉釗《郭店楚簡校釋》（2003年）、廖名春《郭店楚簡《老子》校釋》（2003 年）、鄧各泉《郭店《老子》釋讀》（2005 年）、李零《郭店楚簡校讀記：增訂本》（2007 年）、丁四新《郭店楚竹書《老子》校注》（2010 年）等等，皆提出諸多對於文字的隸定、訓詁的珍貴見解。而後彭裕商、吳毅強著的《郭店楚簡《老子》集釋》（2011 年）匯集並整理前說，論之甚詳，見解精闢，最是其後研究者必讀的專著。其後尚有謝佩霓據碩士論文修改出版的《郭店楚簡《老子》訓詁疑難辨析》（2013 年）亦可供參考。

　　有關郭店《老子》與帛書《老子》、漢簡《老子》之間的異文對校及思想演變，前人研究成果亦豐碩。2012 年 12 月出版的《北京大學藏西漢竹書・貳》，書後附有簡帛各章《老子》內容對照表，尤其提供研究文本流變極大的方便。其他已有的重要研究專著，如尹振環《楚簡老子辨析──楚簡與帛書《老子》的比較研究》（2001 年）、寧鎮疆《《老子》「早期傳本」結構及其流變研究》（2006 年）、劉笑敢《老子古今──五種對勘與析評引論》（2006 年），側重於異文對校，相當細密嚴謹，啟發筆者甚多，然而書中以郭店《老子》是摘抄本的論述基礎，筆者與之見解有異，是以在思想演變方面之推論尚可商議；寧氏所著之《《老子》「早期傳本」結構及其流變研究》，考察其內容，大致以章序、字詞、文句為探討重點，其中有許多新觀點，相當具參考價值。另外在漢簡《老子》內容面世後，與本文最為相關之研究有陳麗桂師指導的張沐一《漢簡本《老子》與郭店、馬王堆簡帛本用字之比較研究》（2016 年碩士學位論文），其中對於出土的各本《老子》間用字之比較，已有相當細膩的爬梳，比對三種出土《老子》的文字後，進而針對漢簡《老子》文本的章句疏通及義理脈絡，有不少研究成果。然對於將《老子》文本放入戰國學術脈絡，特別是與《莊子》或莊學的比較則著墨較少。前列各研究皆對各傳本思想之比較，討論之篇幅較少，特別是與先秦莊學關聯之部分，這是筆者之研究能加以開拓之部份。

此外，聚焦於老子思想之演變者，有張鴻愷《先秦至漢初《老子》思想之發展與變遷》（2009 年）、陳哲音《先秦時期老子學說的傳播與影響》（2003 年碩士學位論文），劉晗《《老子》文本與道儒關係演變研究》（2010 年）以及胡文哲《先秦老子思想源流與演變歷程之探討》（2018 年博士論文）等。考察上述各論著之研究內容及成果，張氏之書以探討《老子》文本與其他道家文本之關聯，如《莊子》、《列子》、《文子》、《管子》、《韓非子》……等為主，鮮少將這些文本與郭店《老子》作比較，分析其思想之承繼與發展，僅以傳世本《老子》為主。陳氏之書則側重於地域文化對老子學說交互影響之分析，僅以傳世本《老子》為探討核心，並未將郭店《老子》與傳世本《老子》之差異列入考量，故郭店《老子》出土所能提供的研究新視野，在此二書之研究中，是較被忽略的；劉氏之書則從觀察《老子》文本之變化，論證儒道關係之變化，未深入探討文本變化之原因。胡氏的研究則將老子思想分為道、德兩個主要概念，加以分析並考察其變化，其內容亦多就老子思想內部的發展為主，較少論及與戰國其他思想的相涉或因承關係。

就《莊子》外、雜篇思想之研究來說，最早從事莊子後學思想及分類研究的，當推劉笑敢《莊子哲學及其演變》（1987 年）一書（為劉氏之博士學位論文），其將莊子後學分為「述莊派」、「無君派」以及「黃老派」三系思想脈絡作討論，有其獨到的見解。劉榮賢《莊子外雜篇研究》（2004 年）一書，聚焦於外雜篇，探討其形成年代、主要的思想特徵以及學術脈絡，有豐碩的研究成果。陳師麗桂所指導的謝君萍，碩士學位論文《莊子後學與《老子》、黃老之學關係研究》（2007 年）中細膩深入推論莊子後學與老子思想之關係，對於戰國晚期道家各派發展與融合狀況，有豐富的研究成果。劉書羿在碩士學位論文《《莊子》引《老子》考》（2009 年）中，將《莊子》全書分類為「莊子一系思想」、「老子一系思想」。「莊子一系思想」以「莊子自然派」為主，批判其他學說思想派，以及雜論；「老子一系思想」則再細分為「老子尚德派」、「無君派」以及「黃老派」。

以上前賢的研究論著，各擅勝場，實為筆者本文研究之重要參考，在此皆深摯感謝。

第三節　研究範圍與議題

李若暉於《郭店竹書《老子》論考》一書中，將《老子》文本的形成與流傳分為四個時期：先秦的形成期、戰國末至漢初的成型期、漢魏的定型期以及

魏晉之後的流傳期。郭店《老子》為形成期的代表，帛書《老子》甲、乙本以及傅奕本為成型期的代表，指歸本、河上公本、想爾注本以及王弼注本為定型期代表。〔註12〕寧鎮疆於《《老子》「早期傳本」結構及其流變研究》一書提出的「早期傳本」概念，將分章、分篇、章序、篇序任一方面未達到傳世本的型態的傳本歸為「早期」，如郭店《老子》、帛書《老子》甲、乙本即列入「早期傳本」的範疇。〔註13〕綜李氏、寧氏二位前賢學者之說，界定研究之範圍即寧鎮疆所言的《老子》「早期傳本」，以及與之同時的《莊子》外、雜篇。茲就本文之研究文本與議題略述於下：

一、研究範圍之文本

本論文主要的研究文本有：出土文獻《郭店楚墓竹簡》之《老子》、《馬王堆漢墓帛書》之《老子》、《北京大學藏西漢竹書·貳》中《老子》以及傳世文獻《莊子》外、雜篇。

（一）郭店楚墓竹簡《老子》甲、乙、丙組

中國湖北郭店楚墓出土的《老子》文本，目前收藏在荊門市博物館內，郭店楚墓據考古證據顯示，為戰國中期偏晚的墓葬，故郭店《老子》乃是戰國中期前之《老子》文本，乃現今發現之最古本。本文所引用之郭店《老子》文本之版本為荊門市博物館所編之《郭店楚墓竹簡》，由北京文物出版社於 1998 年 5 月出版。

（二）長沙馬王堆漢墓帛書《老子》甲、乙本

中國湖南長沙馬王堆漢墓據考古推斷，其下葬時間可確知為西元 168 年 2 月 12 日，即漢文帝前元十二年初。〔註14〕該墓出土的帛書《老子》文本，分

〔註12〕李若暉之說在該書第四章，參見李若暉：《郭店竹書《老子》論考》（濟南：齊魯書社，2004 年），頁 87～111。

〔註13〕參見寧鎮疆：《《老子》「早期傳本」結構及其流變研究》，頁 1～5。

〔註14〕陳松長：「馬王堆西漢墓的下葬年代，由於有三號漢墓出土的紀年木牘明文紀載和二號漢墓出土的『軑侯之印』、『長沙丞相』、『利蒼』三枚印章的印證，其準確年代非常清楚，三號墓是公元前 168 年，即漢文帝十二年二月二十四日下葬的，而二號墓則稍早於這個時間，一號墓則稍晚於這個時間，前後相隔不到二十年。這也就是說，馬王堆西漢墓乃是西漢初年至景帝中元前後下葬的墓葬，因而其所蘊涵的各種文化因素無不反映著這個特定時代的歷史背景。」參見陳松長：《長沙馬王堆西漢墓》（上海：上海古籍出版社，1998 年），頁 7～8。

為甲本與乙本兩種，依文本中的避諱情形推斷，甲本為漢代前抄寫之文本，乙本則是漢高祖劉邦之後，劉盈、劉恆登基前的文本，而二者之祖本可能在戰國晚期已完成。〔註15〕本文所引用之帛書《老子》文本之版本為馬王堆漢墓帛書整理小組所編之《馬王堆漢墓帛書》，由北京文物出版社於 1974 年出版。

（三）北京大學藏西漢竹簡《老子》

中國北京大學 2009 年獲贈一批西漢竹簡中，有《老子》文本一種。由於缺乏出土的考古資訊可供推算該文獻之年代，僅就文獻內容觀察、推測文本的抄寫年代應在漢武帝時期偏晚，為至今出土《老子》中保存最佳的善本。本文所引用之漢簡《老子》文本之版本為北京大學出土文獻研究所所編之《北京大學藏西漢竹書·貳》由上海古籍出版社於 2012 年 12 月出版。

就武帝時期抄寫的漢簡《老子》內容，與抄寫時間稍早的帛書《老子》甲、乙本參照觀察，其間相同之處顯然遠多於差異，故以本文研究之目的來說，成型期的文本當以帛書為主，漢簡《老子》乃作為帛書本殘缺太甚的狀況下，輔助參照之文本。

（四）《莊子》外篇、雜篇

傳世本《莊子》所據版本多為晉代郭象注本，其中三十三篇之數，內、外、雜篇之分，雖已非原貌，仍是本文研究最適合之版本。本文所引用之《莊子》文本為清代郭慶藩所輯之《莊子集釋》，徵引之版本是臺北城邦文化出版社於 2018 年 1 月出版的版本。

二、研究議題

近半世紀的出土文獻，其研究價值即是在填補學術史上的不足之處，朱心怡在說明郭店楚簡出土的學術價值時說到：「墓中簡書，恰可填補老、孔至孟、莊之間，儒、道思想在文獻上的闕遺，有助於進一步研究戰國時期儒、道思想的發展流變，並為楚國學術史提供第一手的研究材料。」〔註16〕本文的研究即聚焦在《老子》文本如何從郭店本擴增至帛書本，此一文本演變又與莊子後學有何關係？換個方式說，亦即傳世本《老子》所呈現的道家思想，有多少成分

〔註15〕參見裘錫圭：《長沙馬王堆漢墓簡帛集成·肆》（北京：中華書局，2014 年 6 月），頁 2。

〔註16〕參見朱心怡：《天之道與人之道──郭店楚簡儒、道思想研究》（台北市：文津出版社，2004 年），頁 2。

是來自於莊子後學的。在這個研究過程中,主要探究的議題有二:

(一)《莊子》外、雜篇所呈現之戰國時期道家思想的發展

《史記·老子韓非列傳》言莊子是「與梁惠王、齊宣王同時。其學無所不闚。然其要本歸於老子之言。」〔註17〕據錢穆《先秦諸子繫年》言莊子為生卒年為西元前 365 至 290 年,其卒年與郭店楚墓下葬年代相近。承謝君萍以《莊子》外、雜篇為戰國道家思想之集大成者之論,《莊子》由內七篇至外、雜篇的思想發展,亦相當於戰國中期至晚期,老子之學、莊子之學、黃老之學等道家思想的發展概況。故藉由觀察《莊子》外、雜篇,有助了解戰國道家學術思想發展的狀況。

(二)莊子後學與簡帛《老子》文本演變之關係

郭店《老子》是現今可見之最古《老子》文本,可作為在戰國中期前《老子》流傳狀況的研究材料。郭店本與帛書本、漢簡本乃至傳世本之間的異同,亦是學術史上值得探究的議題:有助於了解作為先秦的道家始源《老子》,其成書之歷程為何?

前節所言,傳世本《老子》反儒家仁義、批判用兵之篇章不見於郭店《老子》,可能為戰國後期才摻入的說法,使《老子》一書形成的過程,似與莊子後學思想的摻入有關。故本論文擬透過出土文獻中《老子》文本比對,及其與《莊子》外、雜篇的思想依違狀況,去釐清其中的關係與思想摻入。

第四節　研究方法與步驟

對於中國哲學史之研究所牽涉的問題,勞思光先生認為:

第一:哲學史不但要敘述一個個哲學家的言論及思想,而且要看各家言論思想的關係,這就涉及哲學思想的發展問題。第二:由於哲學史要敘述那些哲學家的說法與想法,它就不能不通過一番整理工作,來掌握這些說法與想法的真實內容與意向。這就涉及對各家理論的解剖。無論是統觀哲學思想之發展,或解剖一個哲學家的理論,都需要對哲學問題本身的深切體悟,對哲學理論的明確掌握。〔註18〕

〔註17〕參見《史記會注考證》,頁 855。
〔註18〕參見勞思光:《新編中國哲學史》第一冊(台北:三民書局,2007 年 1 月),頁 5。

本論文期能透過對各種出土簡帛《老子》的整理分析，了解其中的思想差異，及其與《莊子》外雜篇的思想依違關係，去探討道家思想在戰國時期的發展，此思想發展又導致《老子》文本如何演變。對於各本《老子》及《莊子》外雜篇中思想理論的解剖、掌握，本論文所使用的研究方法及步驟如下：

一、研究方法

「方法」意指為達成某一目的所採取之處理模式與步驟，通常包含幾項要件：資料之蒐羅、整理、歸納、分析以及判斷。張岱年於《中國哲學大綱》書中提出四個方向：其一，審其基本傾向；其二，析其辭命意謂；其三，察其條理系統；其四，辨其發展源流。〔註19〕綜張氏之說，筆者認為，中國哲學或思想研究之目的，在於探討某一思想家或某一時代的文獻所呈現的思想脈絡、哲學理路，以及其思想體系，藉著分析釐清之工作，以評價思想家或其所處時代在整體文化思想脈絡中的地位，並了解研究對象在中國文化思想史上，如何承繼前代、啟發後世之重要地位。

本文之重點，即是以郭店《老子》到帛書《老子》、漢簡《老子》之間的文本流變過程中，呈現的哲學命題與理論，如「道」、「反儒」「無君論」、「宇宙論」等議題，與《莊子》外雜篇相參照，找出其中的關係，以明瞭道家思想於戰國時期的發展。為此，筆者將採用以下研究法：

（一）二重證據法

此方法於 1925 年，王國維講授《古史新證》時提出，簡而言之，即是「紙上之材料」與「地下之新材料」相互印證的研究方法。〔註20〕其中「地下之新材料」可說是新發現的，以各種形式記錄的文獻資料，王國維說：「古來新學問起，大都由於新發見。有孔子壁中書出，而後有漢以來古文家之學；有趙宋古器出，而後有宋以來古器物、古文字之學。」〔註21〕近五十年出土之《老子》

〔註19〕 參見張岱年：《中國哲學大綱》（台北：藍燈文化出版社，1992 年），頁 21。
〔註20〕 王國維：「吾輩生於今日，幸於紙上之材料外，更得地下之材料。由此種材料，我輩故得以據以補正紙上之材料，亦得證明古書之某部分全為實錄，即百家不雅馴之言亦不無表示一面之事實。此二重證據法，惟在今日始得為之，雖古書之未得證明者不能加以否定，而其已得明者，不能不加以肯定，可斷言也。」參見王國維：《古史新證》，《王國維文集》第四卷（北京：中國文史出版社，1997 年），頁 2。
〔註21〕 參見王國維：《最近二三十年中中國新發見之學問》，《王國維文集》第四卷，頁 33。

多種文本，也帶來老子學研究的新材料。曹峰在論出土文獻與傳世文獻之間的差距時說：

> 從橫的側面來看，出土文獻作為一種特殊的思想史資料，就像一個被橫剖開的考古文化層，靜止地凝結於某一歷史時段，有如今天所使用的教科書或報刊雜誌、檔案書信突然被封存，過了幾十年或幾百年後再被打開一樣，保持了原汁原味，未經後人整理、潤色、增刪、修改。而傳世文獻則不同，有時是天災、戰爭等客觀因素，決定了或存或毀的命運，有時則依據不同時代的要求，被反覆篩選、重組、詮釋，注上加注，層層疊疊，作品面貌發生很大變化。〔註22〕

曹氏之言指出，現今所見的傳世文獻，大多為歷時變化後的總成；而出土文獻則自下葬、埋藏後封存，保留了歷史中某一個時間點的樣貌。是故，出土文獻中雖常有不一的狀況，部分斷簡或僅為殘本；然而，其在學術史上的研究價值，卻是傳世文獻所無法替代的。本文即是以出土的地下之新材料，郭店《老子》、帛書《老子》以及漢簡《老子》為據，比對紙上之材料《莊子》外、雜篇，以觀測《老子》文本在形成過程中，所受戰國學術思潮以及莊子後學的影響。

（二）系統研究法與解析研究法（詮釋的循環）

就單一文本解讀或單一思想家之研究而言，系統研究法與解析研究法是極常用到的兩種方法。王開府於〈思想研究法綜論——以中國哲學為例〉文中提到「解析研究法」與「系統研究法」可相輔相成，形成一「詮釋的循環」：

> 系統研究法和解析研究法，在方法上是相反而相成，相得而益彰。解析的研究作得愈精確，則由此建立的系統愈周延而穩固；反過來，系統的研究做得嚴謹，在系統中的各部分意義的解析也愈準確而清晰。這裡面有所謂「詮釋的循環」的功能。……所以一方面用哲學之歸納、分析、演繹、綜合法，會和個別的詞句，以來形成一個「詮釋的循環」。所以一方面用哲學之歸納、分析、演繹、綜合法，會合個別的詞句，以了解整體之思想；一方面再由整體之思想，回過頭來確定個別之詞義、句義。〔註23〕

〔註22〕 參見曹峰：〈價值與局限——思想史視野下的出土文獻研究〉，丁原植主編、曹峰著：《楚地出土文獻與先秦思想研究》（台北：臺灣書房，2010年），頁275～276。

〔註23〕 參見王開府：〈思想研究法綜論——以中國哲學為例〉，《國文學報》第27期（1998年6月），頁175～177。

解析研究與系統研究兩種方法，在思想之研究上，當相輔相成，不可偏廢。就思想研究而言，小學與義理本就應並行參用，不能單採一法。作為出土文獻之研究，「解析研究法」當然是基礎的研究法，而「系統研究法」則可將郭店《老子》、帛書《老子》和漢簡《老子》文本內容的流變，及其所呈現的哲學概念、議題或理論內容加以脈絡化、系統化。就詮釋的層次而言，傅偉勳於《學問的生命與生命的學問》一書中，主張對文獻思想的詮釋，可透過五個層次來進行：實謂→意謂→蘊謂→當謂→創謂。〔註24〕本論文大抵以前三個層次為研究焦點，透過對郭店《老子》的解析，以依文解義的方式發掘文本所表達出的意義，進一步考量其時代之學術狀況，比較《老子》文本變化中所可能衍生之思想內涵的轉變，及其轉變與莊子後學之關係。

（三）基源問題研究法及歷史方法

此方法是由勞思光先生所提出，他在《中國哲學史》一書中提到：

> 每一家理論學說，皆有其基源問題；就全部哲學史說，則基源問題有其演變歷程；這種演變的歷程，即決定哲學問題在哲學史中的發展階段。……掌握了基源問題，我們就可以將相關的理論重新作一個展示，在這個展示過程中，步步都是由基源問題的要求衍生的探索。……我們將各時代的基源問題，排列起來，原即可以發現整個哲學史上的理論趨勢，但這仍不足以提供一種作全面判斷的理論根據。要作全面的判斷，對哲學思想的進程及趨向作一種估價，則我們必須另有一套設準。……我們雖不願獨斷，卻仍不能不有一組理論的設準，否則我們自己即根本沒有提出甚麼理論來。
>
> ……設準的提出，表示出作者自己的識見與哲學智慧；……一個優良的哲學工作者，必須能接觸到已往學派所面對的問題。……則他所立的設準，就應該足以統攝以往的理論要求。〔註25〕

「基源問題研究法」是對於思想家之理論所針對的基源問題，於論證中逐步推論及回溯其根本意向所在。然而，一個學說所要解決的基源問題，亦可視為其學說產生之歷史背景或因素；此方法乃在於對思想之理解達到一定程度後，探究其思想背後所針對之問題，藉此以撚出該思想之核心論述，使研究

〔註24〕參見傅偉勳：《學問的生命與生命的學問》（台北市：正中書局，1994年），頁231～239。

〔註25〕參見勞思光：《新編中國哲學史》第一冊，頁14～15。

成果更加立體。如關於《老子》思想所針對的問題，學者提出不同說法，如針對東周亂世而發〔註26〕，抑或是追求理想人生的形態〔註27〕，或是探討宇宙如何生成〔註28〕，不同基源問題的推測，影響了《老子》思想的詮釋與建構。

　　而周桂鈿《中國哲學研究方法論》中提到「歷史方法」：

> 歷史方法，又叫歷史與邏輯相統一的方法。這種方法主要包括兩層意義：哲學思想發展的歷史與哲學思想發展的規律是一致的；哲學思想發展的歷史與概念、範疇的發生、發展、演變的歷史也是一致的。……這種方法是黑格爾首先提出的。……以後傳入中國，許多人研究中國哲學史都力求運用這種方法。把所要研究的哲學思想和哲學體系放在當時歷史背景中去分析，與當時的政治、經濟、文化、科技結合起來研究，又要在哲學發展的歷史過程中，與前後哲學進行比較，來給它定位，強調關注它比以前的哲學增加了什麼內容，給予充分肯定。哲學的發展過程，與理論完善的邏輯發展過程是相一致的。這種研究特別強調時間性、時代性及（原書作「即」，就前後文推敲應為「及」）歷史性，反對用現代的觀點簡單否定過去的理論，反對用近代或現代的西方理論否定中國古代的思想，也反對企圖照搬古代的說法運用於現代。〔註29〕

本文之研究，將針對目前發現之最早之郭店《老子》文本，分析推論其所呈現老子思想的基源問題，並在文本流變中，以歷史方法尋找其哲學問題在中國哲學史中的發展，論證其與《莊子》外雜篇中所呈現的戰國思想脈絡之關聯。

〔註26〕傅佩榮：「老子思想的背景與古代中國各派學說的背景是相同的，就是「禮壞樂崩」以及傳統對全能主宰「天」的信仰之瓦解。老子的「道」可以被視為另一種型態的「文化理念」。換句話說，他在宣揚「道」的時候，只少隱涵地，希望把人類從可憐的生命情境中解救出來。萬物各有其存在之道，但是「道」之本身是什麼？老子以「道」為超越人類知識所作的相對界說之上的本源。「道」取代了傳統的「天」的角色，成為一切存在物的本源。」參見傅佩榮：《儒道天論發微》（台北：聯經出版社，2010年），頁223～224。

〔註27〕徐復觀認為老學的動機在於人生安頓，而非宇宙論的建立。參見徐復觀：《中國人性論史・先秦篇》（上海：上海三聯書店，2001年5月），頁287。

〔註28〕陳鼓應認為老子哲學系統發展是從宇宙論延伸至人生論、政治論的。參見陳鼓應：《老子今註今譯及評介》（台北：臺灣商務印書館，2013年6月），頁1。

〔註29〕參見周桂鈿：《中國哲學研究方法論》（福州：福建教育出版社，2017年7月），頁155。

二、研究步驟與綱要

本文所欲研究之議題，主要在於釐清《莊子》外、雜篇中，莊子後學的思想與簡帛《老子》文本演變之關係。因此本文擬在前輩學者的研究成果上，藉由簡帛《老子》與《莊子》外、雜篇文本的觀察，並著重戰國道家學術史的連續性、與發展性的研究，以期對《老子》成書過程中，莊子後學思想的滲入有所釐清。擬就以下步驟進行研究：

第一章緒論部分，說明本研究的動機與目的，考察前人研究，並釐清研究範圍，說明研究方法，架設論文結構。

第二章再就史傳所載，探討老子其人其書，接著釐清出土簡帛《老子》之文本性質，依序考察處於形成期的郭店《老子》，以及成型期的帛書《老子》及漢簡《老子》，以求清楚的掌握《老子》文本演變的整體脈絡。其中，掌握目前最古本之郭店《老子》在戰國時期流傳的狀況，及其所呈現的思想特色，為本研究至為重要的基礎工作。

第三章接著考察《莊子》外雜篇所呈現的老學、莊學的思想理論，由道與宇宙論、修養論、政治論等各議題，分別探討其思想之呈現情況，並將之置於戰國學術脈絡中，去分析其特出之處。

第四章進行《莊子》外雜篇思想與《老子》文本形成之間的關係研究。承續前章所探討之《莊子》外雜篇思想，觀測各出土《老子》文本之間，宇宙論、修養論、政治論之差異，去梳理莊子後學對帛書《老子》形成之影響。

第五章結論，總結本文的研究成果，並指出本文研究之侷限與未來可能的發展空間。據此步驟，本文擬依下列章節撰寫：

第一章　緒論
　　第一節　研究動機與目的
　　第二節　前人研究成果之回顧
　　第三節　研究範圍與議題
　　第四節　研究步驟與大綱
　　第五節　研究成果之限制
第二章　簡帛《老子》及其流傳
　　第一節　老子其人其書
　　第二節　郭店《老子》的文本性質
　　第三節　帛書《老子》與漢簡《老子》的文本性質

第四節　簡、帛本《老子》間文本與思想的差異

第三章　《莊子》外雜篇中的思想議題

第一節　「道」與宇宙論

第二節　修養論

第三節　政治論

第四節　小結

第四章　《莊子》外雜篇思想與《老子》的關係

第一節　從「道」與宇宙論觀測

第二節　從修養論觀測

第三節　從政治論觀測

第五章　結論

第一節　研究成果回顧

第二節　研究侷限及後續研究發展之可能

第五節　研究成果之限制

　　出土文獻對於學術史之研究，有極大之影響及貢獻。李學勤於〈新發現簡帛佚籍對學術史的影響〉一文中，提出了幾點關於出土文獻對學術史的影響：對古書形成過程的了解、啟發推定古書年代的方法、經籍流傳問題……等等。〔註30〕杜維明更認為，透過對郭店楚簡的研究，其成果可改寫中國哲學史及學術史。〔註31〕

　　然而，出土文獻亦有其研究之限制，由於近代出土之《老子》皆為一時一地之傳本，故僅能直接證明文本存在之下限，而不能斷定《老子》原本或某一傳本之成書的確切年代。另一方面，郭店《老子》雖然是至今發現之「最古本」，然而可能由於埋藏已久、出土過程之損壞，部分竹簡殘斷，造成文字脫漏，這對於研究者而言，可說是一大遺憾。

〔註30〕參見李學勤：〈新發現簡帛佚籍對學術史的影響〉，《道家文化研究》第十八輯（2000 年 8 月），頁 1～9。

〔註31〕杜維明說：「郭店楚墓竹簡出土以後，整個中國哲學史、中國學術史都需要重寫。郭店楚簡為我們提供了有關先秦學術史的許多新知識，因此，對於「五四」以來，特別是「疑古派」所提出的許多觀點，現在都需要重新認識；甚至對整個中國傳統文化，都需要重新定位。」參見杜維明：〈郭店楚簡與先秦儒道思想的重新定位〉，《郭店楚簡研究》（《中國哲學》第 20 輯），頁 4。

　　就郭店《老子》的研究而言，其最大限制便在於證據尚不足的前提下，其文本性質的不確定性，如郭店《老子》流傳之同時，是否已存在有同於傳世本《老子》規模的《老子》文本存在？對此學界仍有許多說法。關於《老子》文本如何演變，學者亦提出許多可能的文本流傳模式，而李銳、邵澤慧於〈北大漢簡《老子》初研〉一文中，已做了十分詳盡地整理。〔註32〕筆者以為，郭店《老子》如何發揮其最大的學術價值，即在於對於此一文本性質的預設。若是預設當時已有同於傳世本《老子》規模的文本存在（如郭店《老子》為五千言的摘抄本的觀點），則郭店《老子》在研究學術史發展脈絡之重要性，將大大降低；若假定其作為傳世本《老子》文本形成前的重要祖本，甚至是戰國中期前，《老子》文本流傳的實際樣貌，則對於學術史發展脈絡具有相當高的研究價值。〔註33〕因此，雖有許多問題尚待更多出土文獻來解答，然亦如丁四新所言：「在等待之前學人亦有責任作出自圓其說的解釋。」〔註34〕故首先於後文第二章中，詳加推敲，參酌前賢說法，論證郭店《老子》作為戰國時《老子》文本流傳的實際樣貌，穩固此一立論的基礎，進一步藉由《莊子》外雜篇中可觀察出的戰國學術脈絡，去釐清《老子》文本如何由形成期進入到成型期。

〔註32〕詳見李銳、邵澤慧：〈北大漢簡《老子》初研〉，《中國哲學史》2013 年第 6 期（2013 年 6 月），頁 21。

〔註33〕筆者本研究與池田知久於〈郭店楚簡《老子》各章的上中下段〉一文所採取的態度相近。池田知久〈郭店楚簡《老子》各章的上中下段〉：「筆者在解答上述郭店《老子》各章之『上中下段』問題時，立足於這樣一個學術態度，即不以《老子》已有的既存的知識當作一張白紙，棄之不用，從內在的角度，緊密結合每個地方的文章表達方式及思想內容加以分析。只有成功地做到這一點，才有可能把握郭店《老子》自身實存的固有的內容、性質、構造，進而才有可能說明郭店《老子》在《老子》文本形成史上所占據的地位和意義。」參見〔日〕池田知久著；曹峰譯：《池田知久簡帛研究論集》，頁 321～375。

〔註34〕參見丁四新：《郭店楚墓竹簡思想研究》（北京：東方出版社，2000 年），頁 5。

第二章　簡帛《老子》及其流傳

　　近半世紀以來，出土文獻益多，可謂漢學界之福，以往未曾得見的研究材料成為新的學術研究焦點，拓展了學術研究的視野。《老子》一書更是得天獨厚，出土了各種不同入葬時期的傳本：郭店本、帛書本以及漢簡本，提供了學界新的研究材料。

　　李若暉曾於《郭店竹書《老子》論考》一書中，將老子思想研究分為外部研究與內部研究，其中外部研究包括有無老子其人、老子其人的時代、《老子》其書的作者以及《老子》的成書年代；而內部研究則是文字釋讀，以及進一步探討文本所呈現的思想特色。〔註1〕故本章筆者將先釐清老子其人、其書，以及各出土文本性質的問題。

第一節　老子其人與其書

　　關於老子其人及《老子》其書的釐清，筆者以為，應當回歸《史記》之記載開始。《史記・老子韓非列傳》說：

> 老子者，楚苦縣厲鄉曲仁里人也。名耳，字聃，姓李氏，周守藏室之史也。孔子適周，將問禮於老子。老子曰：「子所言者，其人與骨皆已朽矣，獨其言在耳。且君子得其時則駕，不得其時則蓬累而行。吾聞之，良賈深藏若虛，君子盛德，容貌若愚。去子之驕氣與多欲，

―――――――――――――――

〔註1〕李若暉：「思想研究應當說是郭店《老子》研究的目的所在。這又可以分為內部研究與外部研究兩個方面。其中，外部研究主要包括《老子》其書的作者與成書年代，以及老子其人的時代甚至有無等問題。……至於內部研究，即純思想的研究，則更有賴於文本的釋讀。」李若暉：《郭店竹書《老子》論考》，頁45～47。

態色與淫志，是皆無益於子之身。吾所以告子，若是而已。」孔子去，謂弟子曰：「鳥，吾知其能飛；魚，吾知其能游；獸，吾知其能走。走者可以為罔，游者可以為綸，飛者可以為矰。至於龍，吾不能知，其乘風雲而上天。吾今日見老子，其猶龍邪！」老子脩道德，其學以自隱無名為務。居周久之，見周之衰，迺遂去。至關，關令尹喜曰：「子將隱矣，彊為我著書。」於是老子迺著書上下篇，言道德之意，五千餘言而去，莫知其所終。或曰：老萊子亦楚人也，著書十五篇，言道家之用，與孔子同時云。蓋老子百有六十餘歲，或言二百餘歲，以其脩道而養壽也。自孔子死之後百二十九年，而史記周太史儋見秦獻公曰：「始秦與周合，合五百歲而離，離七十歲而霸王者出焉。」或曰儋即老子，或曰非也，世莫知其然否。老子，隱君子也。老子之子名宗，宗為魏將，封於段幹。宗子注，注子宮，宮玄孫假，假仕於漢孝文帝。而假之子解為膠西王卬太傅，因家于齊焉。世之學老子者，則絀儒學，儒學亦絀老子。「道不同不相為謀」，豈謂是邪？李耳無為自化，清靜自正。〔註2〕

聶中慶評論司馬遷此段記錄為「含糊其辭的小傳，幾乎通篇都充滿了疑問」。〔註3〕就《史記》所載的老子史料，歷來已有許多學人提出了許多質疑和討論：老子姓名、老子籍貫、老子官職、孔子見老子、老子過關而去、老子生卒年及其世系。列傳中亦涉及三位人物：老聃（李耳）、老萊子、太史儋。梁啟超早言此傳是「迷離惝恍」。〔註4〕張鴻愷亦就司馬遷此文中用語多見「或」字，推測司馬遷應對於資料有所懷疑。〔註5〕徐復觀則認為，《史記·老子韓非列傳》可分為正傳和

〔註2〕參見《史記會注考證》，頁853～855。
〔註3〕參見聶中慶：《郭店楚簡《老子》研究》（北京：中華書局，2004年），頁6。
〔註4〕梁啟超：「我們考老子履歷，除了《史記·老莊申韓列傳》外，是沒有一篇比他再可靠的了。但那篇實在迷離惝恍，一個人的傳有三個人的化身：第一個是孔子問禮於老聃，第二個是老萊子，第三個是太史儋。」參見梁啟超：〈論《老子》書作於戰國之末〉，羅根澤：《古史辨》第四冊（上海：上海古籍出版社，1982年），頁305。
〔註5〕張鴻愷：「無可諱言，司馬遷作《史記·老子列傳》亦有其當時之歷史條件，司馬遷距老子生活之年代已相隔三百餘年，其所掌握關於老子生平資料，有些來自傳聞，有些來自史書記載。〈老子列傳〉中，史遷用了幾個『或曰』之詞……這些或然性的用詞，說明在西漢中期，司馬遷對其所聽到、看到關於老子傳聞之資料，本來就存有懷疑。」參見張鴻愷：《先秦至漢初老子思想之發展與變遷》（國立高雄師範大學國文研究所碩士論文，蔡崇名指導，2003年），頁13。

附錄，保存或信或疑的歷史記錄，正呈現了司馬遷謹慎的著史態度。〔註6〕

《史記》中關於老子的此段記載所引發的問題，在民國初年的疑古思潮下有許多討論。羅根澤主編《古史辨》第四冊中，收錄了胡適《中國哲學史大綱・老子略傳》一文，胡氏認為「老在孔前」，老子其人當生於西元前 570 年，其年壽至多不過九十多歲，至於「老」則可能是老子的字或姓。〔註7〕胡氏之文後接著編載了當時論者的 14 篇文章進行「老子」其人其書的討論。陳文采認為這些討論大致可歸納為「對胡適論點的修正與否所提的辯論」。〔註8〕對胡適之說提出質疑的有梁啟超〔註9〕、張壽林〔註10〕、錢穆〔註11〕、素癡〔註12〕、

〔註 6〕 徐復觀：「司馬遷的用心，是把他認為比較可靠的材料，寫成正傳。但因正傳的材料並非完全可信；其最大漏洞，乃出在『莫知其所終』的事實之上。所以又將可靠的程度很小，但是在當時既已有與老子相混的老萊子及太史儋的兩個傳說，不好完全加以抹煞，於是以兩『或曰』插入作附錄，留供後人參考；這正是他十分謹慎的態度。」參見徐復觀：《中國人性論史・先秦篇》，頁 431～432。

〔註 7〕 參見胡適：〈老子略傳〉，《古史辨》第四冊，頁 303～305。

〔註 8〕 陳文采：「我們或許可以將這近四十萬言的討論，當作是『對胡適論點的修正與否所提的辯論』。而這個『老在孔前』的論點，正是《中國哲學史大綱》整體架構的綱領，所以動搖的不是一個觀點，而是一部哲學史的系統。」參見陳文采：〈「老子年代」問題在民初（1919～1936）論辯過程的分析研究〉，《台南科大學報》第 26 期（2007 年 9 月），頁 4。

〔註 9〕 梁啟超推測《老子》書當成於戰國末，其〈論《老子》書作於戰國之末〉一文提到：「我很疑心《老子》這部書的著作年代，是在戰國之末。」「這樣說來，老子這部書，或者身分很晚，到底在莊周前或在其後，還有商量餘地。果然如此，那麼，胡先生所說三百年結的胎，頭一胎養成這位老子，便有點來歷不明了。胡先生對於諸子年代，考核精詳，是他的名著裡頭特色之一，不曉得為什麼象他這樣勇於疑古的急先鋒，忽然對於這位『老太爺』的年代竟自不發生問題！」參見《古史辨》第四冊，頁 305～307。

〔註 10〕 張壽林認為《老子》書當在孔子後，與孟子近，其〈老子《道德經》出於儒後考〉一文結論言：「綜觀前之所論，不寧孔子無適周見老之事，即案之史事，孔子亦不及見老子。且據聞自思想推之，老子《道德經》亦應出於孔子之後。是消極的老子不應在孔子之前，而積極的應在孔子之後，故余之結論曰：《老子》著作之時代，當在孔子之後，約在孟子之前後也。」《古史辨》第四冊，頁 331。

〔註 11〕 錢穆列舉《老子》書中談「道」與「名」的術語，如談道的「帝」、「天」、「地」、「物」、「大」、「一」、「陰陽 氣」、「德」、「有無」、「自然」、「象」、「法」等，及談名者之篇章，梳理論證後言：「根據上諸論列，故我斷《老子》後於莊子。」參見錢穆：〈關於《老子》成書年代之一種考察〉，《古史辨》第四冊，頁 383～411。

〔註 12〕 素癡認為現存《老子》文本，應為漢代輯錄、補綴而成，其〈《老子》的年代問題〉一文說到：「對於老學的真正創始人，我們除了知道他的時代在莊子之前，他的書在莊子時已傳於世外，其餘一無所知。他大抵是託老聃之名著

馮友蘭〔註13〕、張季同〔註14〕、羅根澤〔註15〕和顧頡剛〔註16〕等人，而支持胡適所言者，則有張煦〔註17〕、唐蘭〔註18〕、黃方剛〔註19〕等。陳文采認為在有限的材料下，論述一「假設的系統」並無不可，但若是用於考證，則雙方往往是因有成見在先，對資料多是有目的的選擇，主觀的認定以及過度的解釋。〔註20〕郭沫若亦指出當時的討論，有混淆了老子其人、《老子》其書的狀況：

> 老聃的存在，近年來又大成了問題。原因是一向被傳為老子所著的《道德經》被近人發覺著充滿了戰國時代的色彩，故書必晚出。因而作者的老聃也就不得不成為疑案了。漢初的「老子是誰」的問題

書，而把自己的真姓名隱了的。所以秦以前人引他的話時，但稱老子或老聃，而沒有用別的姓名。他的書經秦火以後，蓋已亡佚或殘闕。現存的《老子》乃漢人湊集前人所引並加上不相干的材料補綴而成。」《古史辨》第四冊，頁416～417。

〔註13〕馮友蘭以為《老子》書必為晚出，其〈《老子》年代問題〉一文言：「老子一書之文體，學說，及各方面之旁證，皆可以說《老子》是晚出，此則必非偶然也。」《古史辨》第四冊，頁421。

〔註14〕張季同認為，《老子》書大抵出於一人之手，成於戰國初期，是一本專著而非纂輯，但今見之《老子》書有後來附益、滲入的部分；老子思想定然在孔子之後，楊朱、慎到、申不害、孟子、莊子之前，《史記》所言太史儋可能即是老子其人。其論詳見〈關於老子年代的一假定〉一文及附識，《古史辨》第四冊，頁422～445。

〔註15〕羅根澤認為老子即太史儋，故書中常有評儒墨學說，《老子》書則為太史儋所著的專著。其論詳見〈老子及《老子》書的問題〉一文，《古史辨》第四冊，頁449～462。

〔註16〕顧頡剛以《呂氏春秋》為考察的基準，推測老聃的地位，並以《呂氏春秋》與《老子》比較，旁及《荀子》、《淮南子》等相關文本，推論《老子》書的成書年代為西元前三世紀下半葉。其論詳見〈從《呂氏春秋》推測《老子》之成書年代〉一文，《古史辨》第四冊，頁462～520。

〔註17〕張煦〈梁任公提訴《老子》時代一案判決書〉一文針對提到：「梁任公提出各節，實不能絲毫證明《老子》一書有戰國產品嫌疑，原訴駁回，此判。」《古史辨》第四冊，頁308。

〔註18〕唐蘭認為關於老子的事實可歸納為四點：其一，老聃比孔子長，孔子曾學於老聃；其二，老聃和老子是一人；其三，老聃住的地方是沛；其四，老聃就是今世所謂《道德經》的著者（至少是其中一部分的傳授者）的老子。詳說見其〈老聃的姓名和時代考〉，《古史辨》第四冊，頁332～351。

〔註19〕黃方剛認為老子為孔子之師，而先於孔子，詳說見其《老子》年代考〉，《古史辨》第四冊，頁353～383。

〔註20〕參見陳文采：〈「老子年代」問題在民初（1919～1936）論辯過程的分析研究〉，《台南科大學報》第26期，頁10。

又復活了起來，有人說老子根本是虛構人物，又有人主張老子就是老萊子或者太史儋，至今都還爭辯未決。但據我的看法，《老子》其書是一個問題，老子其人又是一個問題。這兩者在漢時和現代似乎都被含混了。〔註21〕

由於傳世本五千言《老子》書中夾雜戰國色彩，故言其晚出者，專指書者有之，或論書必為老子其人所作，故老子亦晚出。而論老子其人亦晚出者，有直指老聃晚於孔子者，亦有指老子者當為太史儋者，眾說紛紜，莫終於是。唐蘭於〈老子時代新考〉一文中即言，對於《老子》其書的爭論，及《史記》所錄老子其人的質疑，尚須新的證據來考訂古籍之誤，未可妄下定論。〔註22〕

近半世紀的《老子》出土文獻，如日人谷中信一所言，正提供了新的證據來重新省視當時疑古、信古對立的討論。〔註23〕西元 1973 年 12 月於馬王堆三號漢墓出土的帛書《老子》甲、乙本，據整理小組依據字體及用字的避諱情況推測，甲本抄寫年代可能在漢高祖稱帝以前，乙本則略晚於甲本，其抄寫年代應在漢惠帝、文帝即位以前；〔註24〕而 1993 年出土的郭店《老子》甲、乙、丙三組，據推斷應為戰國中期偏晚下葬的墓葬；〔註25〕北大漢簡則無其他考古

〔註21〕 參見郭沫若：《十批判書》（北京：中國華僑出版社，2008 年 2 月），頁 112。

〔註22〕 唐蘭：「最後，我還是要重複申述我的主張。過去的歷史事實不能把理想去改變的，——即使湊合若干條的理想而組成一個系統，也還只是理想而不是事實。如果要修正舊時記載的錯誤，唯一個方法，是『拿真切的證據來』。」參見羅根澤編：《古史辨》第六冊（上海：上海書店，1938 年），頁 630。

〔註23〕 谷中信一：「可以肯定的是，在今後確定先秦文獻的成書年代時，出土資料是不可欠缺的。因為，在實物面前，疑古主義與信古主義的對立變得無立足之地。」參見〔日〕谷中信一著、孫佩霞譯：《先秦秦漢思想史研究》（上海：上海古籍出版社，2015 年 12 月），頁 81。

〔註24〕 高亨、池曦朝〈試談馬王堆漢墓中的帛書《老子》〉：「字體的演變，必然是捨繁難而取簡易，所以到漢朝初年，隸書盛行，而小篆漸廢，抄書者自然也用隸書而不用小篆。那麼，甲本是小篆，乙本是隸書，也顯示出甲本在前，乙本在後了。……可見，甲、乙兩本都不避劉盈、劉恆的諱。乙本有意避當朝皇帝的諱，是很明確的。它獨避劉邦的諱，而不避劉盈和劉恆的諱，可證它是劉邦稱帝以後、劉盈劉恆為帝以前抄寫的。甲本不避劉邦的諱，可證它是劉邦稱帝以前抄寫的。」參見馬王堆漢墓帛書整理小組編：《馬王堆漢墓帛書《老子》》（北京：文物出版社，1976 年），頁 110～111。

〔註25〕 據荊門市博物館整理小組言：「郭店一號墓……其中遺存的銅鈹、龍形玉帶鉤、七弦琴、漆耳杯、漆奩等文物的形狀及紋樣都具有十分明顯的戰國時期楚文化的風格。發掘者推斷該墓年代為戰國中期偏晚。郭店楚簡的年代下限應略早於墓葬年代。」參見荊門市博物館編：《郭店楚墓竹簡》（北京：文物出版社，1998 年 5 月），〈前言〉頁 1。

學上的條件可供推測文獻年代，目前僅推測為西漢中期的文本。〔註26〕

關於帛書《老子》的文獻年代如何論斷，日人金谷治認為：

> 作為整體，在與今本的重要異同之處，甲乙兩本一致處甚多，就此
> 而言，兩者屬于同一系統是明確的，但在另一方面，也有可說明二
> 者不是直接相承關係，也并非由甲本變化而成為乙本的關節點。也
> 就是說，兩者是同一系統的異本，如果是這樣的話，其祖本的存在，
> 就可以上溯到戰國時代了。〔註27〕

帛書《老子》的出土，代表了五千言的《老子》，於戰國晚期至西漢初年已流
傳於世；而郭店《老子》僅有帛書本的五分之二，為戰國中期傳本，是現存最
早的《老子》文本。由是可知，傳世本《老子》部分文本內容，在戰國中期已
形成。筆者認為，郭店《老子》、帛書《老子》以及漢簡《老子》此三種出土
簡帛，就證據的效度而言，僅是確定文本產生的下限，對老子其人並沒有產生
積極的證據效力。而就文本產生下限的論定，須更細緻的說，帛書《老子》確
定與傳世本相近的五千言《老子》，於戰國晚期至西漢已形成；而郭店《老子》
則是確定傳世本《老子》已有部分文本內容，在戰國中期以前已形成並流傳。
因此，部分學者認為郭店《老子》的出土，是「否定《老子》一書晚出的最佳
證據」〔註28〕，筆者以為，這樣的論斷亦尚欠精審。丁四新說到：

> 簡本《老子》的出土，已完全證明了公元前4世紀或之前已有成篇
> 的《老子》書出現了，至於它（們）當時叫什麼，難以坐實。然考慮

〔註26〕 北京大學整理人員推測：「北大西漢竹書的原主人應與阜陽雙古堆漢簡、定州
八角廊漢簡的墓主人身份接近，有可能屬於漢代的王侯一級。這批竹書的內
容，反映出西漢中期社會上層所具備的知識結構和思想意趣。」北京大學出土
文獻研究所編：《北京大學藏西漢竹書·貳》（上海：上海古籍出版社，2012年
12月），頁1～4。

〔註27〕 參見〔日〕金谷治、李慶譯：〈關於帛書《老子》──其資料性的初步探討〉，
陳鼓應主編：《道家文化研究》第三輯（1993年8月），頁302。

〔註28〕 持此說者，如陳鼓應〈從郭店簡本看《老子》尚仁及守中思想〉：「郭店楚墓中
這些《老子》節抄本，雖非最原始的祖本，但它們已是世界上最古老的抄本。
首先帶給我們的訊息就是為爭議十年之久的《老子》成書年代問題，提供了一
個確鑿的歷史證據。簡本的出土，不僅推翻了《老子》成書晚出說，更重要的
是在內容上提供了許多令人思索的地方。」參見陳鼓應主編：《道家文化研究》
第十七輯（1999年8月），頁65。如聶中慶：「帛書《老子》的出土使那種認
為《老子》作於秦漢間的說法不攻自破，簡本《老子》的出土使主張《老子》
作於戰國中晚期的說法也難成立。」參見聶中慶：《郭店楚簡《老子》研究》，
頁17。

到莊子時代，已經與簡本《老子》並時或相接，又考慮到古人命書
的習慣，稱簡書為《老子》，當較恰當。〔註29〕

筆者以為丁氏之言，謹慎而精確。郭店《老子》作為文獻學上的證據，僅是證
明了傳世本《老子》的部分文本，在戰國中期已成篇流傳，然由於竹簡上並無
明確標示書名、篇名，今稱其《老子》書，僅是對照傳世文獻所定的名稱，並
不能證實當時已有名為《老子》的書籍流傳於戰國中期。若論篇幅五千言且名
為《老子》（或《德道經》）的書是成於戰國晚期，目前來看，仍是有其可能的。

　　至於老子其人之有無，又是否與《老子》一書有關，學者們提出了許多
推論。民初孫次舟即言老子實無其人，為莊周之徒所捏造，《老子》書為莊子
後學所作。〔註30〕日本學者武內義雄否定《老子》一書有原初的單一作者，
乃是老子後學或道家者流，薈萃老聃之言而成，此一說法在郭店《老子》出
土後，仍屬可能。〔註31〕晁福林則認為《老子》一書經過老聃、老萊子以及
太史儋三人之手，才寫定流傳的，而書中的「道論」、「德論」以及「禮論」為
老聃所創發，而闡發道的「貴虛」、「無為」則為老萊子所補充，最後太史儋補
上治國之論，成為傳世本《老子》；〔註32〕郭沂、尹振環則認為，郭店本為春
秋末期，略早於孔子之老聃所作，而傳世本《老子》則是戰國中期的太史儋

〔註29〕參見丁四新：《郭店楚墓竹簡思想研究》，頁19。

〔註30〕孫次舟：「老子之名，初見於《莊子》，但他無佐證。《莊子》書多寓言，焉知
老子之非『畏累虛桑之空語無事實』類也？幾度研討，始知老子本無其人，乃
莊周之徒所捏造，藉敵孔丘也。《史記》為老子立傳，殆為莊周之徒所愚。現
行《老子》書，乃傳莊學者所假託者。」孫次舟：〈跋《古史辨》第四冊並論
老子之有無〉，《古史辨》第六冊，頁76。

〔註31〕武內義雄：「今熟讀《老子》五千文，其中異辭同意之言，重複甚多，其文亦
不一律，或有似辭賦者，或類箴銘者，或成有韻之章，或為無韻之文，其所說
自相矛盾者亦不少，是豈一人一時之所作哉，當是老子後學道家者流，分為數
派，而此乃薈萃各派所傳老聃之言，而成此一書耳。」參見武內義雄《老子原
始》，江俠庵編譯：《先秦經籍考》中冊（臺北：河洛圖書出版社，1975年），
頁210。另外，武內義雄：「據《史記》，老子在其晚年，辭周西遊，從關守喜
這個人的請要，寫了《道德經》五千餘言留下了，現在也有叫作《老子道德經》
這上下兩卷的本子存在著；但這部書，從他的內容來推測，似是老聃死後經過
了一百二三十年後，老子的後學集合那依據口誦而傳述的話編纂了的，其中
很有後來的思想混雜了進去。所以，要研究老子這個人的思想，非從其中抽出
以為很早的部分來研究不可。」參見〔日〕武內義雄著、汪馥泉譯：《中國哲
學小史》（北京：民族與建設出版社，2017年6月），頁37。

〔註32〕參見晁福林：〈論老子思想的歷史發展〉，《孔子研究》2002年第1期（2002年
1月），頁21～35。

編輯而成的；〔註33〕丁原植則指出，老子思潮的原始資料應為春秋末葉產生，而老子則對此資料的編輯與撰寫起著重要作用；〔註34〕譚寶剛認為《老子》一書為老聃及其後學思想言論的彙編，其思想大致由老聃奠定，而增加許多後學傳注性的文句內容，而郭店《老子》甲組為老聃所著。〔註35〕郭店《老子》三組究竟為武內義雄所言僅是老聃言的匯編，並非老子親著，抑或是其他學者所言，當為老聃所著，筆者以為，在未有更多證據前，應當回歸《史記》的記錄。

如前所述，《史記》所載老子史事，提及老聃（李耳）、老萊子、太史儋三人。徐復觀認為司馬遷此段記載，可分為可信度較高的「正傳」，及可信度低的「附錄」兩部分：

> 司馬遷的用心，是把他認為比較可靠的材料，寫成正傳。但因正傳

〔註33〕郭沂：「我的意見是，簡本《老子》出自老聃，今本《老子》出自太史儋；按照古書命名慣例，我們將這兩部書分別稱為《老聃》和《太史儋》，以示區別，也未嘗不可。」尹振環：「可見今天流傳的《老子》，不論是帛書還是今本，其作者非太史儋莫屬。由此又反證了簡本《老子》也只能出於李耳了。由於他是個『隱君子』，當時尚未形成著書立說的風氣，所以他的書──類似竹簡的《老子》也許基本上是不傳於世的，而是存入檔案，即便有所流傳，範圍也很有限。而作為史官的太史儋，掌管典籍，簡本《老子》必然是他掌管和一再誦讀玩味的作品。……於是太史儋在老子原著的基礎上擴充、改造、重新組合篇章，因而帶有戰國色彩也就是必然的了：絀儒學，絀墨，反戰，反對君王的多欲、功名欲、從私心出發的有為；發展了權術；極大的發展了對道的認識，系統了對德的設計，並把它提高到一個嶄新的高度。比較起來，太史儋的《老子》比李耳的《老子》，無論就內容與深度、高度與遠度，都要廣些、深些、高些、遠些。──這是因為太史儋是站在李耳這位巨人肩上的原故。當時還沒有著作權說，而只有托古說教改制之風。別人能假借黃帝、姜太公、管仲……之名，太史儋何不也托老子之名呢？何況它本身就是在原著基礎上的『擴建』與『改建』。於是太史儋的託名《老子》流傳開來，李耳本來的《老子》反而被掩蓋了。」郭說可參見郭沂：〈從郭店楚簡《老子》看老子其人其書〉，《哲學研究》1998 年第 7 期（1998 年 7 月），頁 47。尹說尹振環：《楚簡老子辨析》（北京：中華書局，2001 年），頁 3～29。

〔註34〕參見丁原植：《郭店竹簡老子釋析與研究（增修版）》，〈序言〉頁 5。

〔註35〕譚寶剛：「本文認為，今本《老子》一書與老萊子、太史儋無關，《老子》書是老聃及其後學思想言論的匯編，或者說是老聃及其弟子和再傳弟子的語錄匯編，基本思想框架是由老聃奠定，而文字上卻是增加了老聃後學傳注性的許多內容。《老子》之書，原本是史官諫諍王侯之書，但後來為老聃後學所傳注和增入，莊子學派篡改和附益，從而演變為道家學派的經典。那麼，郭店《老子》甲、乙、丙三組是否皆為老聃所著呢？回答是否定的。本文認為，郭店《老子》甲組為老聃所著。」參見譚寶剛：〈郭店《老子》成書考〉，《史學月刊》2011 年第 7 期，頁 28。

的材料並非完全可信；其最大漏洞，乃出在「莫知其所終」的事實
之上。所以又將可靠的程度很小，但是在當時既已有與老子相混的
老萊子及太史儋的兩個傳說，不好完全加以抹煞，於是以兩「或曰」
插入作附錄，留供後人參考；這正是他十分謹慎的態度。〔註36〕

徐復觀此一說法，隱含世傳老子其人，應為老聃較為可信，而老萊子與太史儋
之資料並不可靠。丁四新於郭店《老子》出土後，亦提出值得參考的觀點。丁
四新在討論老子與老萊子之間的區別時說到：

「或曰」句似隱含著老萊子即老子的誤判傾向，但「或曰」句本身
包含的具體內容即已把老萊子的身份特徵與姓李名耳字聃的老子區
別開來：「老萊子亦楚人也。」《仲尼弟子列傳》更是分辨明晰：「於
周則老子……於楚老萊子。」雖皆楚人，然老子曾出仕於周，既而
莫知其所終，因而本傳所真正指謂的老子與老萊子是不容相混的，
儘管在歷史的長河中，有人可能曾把老萊子亦稱作「老子」。「著書
十五篇，言道家之用」，則與記述真老子時「於是老子乃著書上下篇，
言道德之意五千餘言」，完全分辨開來。老萊子著書十五篇，老子則
著書上下篇，到班固做《漢書・藝文志》時尚未將二者誤會。老萊
子「言道家之用」，老子則「言道德之意」，一體一用，表裡精粗，
甚是明白，何可將二人相混？老萊子「與孔子同時」，老子則長於孔
子，在年份上亦不當將二者混淆。但人們容易將老萊子混作老子，
實乃有多種原因，或者是二人所處時代相同，年歲相接，又被《史
記》列入《老子傳》中附敘，同為楚人，皆為道家者流，都曾被孔
子師事。由於以上諸種因素綜合作用的結果，人們易把老萊子誤作
老子，自是不可避免的。但史遷敘述清楚，辨之鑿鑿，何可混淆老
子與老萊子？〔註37〕

從以上引文可知，丁氏認為，老聃（李耳）與老萊子二人相混的原因，可能來
自於二人皆被尊稱為「老子」，加以皆為楚人、道家者流，亦都曾被孔子師事
〔註38〕，是故為世人所混，然司馬遷是辨之鑿鑿的，並不混淆。另一方面，關

〔註36〕參見徐復觀：《中國人性論史》，頁431～432。
〔註37〕參見丁四新：《郭店楚墓竹簡思想研究》，頁13。
〔註38〕於《史記・仲尼弟子列傳》中有「孔子之所嚴事，於周則老子，……於楚老萊
子」參見《史記會注考證》，頁877。

於老聃與太史儋的混淆問題，丁四新則說：

> 容或史記有某些方面的失誤，但史遷把太史儋與老子區別開來的
> 意圖是不容掩蓋的。……但是不管怎樣，太史儋與秦獻公同時，與
> 老子相隔久遠，不能因為《莊子·寓言》篇說「老聃西游于秦」或
> 《老子傳》說「老子」至關，就把這三者穿鑿串通起來，構成所謂
> 的老子或老聃即太史儋的說法。其實在《老子傳》中史遷把老子與
> 太史儋已區分得比較清楚了，雖然都是周史官，可是一者為守藏室
> 之史，一者為太史，太史之官職遠較守藏室之史為高，職守的範圍
> 也寬廣得多。……藏史者有征有守，雖略有分別，然其皆不離職典
> 墳籍。太史則不但要管理關於典籍的諸種事情，而且要記載事言，
> 參與朝政，精通天文地理數度之學。太史者，群史之長也。二者是
> 不容相混的。又《史記》所述太史儋的生平特點不過是一個喜談方
> 怪、熱衷於預言王朝的盛衰離合的前識者，與禆灶、梓慎、萇弘之
> 流為一類，已喪失太史的本來面目而偏畸地表現其作用矣。鑒於人
> 們常把太史儋與老子混為一人，所以史遷特在《老子傳》中辟正
> 「或曰儋即老子，或曰非也，世莫知其然否。老子，隱君子也。」
> 人皆不知，而己獨知，隱君子之老子與世主周旋的太史儋明明是兩
> 人。〔註39〕

上述引文可知，丁氏認為老聃與太史儋的混淆原因在於官名相似，皆有「至
關」的記錄，而兩人之間的區別，就《史記》所記載是相當清晰的：司馬遷
於文中指出了官職的不同，而「太史」儋之官位高於「守藏史」老聃；亦指
出了思想表現的不同，太史儋是喜談方怪預言，熱衷於成為先知者，而老子
則是「隱君子」。張鴻愷於學位論文《先秦至漢初老子思想之發展與變遷》
亦言：

> 比對〈列傳〉中老聃、老萊子、老儋三人之記載，很明顯可發現司
> 馬遷對老聃之敘述最為確切，無模稜兩可之詞，史遷明白指出「著
> 上、下篇，言道德之意五千餘言」的老子即是老聃。而太史儋見秦
> 獻公一事，除〈老子列傳〉以外，尚見於〈周本紀〉、〈秦本紀〉、〈封
> 禪書〉中，則太史儋的存在無庸置疑。再者，孔子問禮於老聃之事，
> 不但為《史記》所載，《呂氏春秋》、《禮記》、《大戴禮記》等古籍亦

〔註39〕參見丁四新：《郭店楚墓竹簡思想研究》，頁13～15。

有所載，秦獻公上距孔子約一世紀，若老聃健在，則近兩百歲矣，

殊不可能。由此得知，老聃與太史儋為不同之二人也！〔註40〕

張鴻愷認為，老聃與太史儋所記之事，皆於史有據，故二者定然為不同之兩人，不可混而為一。筆者以為二人之論可參，茲就《史記》內容，將三者之區別列表比較之：

表一：老子、老萊子、太史儋三人比較表

	籍　貫	生平事蹟	著　作	思想表現
老聃（李耳）	楚苦縣厲鄉曲仁里人	·周守藏史 ·孔子適周，將問禮於老子 ·見周之衰，去周至關	著書上下篇，言道德之意。	·脩道德，其學以自隱無名為務。 ·無為自化，清靜自正。
老萊子	楚人	·與孔子同時	著書十五篇，言道家之用。	（言道家之用）
太史儋		·為太史 ·見秦獻公		（似預言者）

就上表對比可知，三者之分別是相當明顯的。筆者以為，史遷於〈老子列傳〉中提到「蓋老子百有六十餘歲，或言二百餘歲，以其脩道而養壽也」，「蓋」一字是司馬遷推論「老子」所指何人，其混淆之可能的關鍵因素：老聃因修德而長壽，造成「老子」此一稱謂所指何人的混淆。老聃能有一百六十餘歲，老萊子活動時代將與老聃重疊；老聃亦有人言二百餘歲，則太史儋活動時代亦將與老聃重疊。暫不論此年壽記載是否可靠，當三人姓名相近、活動時代重疊，加之其他的巧合，如老聃、老萊子時代相近，皆為楚人、同為道家人物，而老聃、太史儋官名相近，皆有「至關」的相關記載，以致成了世人莫辨然否的「老子」所指何人的混淆狀況。

　　然而，誠如丁四新所說，〈老子列傳〉明確甄別之處，實是不可忽略。筆者在此承丁四新之論，補述老聃與老萊子確為二人。老子與老萊子分別之處，主要在於著作，前者所著之書，分上、下篇，闡述道德之意；後者則著書十五篇，依史遷之言，其書內容似乎當為老子後學闡發道家之用，其中分別不可謂不明。李零於〈老李子與老萊子──重讀《史記·老子韓非列傳》〉一文中提到，在楚系文字中，李、萊讀音相同、寫法相近，並引述先秦兩漢文獻7條與

〔註40〕 參見張鴻愷：《先秦至漢初老子思想之發展與變遷》，頁13。

老萊子相關之記載與老聃故事相近，推論老子與老萊子疑為一人。〔註41〕筆者以為，李氏之論正可作為兩漢之時，老聃與老萊子混淆不清的原因，以及傳世文獻中記載已將二人混淆的狀況，尚不足推翻遊歷天下的太史公於《史記》中明確當老聃與老萊子分別為二人之記載。

綜以上所述，筆者認為，春秋末年的老聃為「老學思想」的開端，而最原初的《老子》一書為老聃所著，其後經過流傳、演變，才成為太史公所見的五千言《老子》，而郭店《老子》為此形成過程中，相當重要的《老子》傳本。

第二節　郭店《老子》的文本性質

郭店一號楚墓於 1993 年下半年遭到盜擾，在槨蓋板之東南角鋸出約 0.4 ×0.5 公尺的方形洞，撬開邊箱盜取陪葬物。由於此一破壞，雨水及泥沙不斷沿著盜洞滲入墓穴及棺槨，致使楚墓內器物飽受毀損危機。荊門市博物館評估此墓無法繼續保存下去，請示上級單位批准後，於同年 10 月 18 日至 24 日進行搶救性之清理發掘，並於木槨室的東北角發現一批竹簡。此批竹簡約有 800 餘枚，部份為無字簡，有字簡據整理後，共七百三十枚，大部份完整。目前妥善地收藏在荊門市博物館內。〔註42〕

這批出土竹簡，雖在出土文獻史上並非數量最多，然其中內容多為儒、道二家思想之著作，故學術價值極高。根據整理小組的編聯，可劃分為《老子》三組、〈太一生水〉、〈緇衣〉、〈魯穆公問子思〉、〈窮達以時〉、〈五行〉、〈唐虞之道〉、〈忠信之道〉、〈成之聞之〉、〈尊德義〉、〈性自命出〉、〈六德〉、〈語叢〉四組等，其中僅《老子》、〈緇衣〉有傳世文獻，而〈五行〉另於馬王堆中挖掘發現外，其餘皆為首見之戰國文獻。郭店楚墓據考古研究者所言，為一戰國中期偏晚的墓葬。〔註43〕按理說，墓葬時間只能斷定出土文物之時代下限，對於

〔註41〕李氏之文，《郭店楚簡校讀記（增訂版）》（北京：中國人民大學出版社，2007年 8 月），頁 252～261。

〔註42〕以上出土概況引自荊門市博物館：《郭店楚墓竹簡・前言》（北京：文物，1998年 5 月），頁 1。駢宇騫、段書安編著：《本世紀以來出土簡帛概述——資料篇、論著目錄篇》（台北：萬卷樓出版社，1999 年），頁 115～118。劉祖信、龍永芳編著：《郭店楚簡綜覽》（台北：萬卷樓出版社，2004 年）頁 1～8。

〔註43〕李學勤：「從考古學上來說，這座墓——郭店一號墓的文化性質和時代是清楚的。墓葬位置在楚國郢都外墓地範圍之內，這一帶楚墓的序列已經排定，足以說明郭店一號墓屬於戰國中期後段。具體來說，這座墓最接近離它不遠的荊

斷定上限則不具積極的證據力。另一方面，文獻的抄寫時間也只能推斷文本存在之時間下限，對於上限亦不具證據力。因此，郭店《老子》之撰寫年代當往楚墓下葬前追溯，幾乎可推至《史記》所載春秋晚期的老聃，部分學者即認為郭店《老子》之文本內容，極接近老聃親著的狀態。

　　郭店《老子》除了為現今所見之最古《老子》文本外，最引人注目之處，即在其篇章結構與 1993 年以前可見的《老子》文本存在著明顯差異。由於出土時已經散亂，整理者依竹簡形制以及竹簡間彼此文字連繫之情形，將郭店《老子》分為甲、乙、丙三組。此編排恐已非原書樣貌，然而可以看出郭店《老子》異於傳世本及帛書本，並無明顯的上下經之分。郭店甲組現存竹簡 39 枚，共 1103 字，竹簡形制為長 32.3 公分，兩端削為梯形，編線兩道，編線間距為13 公分。乙組現存竹簡 18 枚，共 418 字，竹簡形制為長 30.6 公分，兩端平齊，編線兩道，編線間距為 13 公分。丙組現存竹簡 14 枚，共 286 字，竹簡形制為長 26.5 公分，兩端平齊，編線兩道，編線間距為 10.8 公分；三組《老子》共有傳世中 31 章之內容，字數合計共約 2046 字，大約為傳世本的五分之二。〔註44〕裘錫圭指出，該字數為加上與郭店《老子》丙組可合編的〈太一生水〉總和，若僅計算三組《老子》並刪去重複之處，則應為 1666 字，僅僅為傳世本三分之一。〔註45〕由於竹簡出土時已經散亂，整理者依簡制、及竹簡間彼此文字連繫之情形，將其分為三組，已非竹簡原先之樣式。本文所探討的郭店《老子》甲、乙、丙三組，可依文字抄寫之連繫情況分為幾個部分，筆者據其整理列表於下：

　　　門包山一號、二號墓，包山二號墓所出竹簡有一個紀年可確定為公元前三二
　　　三年。比包山二號墓晚的包山四、五號墓也是地道的楚墓，應早於公元前二七
　　　八年郢都被秦人佔領。因此，包山一、二號墓及郭店一號墓估計都不晚於公元
　　　前三〇〇年。說郭店一號墓是公元前四世紀末的墓葬，是合適的。至於墓中竹
　　　簡典籍的書寫時間，可能還更早一些。」學界大抵認同此說，本文亦採此說。
　　　參見李學勤：〈先秦儒家著作的重大發現〉，《郭店楚簡研究》（《中國哲學》第
　　　20 輯），頁 13。另有王葆玹主張應於秦軍拔郢之後，即西元前 278 年之後，
　　　至西元前 227 年，其說並未動搖目前考古學上對郭店楚墓的下葬時間推定，
　　　故未採用之。參見王葆玹：〈郭店楚簡的時代及其與子思學派的關係〉，《郭店
　　　楚簡國際學術研討會論文集》，頁 644～649。
〔註44〕 此字數統計與比例計算，參見荊門市博物館編：《郭店楚墓竹簡》，〈前言〉頁
　　　　 1。
〔註45〕 裘錫圭之字數統計，參見裘錫圭：〈郭店《老子》簡初探〉，陳鼓應主編：《道
　　　　 家文化研究》第 17 輯（1999 年 8 月），頁 26 下註 1。

表二：郭店《老子》甲、乙、丙三組各簡連繫情況表

部 分		各部份之簡數	對應傳世本章次（依簡序排列）
甲組	第一部分	第 1～20 簡	19 章、66 章、46 章中段、30 章上中段、15 章、64 章下段、37 章、63 章、2 章、32 章
	第二部分	第 21～23 簡	25 章、5 章中段
	第三部分	第 24 簡	16 章上段
	第四部份	第 25～32 簡	64 章上段、56 章、57 章
	第五部分	第 33～39 簡	55 章、44 章、40 章、9 章
乙組	第一部分	第 1～8 簡	59 章、48 章上段、20 章上段、13 章
	第二部分	第 9～12 簡	41 章
	第三部分	第 13～18 簡	52 章中段、45 章、54 章
丙組	第一部分	第 1～3 簡	17 章、18 章
	第二部分	第 4～5 簡	35 章
	第三部分	第 6～10 簡	31 章中下段
	第四部份	第 11～14 簡	64 章下段

由上表可知，郭店《老子》依文字編聯，各組可分為幾個連貫不可分的部分，學界一般以為三組的各部分，均可依邏輯重新派列。〔註46〕至於為何郭店《老子》被分抄在不同形制之竹簡上，學者們抱持許多不同看法。

一、郭店《老子》的分組原因

為何郭店《老子》被分抄在三組不同形制之竹簡上，其原因與郭店《老子》的文獻性質息息相關。郭店楚簡後續的研究中，亦發現部分當時整理小組分開的不同文獻，在竹簡形制相同，且簡背疑有表示簡序數字的推論下，應編聯為同一書之文獻的不同部份，如〈成之聞之〉與〈尊德義〉。〔註47〕由是可知，

〔註46〕參見寧鎮疆：「《郭店楚墓竹簡》一書對各簡次序的排列，並不一定是原始排列。如甲組可分為 1～20、21～23、24、25～32、33～39 五大部份，從理論上講這五部份有 12×3×4×5＝120 種排列方法，具體如何，尚待研究。」參見寧鎮疆：《《老子》「早期傳本」結構及其流變研究》，頁 65。

〔註47〕關於〈尊德義〉與〈成之聞之〉的編聯討論，可參考以下所列文章之討論。陳劍：〈郭店簡〈尊德義〉和〈成之聞之〉的簡背數字與其簡序關係的考察〉，武漢大學簡帛研究中心主辦：《簡帛》第二輯（上海：上海古籍出版社，2007 年），頁 209～225。廣瀨薰雄：〈郭店楚簡〈尊德義〉和〈成之聞之〉的簡背數字補

竹簡形制當為判斷文獻是否編聯為一書之文獻的重要依據（亦有同書不同篇之可能），而郭店《老子》分別抄錄於三種不同簡制竹簡的原因，顯得相當複雜，甚至必須考慮與丙組竹簡形制相當的〈太一生水〉是否同屬郭店《老子》一書。丁四新提到此問題時說到：

> 為什麼郭店楚墓出土的竹簡《老子》要分成甲、乙、丙三組？除了根據竹簡形制這樣一些考古學上的「硬件」來分類外，還有沒有更深沉的原因？首先需要強調說明的是，根據竹簡形制把《老子》區分為甲、乙、丙三組，這是竹簡整理者依據書寫材料的特點劃定的，這只有可能性或暗示性，而不具備絕對性和自明性，並不直接而有力地表明現在所區分的《老子》甲、乙、丙三組即是在當時《老子》原本已被區分為三組；抄書的竹簡形制不同，並不就真實地意味著竹簡所附載的文獻內容在當時即已離析分解為三書。〔註48〕

丁氏採取折衷的看法，認為目前郭店《老子》之分組，並不代表當時這三組竹簡已被視為同一書，亦不表示在當時被分為三書。究竟如何解讀郭店《老子》的分組，目前學者提出許多不同推論加以解釋，茲就下文討論之。

（一）依主題分別摘抄

　　部分學者主張郭店《老子》之所以分組，是基於「有意識之抄錄」刻意為之的，故將《老子》之文，依主題或個人需求之不同，分別抄錄在三種不同形制的竹簡上。抱持此看法的學者，如羅浩、王博〔註49〕、裘錫圭〔註50〕、唐明

論〉，山東大學文史哲研究院簡帛研究網站，http://www.jianbo.org/admin3/2008/guanglaixunxiong001.htm。黃傑：〈新見有關郭店簡《尊德義》等篇編聯的重要信息〉，武漢大學簡帛研究中心簡帛網，http://www.bsm.org.cn/show_article.php?id=1857，發表時間：2013年6月6日。

〔註48〕參見丁四新：《郭店楚墓竹簡思想研究》，頁4。

〔註49〕王博：〈美國達慕思大學郭店《老子》國際學術討論會紀要〉：「在羅浩提交給會議的論文中，他曾提示大家探討三組《老子》的不同取向與關係。我在發言時提出，三組《老子》各有自己不同的主題。具體地說，丙組的主題是治國，乙的主題是修道，甲的主題則有兩個，一個是道與修道，另一個是治國。」參見《道家文化研究》第17輯，頁5～6。

〔註50〕裘錫圭〈郭店《老子》簡初探〉：「郭店《老子》簡中，除了甲、丙二組都抄有今本第六十四章後半之外，三組內容沒有重複這一點，也很值得注意。如果它們是『五千言』編成前的三種『老子語錄』，彼此重複的部分似乎不可能這樣少。反之，把它們看作從『五千言』中有計劃地錄出的三種摘抄本，這種現象就很好理解了。」參見《道家文化研究》第17輯，頁28。

邦〔註51〕、程水金〔註52〕、高晨陽〔註53〕、劉笑敢〔註54〕等。主張此說者亦多將郭店《老子》三組視為「節錄本」，並非當時《老子》之全本，也就是認為當時已有規模大於郭店《老子》的文本存在，甚至是五千言《老子》當時已廣為流傳，如唐明邦即認為：

> 從三種簡本《老子》看來，它只是《老子》五千言的三種節錄本，是為了一定目的從《老子》五千言中分別節錄出來的。……不但分不出〈道經〉與〈德經〉的界線，而且章目次序相當錯雜，顯然是節錄者為了某種目的，只重其內容相近，而不顧其章目先後所造成的。……竹簡《老子》甲、乙、丙三種節本，各有中心思想，內容都比較單一，思想比較淺顯，缺乏精湛的抽象理論闡述。……竹簡《老子》甲本，主要論述「無為」、「無欲」、「居下」、「不爭」。……竹簡《老子》乙本，主要凸顯《老子》關於少私寡欲、長生久視之道，偏重個人思想修養方面的論述。……竹簡《老子》丙本，中心思想在闡述《老子》關於「道法自然」的理論。〔註55〕

就以上引文可知，唐氏認為郭店《老子》依主題可分為：甲組主要論述「道」所表現出之特性：無為、無欲、居下、不爭；乙組言「個人思想修養」；丙組則言「道法自然」。同樣主張摘抄說的學者王博，對於三組之主題則另有說法：「丙的主題是治國，乙的主題是修道，甲的主題則有兩個，一個是道與修道，另一個是治國。」〔註56〕不僅止於主題解讀的差異，王博認為郭店本是摘抄本之理論根據，亦與唐明邦不同。唐氏認為，依傳世本《老子》之章序

〔註51〕 唐明邦〈竹簡《老子》與傳世本《老子》比較研究〉：「從竹簡《老子》三個節本看來，節錄者有自己的指導思想，很可能是『東宮之師』為了教育年輕的太子，節錄《老子》而成的臨時教材，先從《老子》五千言中切近生活，易於明了的觀點講起，有意地暫時迴避比較高深的理論。」參見《郭店楚簡國際學術研討會論文集》，頁434。

〔註52〕 參見程水金：〈郭店簡書《老子》的性質及其學術定位〉，《郭店楚簡國際學術研討會論文集》，頁499～505。

〔註53〕 參見高晨陽：〈郭店楚簡《老子》的真相及其與今本《老子》的關係〉，《中國哲學史》1999年第3期，77～81。

〔註54〕 參見劉笑敢：《老子古今——五種對勘與析評引論》，頁2。

〔註55〕 參見唐明邦：〈竹簡《老子》與傳世本《老子》比較研究〉，《郭店楚簡國際學術研討會論文集》，頁430～431。

〔註56〕 參見王博：〈美國達慕斯大學郭店《老子》國際學術討論會紀要〉，《道家文化研究》第17輯，頁5～6。

而言，郭店本顯得「章目次序混亂」，而王氏則持相反意見，認為郭店本「各段聯繫之間相當緊湊」〔註 57〕，同於一般討論《周易》帛書本與今本之卦序差異時的論點：早出文本之章序邏輯應較晚出者鬆散。〔註 58〕就王氏說法觀察，可知郭店《老子》之章序連接，若不以傳世本章序為標準，則顯得更具邏輯性、合理性。

若郭店《老子》分組之原因為有意識的摘抄，則摘抄之原因亦為值得討論的議題。李學勤據出土器物上之銘文，認為墓主可能為「東宮之師」，亦即太子之師：「墓主曾任楚太子的師傅。他兼習儒、道，是一位博通的學者，故藏有《老子》、《子思子》等書抄本，或即用為太子誦讀的教材。」〔註 59〕唐明邦則據此認為摘抄之原因是為了教育年輕的太子而節錄《老子》成臨時教材。〔註 60〕高晨陽則提到郭店《老子》不見許多深奧難識的玄妙之言，也因為沒有教授的必要而不被節錄。〔註 61〕然而，墓主身分之問題尚未成定論，以此推定摘抄原因，僅能聊備一說。

對於郭店《老子》三組為摘抄說，丁四新則提出另一質疑：

為什麼丙組與甲組中都具有一段基本相同的文字呢？如果甲、乙、丙三組原先是同一部書，編者在同一部書中會容忍一段文字的複出麼？如果我們堅持認為它們共書，那麼二者只能被認為是摘抄了；或者是分頭流行，則足以否定共書的看法。這兩種觀點到底哪一個

〔註 57〕　參見王博：〈關於郭店楚墓竹簡《老子》的結構與性質〉，王博：《簡帛思想文獻論文集》（台北：臺灣古籍，2001 年），頁 239。

〔註 58〕　王博：「竹簡《老子》每一本都有自己的主題，我們已經指出這應該是編者的有意作為。因為主題集中，所以各段之間的聯繫非常緊湊。……這種情形有助於說明在郭店老子之前，已經存在著一個類似于傳世本規模與次序的《老子》書。道理是顯而易見的，如果竹簡各本是今傳《老子》底本（或稱祖本）的話，後來的編者沒有理由打亂原本非常整齊又緊湊的順序，而另外代之以一個較鬆散的次序。」見王博：〈關於郭店楚墓竹簡《老子》的結構與性質〉，《簡帛思想文獻論文集》，頁 239。寧鎮疆：「王氏這裡實際上是援引了《周易》帛書本、今本在卦序上的差異作為證據的。」參見寧鎮疆：《《老子》「早期傳本」結構及其流變研究》，頁 43。

〔註 59〕　參見李學勤：〈荊門郭店簡中的《子思子》〉，《郭店楚簡研究》（《中國哲學》第 20 輯），頁 79。

〔註 60〕　參見唐明邦：〈竹簡《老子》與傳世本《老子》比較研究〉，《郭店楚簡國際學術研討會論文集》，頁 429～435。

〔註 61〕　參見高晨陽：〈郭店楚簡《老子》的真相及其與今本《老子》的關係〉，《中國哲學史》1999 年第 3 期，頁 80。

正確呢？一時似乎難以抉擇。〔註62〕

丁氏指出郭店《老子》的甲組與丙組，皆有一段與傳世本《老子・六十四章》對應的文字，而又不盡相同，姚志豪則進一步認定，此段文字差異並非因主題摘抄後的結果。〔註63〕姚氏論之有據，且若當時已有規模大於郭店本的《老子》書，為何摘抄時卻選擇不同形制的竹簡分別抄錄，而不是選擇相同的簡制？在抄錄相應於傳世本〈六十四章〉時，為何特別拆分前後，抄錄於甲組的不同處？李健則認為，預設有一五千言的《老子》於當時已存在，僅是遮蔽了《老子》文本流變性下的推測，並沒有實質證據。〔註64〕在這些質疑未能解決的情況下，用「依主題分別摘抄」來解釋郭店《老子》分組原因，僅為一說，似難成定論。

（二）版本來源差異之分別抄錄

此說法認為，郭店《老子》三組為不同時期根據不同文本所抄寫的。主張此說法的有彭浩、丁四新、朱心怡、姜廣輝。彭浩以為：「簡本丙更接近帛書本，而簡本甲則與帛書本相去較遠。」〔註65〕丁四新於《郭店楚墓竹簡思想研究》一書中詳細說明此歷時性，認為：

> 甲組和乙組有一些類同而微異的句子，已有人指出來了。……很可能是因為二者所據底本不同，……由此看來，郭店簡本《老子》甲、乙組，很可能是兩種不同本子，且它們的淵源各異。……甲組與丙

〔註62〕參見丁四新：《郭店楚墓竹簡思想研究》，頁4。

〔註63〕姚志豪：「甲、丙組在文字上存在許多差異，如：『女→若』、『亡→無』、『矣→喜』等。又甲組中『是以聖人……』到了丙組省為『聖人……』，『是以』此一連詞消失。甲組『此亡敗事』丙組作『則無敗事』，連詞改用『則』字。更甚者，丙組平白比甲組多了『人之敗也，互於其且成也敗之』這一句話。凡此種種，都無法證明三組《老子》是出自同一傳抄版本的假設。反過來說，摘抄者對同一祖本採取這樣抄法，事實上是相當失去理智的。」參見姚志豪：〈郭店楚簡《老子》的文獻性質〉，《研究與動態》第17期（2008年1月），頁44。

〔註64〕李健：「《郭店老子》出土之後，有學者認為《郭店老子》是摘抄本，預設了《老子》有一個五千言在《郭店老子》之前，但這只是一種推測，而沒有實質性證據。同時遮蔽了《老子》流變性，忽視了五千言《老子》可能是跨越時空多人完成的作品，張涅教授在《光明日報》上撰文，就強調了諸子的特定性和流變性問題，『戰國中期之前的諸子……就有思想流變性的特徵』，認為諸子往往是學派著作，比如《管子》《莊子》。」參見李健：〈老學晚於孔學新證——對木齋《先秦文學演變史・老子》的評論與補證〉，《哈爾濱師範大學社會科學學報》2019年第5期，頁131。

〔註65〕參見彭浩：〈郭店一號墓的年代與簡本《老子》的結構〉，《道家文化研究》第17輯，頁17。

組，亦可以把它們的時間性區別開來。在同於傳世本的第 64 章下半段，簡甲、簡丙皆有一處語意大同小異的文字，但暗含著豐富的內在信息。比較這兩段文字，我以為它們肯定是源自兩種相異的文本，而不是一種文本的兩個抄本。〔註66〕

丁氏另以用字差異之證據，證明郭店《老子》三組歷時性之差異，而就郭店《老子》三組書法水平不一，論證它們出於不同抄手。〔註67〕朱心怡於《天之道與人之道──郭店楚簡儒、道思想研究》一書中，亦引郭店本甲、乙組文句相似之處，推論它們來自不同傳本，並認定郭店《老子》三組的差異，是歷時性的學術轉變，造成抄錄的不同。〔註68〕姜廣輝亦有以郭店本甲、丙二組基本重複的文句推論，應為不同傳本。〔註69〕然而丁氏與朱氏所舉證之例，已有學者指出並非因所據傳本不同，而是基於其它原因。郭店《老子》甲組對應傳世本五十六章作：「閔（閉）其說（兌），賽（塞）其門。」（郭店甲組，頁 112）〔註70〕而郭店本乙組對應傳世本五十二章作：「閔（閉）其門，賽（塞）其說（兌）。」（郭店乙組，頁 118）此二語，於今本統一為：「塞其兌，閉其門。」〔註71〕寧鎮疆認為此一現象是由於郭店本至傳世本之間的《老子》編輯者刻意改寫，恰為傳世本晚出之證據。〔註72〕劉笑敢亦持類似看法，

〔註66〕 參見丁四新：《郭店楚墓竹簡思想研究》，頁 7～8。

〔註67〕 其說詳見丁四新：《郭店楚墓竹簡思想研究》，頁 8～10。

〔註68〕 朱心怡：「《老子》甲本和《老子》乙本，內容偏重不同，抄寫時間晚於《老子》甲本的《老子》乙本，可能是針對《老子》甲本不足之處的補充，也反映出楚國學術從特別重視《老子》之治道思想，進而強調上位者修德的轉變。《老子》丙本則是見於老子後學（〈太一生水〉一系）對《老子》的節錄，其與〈太一生水〉合編，可以說明道家思想在老子之後的發展。」參見朱心怡：《天之道與人之道──郭店楚簡儒、道思想研究》，頁 35。

〔註69〕 姜廣輝：「這種現象作何解釋，最合理的解釋是甲組與丙組是兩個不同的傳本。……綜上所述，我的推測是，在郭店一號墓墓主時代，大約《老子》傳本還相當原始，不僅不似後世五千言之大備，即求一相對完整的原始本也不可得。換言之，郭店一號墓墓主時代，可能尚處於《老子》傳本的廣泛搜羅而有待整合的階段。因此《老子》甲、乙、丙三組可以視為郭店一號墓墓主人的三種不同的搜羅本。」參見姜廣輝：〈關於郭店簡《老子》三組簡文的傳本問題〉，《湖南大學學報（社會科學版）》第 21 卷第 1 期，頁 6～7。

〔註70〕 本文所引郭店《老子》原文及頁碼皆據荊門市博物館編：《郭店楚墓竹簡》（北京：文物出版社，1998 年 5 月）一書，其後不再另註說明。

〔註71〕 見《老子王弼注》，所引之版本為《老子四種》（臺北市：大安出版社，1999年），頁 45、48。其後所引之文皆據此書，不再贅述。

〔註72〕 寧鎮疆於〈從簡本看今本《老子》的形成〉一文提到：「雖然簡本並非當時的

認為同中有異，異中有同的郭店本「異文」是自然而正常的文字風格，而傳世本整齊、重複恰為郭店本之後、傳世本之前的「加工」所造成的。〔註73〕綜合劉氏與寧氏之說，甲、乙組這二段相似文字複出的「異文」，本就是《老子》書中不同章節的文句差異，故用字靈活而不重出；而帛書本或傳世本以相同文字在兩章重複出現，則是郭店本到帛書本之間的整理者，刻意改寫的結果。結合寧氏、劉氏之說與前引姚志豪對傳世本六十四章在郭店本甲、丙二組差異之看法，筆者以為，郭店《老子》中兩段文字於不同組中重複出現與文句差異，並非僅是由於從兩種不同傳本中抄錄至郭店本的「來源差異」，筆者認為另有其原因，容於後文詳述論證。

（三）依文獻性質、地位分組

郭店一號楚墓所出土之不同書目、篇章，其竹簡長短參差不齊，大致在 15 公分至 32.6 公分之間，王國維於 1912 年提出以簡牘之長短為書之尊卑的說法。〔註74〕胡平生認為王氏此說為竹簡形制之定律，應加以重視。〔註75〕周鳳五據此針對郭店楚簡提出看法，認為甲組為「儒家化」的《老子》，等同於

足本，但就目前所見的三組簡看，『重文複出』的現象確實比帛書本或傳世本要少，足本的情況就更加可想而知。通過比較簡本與帛書本或今本的『重文複出』可以發現，雖同為『複出』，但它們之間仍存在細微但卻可能是十分關鍵的差異。比如，簡本的『複出』形式比較靈活，而帛書本或傳世本則相對呆板。我們看簡本一則說『閉兌』、『塞門』，一則又說『閉門』、『塞兌』，形式不拘一格，但傳達的意思卻無二致。與之相較，帛書本或傳世本的『複出』就呆板得多，真正是務求『重文』：對應於今本 52 章、56 章都作『塞其兌，閉其門』。……竊以為這種近乎『原文照抄』的『複出』，實際上露出了『造作者』的馬腳，因此是『晚出』的絕佳證據。」此文附錄於寧鎮疆：《〈老子〉「早期傳本」結構及其流變研究》，頁 302。

〔註73〕劉笑敢：「本章（五十二章）竹簡本『閉其門，塞其兌』見於竹簡乙本，第五十六章的『閉其兌，塞其門』見於竹簡甲本，是上下文不同的兩章內容，有人卻反覆申明二者是底本不同的『異文』。這裏並不想批評作者的粗疏之失，而是想指出作者判斷的潛在的思想邏輯也仍然是『相似的內容其字句應該完全相同』，不全同就是『異文』。類似的這些推理、判斷的思想模式都不承認同中有異、異中有同的語言文字現象，不承認有同有異是一種自然的、正常的文字風格，按此加工的結果就是趨向呆板的語言模式。傳世本的句式越來越整齊、重複，就是這種『相似則應全同』的思考邏輯與加工模式造成的。」參見劉笑敢：《老子古今──五種對勘與析評引論》，頁 516。

〔註74〕此說詳見王國維著，胡平生、馬月華校注：《簡牘檢署考校注》（上海：上海古籍出版社，2004 年）。

〔註75〕胡平生之說見於《簡牘檢署考校注・前言》，頁 13～14、27～33。

儒家經典，故地位於三組中最高，而乙、丙兩組則僅為傳注。〔註76〕朱心怡認為，目前並無證據證明儒家學說在楚地擁有經典之地位，就郭店楚墓出土的文獻類型及內容，僅能證明儒、道二家經典皆在楚地受到重視。〔註77〕筆者以為，朱氏之論有理，然周鳳五認為三組郭店《老子》以甲組之地位較高，將之置於乙、丙二組之上，可為參考。

綜以上各家說法，筆者認為就郭店楚簡而言，尚未發現有同一文獻分別抄錄於不同簡制之竹簡者，而郭店《老子》所以分別抄錄於三組不同簡制之竹簡上，乃是當時尚未將三者視為一書，而是不同性質的三種相關文獻。

二、郭店《老子》各組之性質與地位

就文獻性質部分，前文已論不當視為教科書的三種主題「摘抄本」，應當正視竹簡形制的差別，將之視為有所區別的三種相關文獻。郭沂認為，郭店《老子》三組為可以視為是一書的「上」、「中」、「下」篇，或者如《莊子》一書般稱之為「內」、「外」、「雜」。〔註78〕尹振環則於《楚簡《老子》辨析》一書中修正郭沂之說法：

> 鑒於有人提出用「上」、「中」、「下」命名，或者像《莊子》那樣，分別稱之為〈內〉、〈外〉、〈雜篇〉，這似乎不無道理。「甲」、「乙」之稱會不會有時與帛書《老子》甲、乙本混淆了？還有，簡本定為

〔註76〕周鳳五：「郭店竹簡各篇不但簡策長短有別，而且內容全屬先秦儒、道兩家的典籍，為我們提供了『聖人文語』與『諸子尺書』的最佳實物例證。……甲組《老子》簡長較儒家經典短 0.2 公分，由於相差甚微，不妨視為等長，但也可能些微之差正是區別儒、道兩家的標誌。……已經『儒家化』了的甲組《老子》可以視同經典，但竹簡要略短一些，僅供採擇應用的乙、丙兩組，雖同出於《老子》，竹簡也較儒家傳注為長，但只能歸入傳注之列。」參見周鳳五：〈郭店竹簡的形式特徵及其分類意義〉，《郭店楚簡國際學術研討會論文集》，頁 53～63。

〔註77〕參見朱心怡：《天之道與人之道——郭店楚簡儒、道思想研究》，頁 28。

〔註78〕郭沂：「我以為，簡本的甲、乙、丙三組，就是上、中、下篇。其一，這三組的竹簡形制各不相同，這當然是竹簡製作者有意進行區別的。其二，也是更重要的一點，這三篇主題有所不同。簡本《老子》的核心思想是守道歸樸。具體言之，上篇大致討論守道歸樸及其根據、效果。中篇大致討論守道歸樸的途徑。下篇只有四章，似為雜列。尤其是相當於今本 64 章下段的末章，顯然是附錄。他已在上篇出現一次，只是由於文字有出入才附列卷末。此《老子》三篇，或許我們可以仿照《莊子》體例分別稱為內篇、外篇、雜篇。」參見郭沂：〈從郭店楚簡《老子》看老子其人其書〉，《哲學研究》1998 年第 7 期，頁 47～55。

「甲」、「乙」、「丙」，似乎將「甲」、「乙」與「丙」同等看待，平起平坐，這豈不有違古意？如果像《莊子》那樣定名為〈內〉、〈外〉、〈雜篇〉，其內容數量，似難以相比。如果將「甲」、「乙」之稱改為上、下篇之稱，「丙」作為「附錄」，是否更近古意呢？〔註79〕

從以上引文可知，將郭店《老子》甲、乙、丙三組齊一視之，認定其為「上」、「中」、「下」，就內容數量上，是值得商榷的。然而即使如尹氏所分，以甲組為上篇，乙組為下篇，而丙組獨立出作為附錄，仍然是忽略了甲、乙組之間的簡制差異，是與實際狀況不符的。姚志豪則提出了異於尹振環的觀點：

郭店簡除了少數遭焚燒殘斷之外，大體上並沒有缺簡的問題。甲組《老子》有 39 簡，足簡容字量約 30，乙組有 18 簡，足簡容字量約 24，丙組 14 簡，足簡容字量約 19。首先可以推算出：甲組簡長最長，容字密度也最高，乙丙組相對明顯稀疏許多，配合上表簡端形狀來看，儘管乙組簡長與甲組相仿，其等級仍與甲組截然有別。在竹簡數量、竹簡長度、容字密度、簡端形狀各方面條件而言，甲組都佔有絕對優勢，地位最高。又配合篇章重複的角度來看，甲、丙組重複文句最多，兩者間異文出現古今用字不同的關聯，使得甲、丙組有堅強的例證指明兩者是不在同一時期完成抄錄的，也不出於同一位書手。甲、丙組差別甚大；甲、乙組間竹簡長度、容字密度接近，但簡端形狀明顯不同，那麼我們保守地判斷：甲組是正式的《老子》本文，乙組則應歸屬另一個類別，近似諸子書內外篇的性質，也是《老子》本文，丙組才比較接近所謂的「摘抄本」。〔註80〕

從上述引文可知，姚氏藉由郭店《老子》三組的竹簡數量、竹簡長度、容字密度、簡端形狀等四方面推論，認為甲組之地位最高，是當時《老子》文本，而乙組則是附於甲組的文本，丙組則是摘抄本。姚氏之論，可說是對於郭店《老子》為何抄錄於三種不同形制的竹簡提出一種解釋，而這種解釋並非孤論。李零於《郭店楚簡校讀記》中注意到甲組中的兩個篇號，據此將甲組分為上、下兩篇，筆者依據《郭店楚墓竹簡》一書中，重新編排之甲組簡序及與傳世本對應之章次，整理如下表：

〔註79〕參見尹振環：《楚簡《老子》辨析》（北京：中華書局，2001 年），頁 6。
〔註80〕參見姚志豪：〈郭店楚簡《老子》的文獻性質〉，《研究與動態》第 17 期，頁 49。

表三：李零編排之郭店《老子》甲組簡序表

李零編排之 新篇次	原次序	原簡序	對應今本章次（依原簡序排列）
上篇《道經》	第二部分	第 21～23 簡	25 章、5 章中段
	第三部分	第 24 簡	16 章上段
	第五部分	第 33～39 簡	55 章、44 章、40 章、9 章
下篇《德經》	第一部分	第 1～20 簡	19 章、66 章、46 章中段、30 章上中段、15 章、64 章下段、37 章、63 章、2 章、32 章
	第四部份	第 25～32 簡	64 章上段、56 章、57 章

李零言明此編排之邏輯符合《道經》、《德經》之主題，甚有理致。〔註81〕李氏之言似也有將甲組視為獨立於乙、丙組之外的《道德經》；程一凡則認為，郭店《老子》甲組為「經」，乙、丙二組則為「說」的性質，整體而言是「經後附說」。〔註82〕譚寶剛雖不贊同以竹簡形制推論文獻地位，卻認為，從思想上判定，可以看出郭店《老子》甲組為「經」，乙、丙二組則為解釋甲組經文的「傳注」。〔註83〕由以上各家學說可知，甲組之文獻性質就竹簡形制而言地位最高，且其文字較為通暢，義理論述的邏輯一貫，當為「經」一類之文獻；而乙、丙二組則為分別對甲組補充的文本，其性質近於傳注一類。

〔註81〕 李零：「此組分篇甚有理致，上篇有如《道經》，是以論述天道貴虛、貴柔、貴弱為主，下篇有如《德經》，是以論述『治道無為』，即以『無為』治國用兵取天下為主，似乎是按不同主題而編錄。它們也許就是今本分《道》、《德》二經的雛型，或者至少也是類似的編排設想。」參見李零：《郭店楚簡校讀記（增訂版）》，〈第一組簡文〉頁 3～4。

〔註82〕 程一凡：「注意到乙、丙文字不像甲篇那麼通暢，理由很簡單，乙、丙作者在寫下自己心得的時候，在認知上仰賴了甲篇的『經』的存在，以『經』為立說的基礎，自然不必重新設立陳述的梯階。同時以上所提理論也可解釋到甲、乙之間有重複之文，甲、丙之間有重疊處，而乙、丙卻了無交涉，原因是乙、丙都以甲為經主，故而乙、丙間互不往來。」參見程一凡：〈從郭店本看《老子》一書的形成〉，《管子學刊》2004 年第 2 期，頁 44～56。

〔註83〕 譚寶剛：「本文認為，郭店《老子》三組，甲組是經，乙組和丙組是解釋甲組經文的傳注。如前所述，不能據竹簡的形制和長短斷定其經和傳注的關係，但是如果我們可以從思想上判定乙組和丙組的某一章節是對甲組某一章節的解釋，那麼乙組和丙組就是甲組的傳注無疑。」其詳細論證，參見譚寶剛：〈郭店《老子》成書考〉，《史學月刊》2011 年第 7 期，頁 23～29。

三、郭店《老子》各組的流傳

郭店《老子》作為戰國時期流傳之文本，其出土確實造成了思想史上的震撼。其中三組文本的抄寫及流傳，亦引發了學者提出了許多不同見解。以下就郭店甲、乙二組的流傳方式與丙組與〈太一生水〉的討論做探究。

（一）郭店《老子》的抄手

關於郭店《老子》三組文本，究竟為幾位抄手所完成，可謂莫衷一是。認為郭店《老子》三組為一人所抄者，如黃釗認為：

> 三組竹簡所囊括的《老子》文，可能出自一人之手，第一，我們對出土原竹簡作了考察，發現該三組竹簡《老子》，不僅字體相同，而且書寫風格一致，很像一人的筆跡，極有可能由一人手抄而成。第二，三組竹簡雖然長短不同，但甲乙兩組邊線線距卻完全相同（均為 13 釐米），這說明它們由一人手編而成。這再次證明該三組《老子》簡出自一人之手。〔註84〕

黃釗就「字體」、「書寫風格」及「編線間距」考察，就筆跡一致、手編特徵認為郭店《老子》三組為一人所抄並編製成書。同樣就字體做觀察，彭浩則認為：「《老子》甲組和乙組可能是出於同一抄手。雖然兩者仍有一些不同之處，但不足以把兩者清楚地區分開來。《老子》丙組與《太一生水》出於同一抄手，此人與《老子》甲組與乙組的抄手不是一人。」〔註85〕丁四新則認為：「這三組簡文的書法水準不一樣。丙組的書法藝術性最強，用筆持審，筆法含斂，筆跡雅致，字體秀麗。甲、乙兩組皆次之，而甲比乙更下之，運筆叫隨意、鬆怠，已顯粗糙，談不上藝術的用心。這說明甲、乙、丙三組是由書法水平不同的三個抄手抄寫的。」藝術研究領域的李泰瑋則認為：「仔細比對，四篇著作可發現有著些許不同的特點。應為兩位書家所做，其分別為〈老子甲〉為一人所書，〈老子乙〉、〈老子丙〉、〈太一生水〉為另一書手所寫。」〔註86〕而蕭順杰則認為郭店《老子》三組與〈太一生水〉，四者各自有不同的書寫者，而《老子》

〔註84〕參見黃釗：〈竹簡老子的版本歸屬及其文獻價值探微〉，《郭店楚簡國際學術研討會論文集》，頁 485。

〔註85〕參見艾蘭、魏克彬：〈郭店《老子》：東西方學者的對話〉，邢文編譯：《郭店老子與太一生水》（北京：學苑出版社，2005 年），頁 91。

〔註86〕參見李泰瑋：〈郭店楚墓竹簡〈老子〉〈太一生水〉書法探析〉，《造型藝術學刊》2004 年度 12 月（2004 年 12 月），頁 73。

甲組應有三名抄手參與。〔註87〕同樣對於字體、筆跡及書法水準的觀察，幾位學者尚無共識，但多有指出《老子》丙組與〈太一生水〉應為同一人抄寫。

（二）郭店《老子》甲、乙組的流傳方式

郭店《老子》分為三組，不同性質的三組《老子》文本，其與春秋末年的老聃關係為何，自然是必須細細推敲的。而其中關係為何，與先秦文獻傳播方式有密切相關。劉榮賢認為《老子》文獻的流傳，是以「口傳」與「文本」兩種形式的：

> 《老子》書並非出於一人、一時、一地之作，並不是一個生活式的學術集團中師弟子間對話之記錄，而是在長期發展之中由眾多人的思想智慧累積而成的集體創發。在這種方式的流傳與累積之過程中，勢必須要輔以口說。《老子》之流傳應是以「文本」和「口傳」兩種方式同時交互進行的。〔註88〕

劉氏之說實為先秦文獻之通例，抑或可以說是印刷術廣泛使用前，文本流傳的普遍狀況。姚志豪指出郭店《老子》就文本所呈現的語言特徵看來，應非「照本抄錄」，應當是憑著師說傳誦而寫下的。〔註89〕筆者以為，就三組郭店《老子》考察，甲、乙組二組較接近口語傳本，而丙組則較可能為「照本抄錄」。以下筆者就此論提出相關論證：

1. 同音義而多字形的現象

丁四新曾指出，郭店《老子》甲組的「錯字較多」、「假借字、古字、怪字特多」等現象〔註90〕，白素貞即認為大量的通假字是口傳的標誌之一。〔註91〕其中值得注意的是，郭店楚簡中常可見同一音義之字，有時為本字，有時為假

〔註87〕　參見蕭順杰：〈有幾位書手──關於郭店楚簡《老子》〉，《書畫藝術學刊》第18期（2015年6月），頁318。

〔註88〕　參見劉榮賢：〈從郭店楚簡論《老子》書中段落與章節之問題〉，《中山人文學報》第10期（1990年2月），頁3。

〔註89〕　參見姚志豪：〈郭店楚簡《老子》的文獻性質〉，《研究與動態》第17期，頁50。

〔註90〕　參見丁四新：《郭店楚墓竹簡思想研究》，頁6。

〔註91〕　艾蘭、魏克彬〈郭店《老子》：東西方學者的對話〉一文提到：「白素貞和麻省大學的白牧之對口傳文獻提出了進一步的意見。白素貞認為，郭店《老子》中的許多文字如果被當作口傳文獻的一個部分，可能就可以被解釋了。這些文獻應該是抄手在聆聽的過程中記錄的。她注意到郭店材料中有明顯的口傳因素，並推論大量的通假字應該是口傳的標誌。」《郭店老子與太一生水》，頁104。

借字〔註92〕，此現象即可能為「口語傳抄」的流傳方式所造成的：抄手未能於抄寫當下，理解此同音之前後二字當為同一字，故有時使用本字抄錄，有時則使用假借字抄錄。考察郭店《老子》甲組中，即出現這樣的狀況，如甲組中的「道」、「靜」二字，在文本中出現了不同的字形：

道	A字形	第6簡第18字、第10簡第16字 第13簡第3字
	B字形	第18簡第9字、第20簡第14字、第21簡第28字、第22簡第17字、第23簡第6字、第24簡第19字、第35簡第17字、第37簡第7字、第37簡第13字、第39簡第8字
靜	A字形	第32簡第10字
	B字形	第9簡第29字、第14簡第6字

此差別就抄書而言，已非將合體字的左右上下變換位置而造成的異體字，而是使用不同字形，表述同一音義之字。筆者以為，此狀況應非抄手有意造成的，畢竟同一字以不同字形抄寫，可能造成閱讀上之困難，尤其以「道」為核心思想的《老子》，使用不同字形是相當不合邏輯的，此可能是口語傳抄過程的現象。而此現象在郭店本丙組未見。

2. 墨記符號用法不一的現象

郭店《老子》中具有三種墨記符號：短橫、方形墨塊、墨鉤。短橫之作用，相當於句讀號；方形墨塊則或有句讀號用法，或有分段符號用法，並不一致；墨鉤則有較大的段落終結，或稱之「篇號」。郭店本甲組中，第1～2簡抄寫了相當於傳世本的19章之內容，而其中方形墨塊多作句讀號之用，然而此用法似乎在之後的抄寫就未使用，寧鎮疆指出「抄手在抄寫過程中顯然感覺到了這種頻繁用墨塊作句讀符號的麻煩和不規範」，並且認為出土文獻在使用墨記符號時，多有此種「前密後疏」的現象。〔註93〕筆者以為，若是「照本抄錄」，

〔註92〕 關於楚地簡帛字形與音義關係，可參見陳斯鵬：《楚系簡帛中字形與音義關係研究》（北京：中國社會科學出版社，2011年）。
〔註93〕 參見寧鎮疆：《《老子》「早期傳本」結構及其流變研究》，頁108～109。寧鎮

基於閱讀的方便，墨記符號之使用應當具有前後一致性，此種使用不一的狀況，應為抄手抄錄傳誦的口語時，漸漸無暇顧及墨記符號的使用，僅專注於文字部分的抄錄造成的。

另外，郭店《老子》甲組部分篇章對應於傳世本，似乎有部分墨記錯標的狀況：

> 果而弗發（伐），果而弗喬（驕），果而弗矜（矜），是胃（謂）果而不強。其事好。長古之善為士者，必非（微）溺玄達，深不可志（識），是以為之頌（容）。（郭店甲組，頁111）

> 返也者，道僮（動）也。溺（弱）也者，道之甬（用）也。天下之勿（物）生於又（有），生於亡。（郭店甲組，頁113）

第一段引文的部分，於「其事好」與「長古之善為士者」中間，有一短橫作為句讀符號，然而對應於傳世本，似乎應作「其事好長」，「古之善為士者」。〔註94〕

疆指出，此現象並非郭店《老子》特有：「同樣，在郭店簡本《五行》中也存在類似的問題：第一章內用了三個墨塊作為句讀符號，章尾同樣也用了墨塊作為一章結束的標誌。這樣一來就使句讀符號與分章符號混淆不清。但從第二章開始就基本上趨於規範：只在一章尾用墨塊作為分章符號——與簡本《老子》甲組的前幾簡混亂（相當今本的章內也頻繁用了墨塊作為句讀）後面卻趨向規範的情況大致相同。簡本《五行》與簡本《老子》甲組標識符號運用的始「混亂」終「規則」，與帛書甲本《老子》的始「規則」終「模糊」似乎正相反，其實有一點倒是相同的，那就是在標識符號的運用上它們都是開始繁複，而越往後就越簡省。這種標識符號運用「前密後疏」的特徵，是古人抄書時一個非常有特點的現象。瞭解它，對我們分析出土古書的章句結構也是非常必要的。……它反映了這樣的事實，那就是抄手也是活生生的人，受抄寫情境、形勢緩急等因素影響，其抄寫的實時性和隨機性是很大的。」參見寧鎮疆：〈結構研究視野下的《老子》材料討論〉，《漢學研究》第24卷第2期（2006年12月），頁430。

〔註94〕此處學者或有異說。主張句讀錯誤者，如許抗生、高明、李零、李若暉、丁四新。可參見許抗生：〈初談郭店竹簡《老子》〉，《郭店楚簡研究》（《中國哲學》第20輯），頁101；高明：〈讀郭店《老子》〉，《中國文物報》1998年10月28日第3版；李零：〈郭店楚簡校讀記〉，陳鼓應主編：《道家文化研究》第17輯「郭店楚簡」專號（1999年8月），頁468～469；李若暉：〈讀郭店老子偶札〉，《郭店楚簡國際學術研討會論文集》，頁519。另有一說則主張脫文，如原整理小組、裘錫圭、魏啟鵬、彭浩。可參見《郭店楚墓竹簡》，頁114，裘說於案語，頁119；魏啟鵬：〈楚簡《老子》柬釋〉，《道家文化研究》第17輯，頁213頁；彭浩：《郭店楚簡《老子》校讀》（武漢：湖北人民出版社，2000年），頁15。劉信芳則主張楚簡本原文無誤，參見劉信芳：《荊門郭店楚簡《老子》解詁》（台北：藝文印書館，1999年）頁8～9。筆者從第一說。

而第二段引文對應於傳世本,「有」字之下似乎脫去一重文符號,當作「天下之物生於有,有生於無」,此亦有可能為抄錄口語時所漏或誤記。而郭店本丙組在符號的使用上則顯得較一致,並無遺漏。若將與丙組同抄手、同簡制的〈太一生水〉合併觀察,則可發現,頻繁使用重文符號、合文符號的狀況下,全無遺漏;墨塊的使用二者亦完全一致,皆於章節之後標示,其後不再抄寫。

3. 抄手的書法差異

李零認為郭店《老子》三組與〈太一生水〉、〈語叢四〉為同一系之文字。〔註95〕雖為同一系之文字,然就郭店《老子》三組文本,究竟為幾位抄手所完成,目前學界之看法可謂莫衷一是。黃釗就「字體」、「書寫風格」及「編線間距」考察,就筆跡一致、手編特徵認為郭店《老子》三組為一人所抄並編製成書。〔註96〕丁四新認為三組《老子》書法水準為丙優於乙,而乙優於甲,當為三個不同抄手所抄。〔註97〕而蕭順杰則認為郭店《老子》三組與〈太一生水〉,四者各自有不同的書寫者,而《老子》甲組應有三名抄手參與。〔註98〕李泰瑋比較了郭店《老子》三組與〈太一生水〉之書法,認為:「仔細比對,四篇著作可發現有著些許不同的特點。應為兩位書家所做,其分別為〈老子甲〉為一人所書,〈老子乙〉、〈老子丙〉、〈太一生水〉為另一書手所寫。」〔註99〕然而筆者以為李氏對於書法之判別,混雜了其對簡制上的認知影響:李氏論及「簡長差異」以為甲組較特殊,另三者則相似。此認知與竹簡實際狀況不符,如就簡長而言,甲、乙二組明顯較接近,而丙組與〈太一生水〉則相同。故筆者認為李氏說法顯然刻意將郭店《老子》甲組獨立出來,並不符合實際書法狀況,

〔註95〕 參見李零:《郭店楚簡校讀記(增訂版)》,〈凡例〉頁4。

〔註96〕 參見黃釗:〈竹簡老子的版本歸屬及其文獻價值探微〉一文,《郭店楚簡國際學術研討會論文集》,頁485。

〔註97〕 丁四新:「這三組簡文的書法水準不一樣。丙組的書法藝術性最強,用筆持審,筆法含斂,筆跡雅致,字體秀麗。甲、乙兩組皆次之,而甲比乙更下之,運筆較隨意、鬆怠,已顯粗糙,談不上藝術的用心。……同一種文本可以被不同抄寫水平的人在同一時間抄錄下來。」參見丁四新:《郭店楚墓竹簡思想研究》,頁5~6。

〔註98〕 參見蕭順杰:〈有幾位書手——關於郭店楚簡《老子》〉,《書畫藝術學刊》第18期(2015年6月),頁318。

〔註99〕 李泰瑋:「整體觀之,四篇的書風都給予人一種莊靜祥和的感受。但仔細比對,四篇著作可發現有著些許不同的特點。應為兩位書家所作,其分別為〈老子甲〉為一人所書,〈老子乙〉、〈老子丙〉、〈太一生水〉為另一書手所寫。」參見李泰瑋:〈郭店楚墓竹簡〈老子〉〈太一生水〉書法探析〉,《造形藝術學刊》2004年期(臺北:國立臺灣藝術大學造形藝術研究所,2004年12月),頁73。

不足採之。而西山尚志運用量化方法並結合竹簡形制，認為甲、乙、丙三組各為不同抄手所抄，丙組與〈太一生水〉為同一抄手所書。〔註100〕筆者以為，綜合丁四新與西山尚志二人之說法，甲、乙、丙三組書法皆有差異，甲、乙二組之書法水準較近，而丙組則優秀許多。由此結論進一步推敲，筆者以為，書法水準除了抄手本身運用工具之技術能力之外，尚有可能受到牽涉抄寫時的情境影響，而按理來說，就字體的優劣而言，「照本抄錄」的抄寫應當優於「口語傳抄」，尤其在口語來源的語速與抄寫速度差距較大的情況下，將更加明顯。

綜以上三點討論，筆者認為，郭店《老子》甲、乙二組當以「口語抄錄」為主要流傳方式，而丙組與〈太一生水〉則較接近「照本抄錄」。當然「口語抄錄」與「照本抄錄」兩種方式之間，其關係亦可能相當複雜，如口語抄錄成為的「文本」後，再以「照本抄錄」謄錄流傳，若照本抄錄的抄手並未對文字、篇章結構進行校勘或改動，則口語抄錄的特徵應當受到保留，而僅書法水準或有改變。

筆者認為，值得深入討論的是，藉由「口語」方式流傳的，就老子之學而言，應當有「《老子》書」以及「老子言」，且「老子言」之流傳當早於「《老子》書」。就〈老子列傳〉一文中考察，老聃應是春秋末年當時頗具名聲的智者、知禮者，故孔子問禮於老子，且老子去周至關時，關令尹喜必然已聽聞老聃之學養，才會要求為其著書。足見老子著書之前，其學說已有流傳，而此時流傳的形式，當是老子言為主（亦有可能由聽聞者將記之成書，成為語錄體的書）。〔註101〕以此推論為前提，來進一步討論郭店《老子》甲、乙二組與老子其人之關聯。如前所述，郭店《老子》甲組為經，而乙組較接近外雜篇或說。

〔註100〕西山尚志：「檢驗結果與四篇的竹簡形制特徵一起考慮，筆者所導出的結果如下：郭店楚簡《老子》甲本和乙本是由不同的抄者各自抄寫的文獻；原來《老子》丙本和《太一生水》是由同一人抄寫的。就是說，筆者認為，郭店楚簡《老子》甲、乙、丙、《太一生水》的四篇中有三位抄者。」參見西山尚志：〈關於郭店楚簡《老子》三個文本、《太一生水》的抄者——字形種類的統計分析〉，山東大學文史哲研究院簡帛研究網站：http://www.jianbo.org/showarticle.asp?articleid=1669（2009 年 8 月 1 日）。

〔註101〕王三峽即以《文子》一書論述老子言的存在：「『老子曰』的出現，正與儒家典籍中眾多的『子曰』、『孔子曰』一樣，為弟子後學記錄、轉述師言……老子如真有弟子後學，完全可能以『老子曰』的形式記錄或轉述師言。推想老子平生，決不僅有『五千言』。『老子曰』之後，或許還真保留有老子遺說。」參見王三峽：《文子探索》（武漢：湖北人民出版社，2003 年），頁 27～28。此處王氏所說的遺說，應當是指溢出五千言《老子》文本的老子言。

就郭店《老子》甲、乙二組的文句連貫而言，已有學者提出，甲組文句較乙組連貫﹝註102﹞，且甲組具有篇名符號「墨鉤」，有書的結構，而乙組目前並無發現，僅是較無連貫結構地抄錄，筆者以為，此可能正因郭店《老子》甲組為當時已流傳的《老子》書，而乙組則可能為春秋末至戰國中晚期的「老子言」的抄錄，附於甲組經之後，故二者呈現如此具有差異的特徵。

（三）郭店《老子》丙組與老子

郭店《老子》之中，最難以定位的當屬丙組。以傳世本考察，丙組所抄錄之文句包含了傳世本 17 章、18 章、31 章部分、35 章以及重出於甲組的 64 章，似為《老子》文本無誤。然而郭店楚簡整理小組就竹簡形制、書法水準來看，則丙組似與〈太一生水〉同編，似可能為一連貫文獻。﹝註103﹞李學勤即提出郭店《老子》丙組應包含〈太一生水〉在內而共為 28 支簡。﹝註104﹞邢文與此看法相近，並推論二者前後次序應為〈太一生水〉在前，郭店《老子》丙組在後。﹝註105﹞而陳偉則調動〈太一生水〉之簡序，將第 9 簡移置第 12 簡與 13 簡之間，並解釋為傳世本《老子》的 42 章、25 章以及 77 章，與丙組合編。﹝註106﹞另有說法認為二者不當混為一談，如王博認為郭店本丙組與甲乙本皆可與傳世本相對應，且各有獨立主題，應把〈太一生水〉獨立出

﹝註102﹞ 如前引程一凡注意到乙、丙文字不像甲篇那麼通暢，參見程一凡：〈從郭店本看《老子》一書的形成〉，《管子學刊》2004 年第 2 期，頁 44〜56。李零亦認為楚簡《老子》甲組編排甚有理序，參見李零：《郭店楚簡校讀記（增訂版）》，〈第一組簡文〉頁 3〜4。

﹝註103﹞ 參見荊門市博物館：《郭店楚墓竹簡》，頁 125。

﹝註104﹞ 李學勤：「首先要說明的是，「太一生水」等文字，雖不見於傳世《老子》，但就簡本而言，實與《老子》不能分割。如《郭店楚墓竹簡》整理者所說，簡本《老子》原有三組，其簡的形制、長度互有不同。「太一生水」十四支簡，簡端平齊，長 26.5 釐米，編線間距 10.8 釐米，「形制及書體均與《老子》丙相同，原來可能與《老子》丙合編一冊」。因此，從文物工作角度看，沒有理由把這十四支簡分立出來。簡本《老子》丙應原有二十八支簡，包括今見於傳世《老子》各章和「太一生水」等內容。」參見李學勤：〈太一生水的術數解釋〉，陳鼓應主編：《道家文化研究》第 17 輯（1999 年 8 月），頁 297。

﹝註105﹞ 邢文：「郭店楚簡《太一生水》及丙組《老子》不是合抄的兩種文獻，而是內容連貫的一種文獻。……「《太一生水》及丙組《老子》」這篇文獻是郭店《老子》的一個部分，……其排序應該是《太一生水》在前、丙組《老子》在後。」參見邢文：〈《太一生水》與郭店《老子》〉，《郭店老子與太一生水》，頁 247。

﹝註106﹞ 陳氏其對簡序的具體論述，參見陳偉：〈《太一生水》校讀並論與《老子》的關係〉，《古文字研究》第 22 期，頁 227〜231。

來。〔註107〕丁四新則認為二者就篇章結構、文意文氣上而言皆不容相混。〔註108〕比利時學者戴卡琳則認為二者之間存在不少差異，應從整理小組一般將之分開。〔註109〕而艾蘭一開始認定其為同篇文獻，其後則主張將〈太一生水〉前8簡獨立出來，而9～14簡則歸為《老子》丙組。〔註110〕

由以上學者之討論可知，目前對於郭店《老子》丙組是否與〈太一生水〉合編，抑或是應當分開，難成定論。筆者以為，若將《老子》丙組視為老子後學針對《老子》甲組（經）的傳注或說，乃當時尚未進入《老子》書的文本，則合〈太一生水〉與《老子》丙組為一篇，並為甲組之傳注或說，則可

〔註107〕　王博：「我同意把〈太一生水〉獨立出來的做法，一方面是因為與通行本《老子》有關的考慮，即《老子》丙本和甲乙兩本一樣，都可以和通行本《老子》相對應，而命名為〈太一生水〉的部分則是全新的文獻；另一方面，〈太一生水〉有相對獨立的主題，並且在一些地方與老子有著明顯的差異。這兩種考慮使得獨立的處理〈太一生水〉變成更合理的做法。」參見王博：《簡帛思想文獻論集》，頁209。

〔註108〕　丁四新：「《太一生水》篇的結構與語意較完整，全篇以「太一」為宇宙生成的總根，深刻而有系統地論述了一種宇宙生成觀或圖式，並就戰國中期的宇宙空間結構作出了描繪和解釋。其中只有第9簡略顯孤懸，似有與上下文難以聯絡之感，但與該篇第12至14簡在語意上仍可以貫通。又，第8、9簡下半截皆有殘斷，亦不足以斷定第9簡不屬於此篇的可能。因此，簡單說來，《太一生水》無論就篇章結構，還是文氣文意來說，都表明它是一篇相當完整而獨立的文章，似不可與《老子》簡丙攪混。」參見丁四新：《郭店楚墓竹簡思想研究》，頁2。

〔註109〕　戴卡琳：「整理者根據竹簡的特徵（如26.5cm的尺寸，平頂的形狀，10.8cm的竹簡編線距離）和筆跡，首先將一組竹簡分離出來。這組竹簡又被一分為二：《老子》丙和《太一生水》，前者的內容使人聯想到通行本的《老子》，按這樣來看，《老子》丙和《太一生水》似乎應該歸在一起，而首次關於這次發現的出版物也確實將二者歸為一篇文章。由於所有新出土的《老子》材料都能與通行本的《老子》一一吻合，如果加上《太一生水》會顯得畫蛇添足，所以文物工作者還是決定把二者分離開來。另外，《太一生水》和《老子》的材料之間也確實存在著諸多的差別。」參見戴卡琳：《〈太一生水〉初探》，《道家文化研究》第17輯，頁297。

〔註110〕　艾蘭：「以下，我要提出兩個內在相關的論點。一是文獻的。我要論證《太一生水》在語義學上與《老子道德經》內在相關。這種關聯並見於郭店《老子》的甲組與乙組，以及不見於郭店簡文的《道德經》的其他章節。這種關聯表明，在已經發現的郭店簡文之外，已經有一個更為完整的底本，或至少是更多一些的文字材料。這同時說明，《太一生水》是《老子》的一個部分。」參見艾蘭：《〈太一生水〉研究》，《郭店老子與太一生水》，頁203。其後修正之說法，詳見艾蘭：〈郭店楚簡新見老子道德經與中國古代宇宙觀〉，《新出簡帛研究》（北京：文物出版社，2004年），頁235～236。

合理解釋其間之關係。

　　本文前述已有推論，就竹簡形制而言，甲組地位高於乙、丙二組，而就三組文句所呈現的思想內涵，邢文根據傳世本各章節相遞接之狀況，考察郭店本中相應之部分，指出丙組與甲組之關聯性，較之乙組與甲組更強。〔註111〕前引程一凡與譚寶剛所言，郭店本丙組顯然為甲組之傳注，其中重出的傳世本《老子》64 章，其不同之處恰為丙組對於甲組之改寫與延伸；另外，對於郭店楚簡當時之學術情況，陳師麗桂分析〈太一生水〉及其他傳世已久或新出土之文獻，認為：

> 值得注意的是，(〈太一生水〉) 這樣的表述情況令人想起上博簡〈亙先〉。〈亙先〉也是 1～5 簡先言自然之創生（亙、或、氣之作生），第 5 簡下半至末簡則論述人事名言的建構。這種狀況不只出現在〈亙先〉與〈太一生水〉中，作為黃老代表論作的《管子》四篇也一樣，尤其是〈內業〉，前面談「道」，後面涉及名言於政治之用。這是否意味著，戰國時期的某階段，某些學者或學派正流行著，以創生與名論為主題，並將名論與政治相結合，作為其主要思想議題的討論？
>
> 否則為什麼出土的戰國文獻中一再地反映出這種情形。〔註112〕

就以上引文可知，戰國時期之思想議題，以「創生」為主題的宇宙論，結合「名論」或「治國」，曾是當時楚道家共同論題及其流行的表現形式。〔註113〕個人以為，若將丙組與〈太一生水〉合為一篇，則相當符合該現象。如前所引王博之論，郭店《老子》丙組內容的主題是治國，若與同簡制具創生論之〈太一生

〔註111〕邢文：「不論今本《老子》與郭店楚簡《老子》關係究竟如何，郭店丙組《老子》所見今本《老子》的章次與甲組《老子》所見今本章次的關聯，是極為明顯的。這無論如何也在一定程度說明了〈太一生水〉及丙組《老子》，與甲組《老子》有著相當密切的關係，與乙組《老子》的關係則相對疏遠。」參見邢文：〈〈太一生水〉與郭店《老子》〉，《郭店老子與太一生水》，頁 244。

〔註112〕參見陳師麗桂：〈〈太一生水〉研究綜述及其與《老子》丙的相關問題〉，《漢學研究》第 23 卷第 2 期（2005 年 12 月），頁 427～428。

〔註113〕陳師麗桂：「帛書〈道原〉、竹簡〈太一生水〉與〈亙先〉三篇被指稱為戰國楚地道家文獻，或和道家學說有相當關係的文獻，在形式上表現出相當程度的一致性，篇幅都不大，大約都在四○○～五○○字左右，論述層次也相當一致地分兩層──前半論道的本體或創生，後半論道的人事政治之用，而涉及名言。這是否多少反應了戰國某時期楚地某些學群共同的焦點論題及其所流行的表現形式。」參見陳師麗桂〈從出土簡帛文獻看戰國楚道家道論及其相關問題──以帛書〈道原〉、〈太一生水〉與〈亙先〉為核心〉，《中國文哲研究集刊》第 29 期（2006 年 9 月），頁 139。

水〉，視為一整體來觀察，則表現形式恰好包括談形上之「太一」創生說、名論以及治國，極可能為楚地讀《老子》者之原作，之後的編輯者，才刪去〈太一生水〉的部分，併入成型期的《老子》一書。〔註114〕

第三節　帛書《老子》與漢簡《老子》的文本性質

在近半世紀以來的出土簡帛中，屬於漢代墓葬的《老子》文本即有兩種，分別是馬王堆漢墓的帛書《老子》，以及北京大學的漢簡《老子》，對於《老子》成書的研究，誠謂幸事。

一、馬王堆帛書《老子》

1973 年底至 1974 年春天，中國湖南省長沙市的馬王堆第三號漢墓出土了一批帛書，其中包括了《老子》兩種、《戰國策》、《周易》等。該墓葬的下葬年代，由出土文物中考察，可以確知為西元 168 年 2 月 12 日下葬，即漢文帝前元十二年初。〔註115〕關於墓葬之中的帛書《老子》，其出土後引發的討論，茲就下文敘述之。

（一）帛書《老子》的抄寫年代

一般對於馬王堆帛書《老子》甲、乙本抄寫年代的釐定，多是依據書寫字體以及文本中的避諱情形推測。如高亨、池曦朝〈試談馬王堆漢墓中的帛書《老子》〉一文提到：

> 字體的演變，必然是捨繁難而取簡易，所以到漢朝初年，隸書盛行，而小篆漸廢，抄書者自然也用隸書而不用小篆。那麼，甲本是小篆，乙本是隸書，也顯示出甲本在前，乙本在後了。……可見，甲、乙兩本都不避劉盈、劉恆的諱。乙本有意避當朝皇帝的諱，是很明確的。它獨避劉邦的諱，而不避劉盈和劉恆的諱，可證它是劉邦稱帝以後、劉盈劉恆為帝以前抄寫的。甲本不避劉邦的諱，可證它是劉

〔註114〕值得討論的是，〈太一生水〉中陳偉解釋為傳世本 77 章之部分的第 9 簡後接 13～14 簡，可能即是在傳世本之前，透過對於此文獻的編輯過程，改寫併入《老子》的。至於〈太一生水〉的失傳，於後面章節再述。

〔註115〕陳松長：「馬王堆西漢墓乃是西漢初年至景帝中元前後下葬的墓葬，因而其所蘊涵的各種文化因素無不反映著這個特定時代的歷史背景。」參見陳松長：《長沙馬王堆西漢墓》，頁 7～8。

邦稱帝以前抄寫的。〔註116〕

高、池二人依篆書與隸書的字體發展前後，與漢高祖名「邦」字、惠帝名「盈」字的避諱狀況推測，日人金谷治亦採取類似的方法推測抄寫年代：

> 甲本是在寬約二十四厘米的帛中，用近于篆書的古文字書寫，而乙本是在寬約四十八厘米的帛中用隸書書寫的。書寫的年代，甲本不避高祖劉邦的「邦」字，以此為主要理由，被認為最遲也是高祖時（紀元前約 206～195 年間）或高祖成為皇帝乙前的作品；與此相對，乙本把「邦」字改為「國」字，而又不避惠帝劉盈的「盈」字諱，因此被認為是惠帝，呂后的時代（紀元前約 194～180 年間）或這以前高祖時的東西。不管怎麼說，甲本較古，乙本較新，是不同時代由不同人書寫的兩種文書，這是很明白的。〔註117〕

關於避諱的說法，金谷治說法幾與高亨、池曦朝相同，字體則認為甲本是近於「篆書的古文字」。而周采泉則另以避「勝」字諱，推論帛書《老子》甲本為秦楚間寫本。〔註118〕除了推定抄寫年代外，金谷治更進一步指出，帛書《老子》甲本、乙本之間並無相承關係，而是同一系統的異本，其祖本可能在戰國時期便已存在。〔註119〕池田知久亦認為以抄寫字體及皇帝的避諱兩種方式，

〔註116〕參見馬王堆漢墓帛書整理小組編：《馬王堆漢墓帛書《老子》》（北京：文物出版社，1974 年），頁 110～111。

〔註117〕參見〔日〕金谷治：〈關於帛書《老子》——其資料性的初步探討〉，《道家文化研究》第三輯，頁 301。

〔註118〕周采泉：「帛書更有一特證為人所忽視者，即『勝』字多數作『朕』，聖人之『聖』，大半作『聲』是也。夫始皇之制，『朕』為天子之自稱，非尋常可以妄用，百思不得其解；聯想『張楚』國號，始悟以『朕』為『勝』，避陳勝之諱，故缺其半，『聖』則避勝之嫌名，而以『聲』代之，以民間傳寫本，於避諱並不嚴格，故或避或忘避耳。若假設不誤，則此乃『張楚』時寫本也。難之者曰：『避諱缺筆，始于唐以後，漢、魏所未有也，以盡人皆知之「朕」為「勝」，且不止一見，雖屬可疑，但決無缺半以避諱之例，故此僅能存疑，不足以為定論。』此一駁詰，亦甚有理。然全文之避諱，上不避『楚』字，下不避『邦』字，為漢立國前寫本的然無疑，則吾以為成于秦楚之際者亦可以自圓其說矣。」參見周采泉：〈馬王堆漢墓帛書《老子甲本》為秦楚間寫本說〉，《社會科學戰線》1978 年 2 期，頁 347。

〔註119〕金谷治：「總之，作為整體，在與今本的重要異同之處，甲乙兩本一致處甚多，就此而言，兩者屬于同一系統是明確的，但在另一方面，也有可說明二者不是直接相承關係，也并非由甲本變化而成為乙本的關節點。也就是說，兩者是同一系統的異本，如果是這樣的話，其祖本的存在，就可以上溯到戰國時代了。」參見〔日〕金谷治：〈關於帛書《老子》——其資料性的初步探討〉，

可說是較客觀的推測。〔註120〕然亦有學者質疑此種以避諱情形推測抄寫年代的方式，如嚴靈峰列舉孔廟禮器碑、百食神君碑二者不避漢惠帝「盈」字諱，認為「漢代人對於避諱之舉，並不十分嚴格」；〔註121〕韓巍亦據漢簡《老子》指出，漢簡《老子》雖避漢高祖「邦」字諱，然惠帝「盈」字、文帝「恒」字、景帝「啟」字以及武帝「徹」字皆未避諱，故以避諱進行文本抄寫的時間斷代，並不可靠。〔註122〕

　　帛書《老子》抄寫所用之字體的判斷，將帛書《老子》乙本斷為「隸書」較無爭議，而甲本字體則看法歧異。有認為是「篆書」者（含秦篆、小篆），

《道家文化研究》第三輯，頁302。

〔註120〕池田知久：「關於其抄寫年代如何這一問題，有兩種較客觀的推測方法：一是抄寫字體，二是皇帝的避諱。第一，抄寫使用的字體，秦始皇統一文字後逐漸從篆文過渡到隸書，其文字采用了過渡期的字體；第二，關於避皇帝之諱的文字，儘管對西漢惠帝劉盈的『盈』，高后呂雉的『雉』，文帝劉恒的『恒』等均沒有避諱，但是有些地方避了高祖劉邦的『邦』，改為了『國』。以這兩點為根據，可以推測其抄寫年代在惠帝時期（前194～前188）至呂后時期（前187－前180）。……另一方面，《老子》乙本采用隸書字體墨書在高約48厘米的桌上。其體裁與甲本一樣，沒有《老子》《道德經》等書名，未進行『一章』『二章』……『八十一章』的分章，沒有『體道』『養身』一類的章名。然而，與甲本不同，在整體分為兩大部分的末尾，分別標注了『德　三千卌一』『道　二千四百廿六』這樣的篇名和字數。其抄寫年代，根據所使用的字體是達到十分工整時期的很漂亮的隸書，以及皇帝避諱的文字雖然避諱高祖的『邦』，對惠帝的『盈』以下全都沒有避諱，從這兩點出發，我想將其推測為文帝（前179～前157）初年到前168年。」參見〔日〕池田知久、王啟發、曹峰等譯：《問道——老子思想細讀》（桂林：廣西師範大學出版社，2019年10月），頁43～45。

〔註121〕參見嚴靈峰：《馬王堆帛書《老子》試探》（臺北：河洛圖書出版社，1976年），頁1。

〔註122〕韓巍：「以往學者判斷出土簡帛文獻的抄寫年代時，避諱字是一項重要依據。如帛書《老子》甲本不避『邦』字諱，乙本避『邦』字諱改為『國』，而不避『盈』、『恒』字。學者據此認為甲本抄寫於漢高帝時（或認為在高帝前），乙本則在文帝時期（或認為在高帝時）。但從漢簡本《老子》用字看來，其避諱非常寬鬆，有些字完全不避。如漢簡本不見『邦』字，皆寫作『國』，與帛書乙本同，似為避諱所改。但『盈』、『恒』二字均多見，『啟』字三見，『徹』字亦兩見。像這種避諱不嚴的現象在北大西漢竹書的各種文獻中都比較普遍。近年有學者提出，秦漢時期官府文書等屬於『公領域』的文件避諱比較嚴格，而私人文書、藏書等『私領域』的文獻避諱則較為寬鬆，此說值得重視。至少就北大西漢竹書看來，利用避諱字進行斷代是不可行的。」參見韓巍：〈北京大學藏西漢竹書本《老子》的文獻學價值〉，《中國哲學史》2010年第4期，頁17。

如嚴靈峰、李正光、黃錫全、高明、金谷治、韓祿伯及虞萬里；〔註123〕有認為是「隸書」者，有鍾明善；〔註124〕有認為是「篆、隸之間」者，有陳松長、周采泉、張松如、廖明春、李程及池田知久。〔註125〕綜以上所引之學者各說可知，目前推測帛書《老子》甲、乙兩本之抄寫年代，所依據之方法，尚有未周之處或眾說紛陳，故僅能肯定其完成抄寫必在下葬之前，而甲本抄寫時間應早於乙本。

（二）帛書《老子》的篇章編排

《老子》書一般又稱《道德經》，傳世本多為〈道經〉在前，〈德經〉在後

〔註123〕 嚴說參見嚴靈峰：《馬王堆帛書《老子》試探》，頁1。李正光：「《老子》甲本、字體為秦篆，……《老子》乙本字體為隸書。」說參見李正光：《馬王堆漢墓帛書竹簡》（長沙：湖南美術出版社，1988年），〈序〉頁1。黃錫全注「古老子」一條言：「甲本是帶有隸書筆法的小篆，為漢高祖稱帝以前人所抄。乙本是隸書，為漢高祖時人所抄。」參見黃錫全：《汗簡注釋》（武漢：武漢大學出版社，1990年），頁41。高明：「一九七三年冬，湖南長沙馬王堆第三號漢墓出土的帛書《老子》甲、乙本，是目前所見最古老的兩種抄本。其中一種用篆書抄寫，名為甲本；另一種用隸書抄寫，名為乙本。」參見高明：《帛書《老子》校注》（北京：中華書局，1996年），〈序〉頁3。韓祿伯：「帛書甲本用小篆抄寫。小篆是一種漢代廢止的古老字體；相反，乙本則用漢代通行的隸書抄錄。這是甲本早於乙本的證據之一。」參見〔美〕韓祿伯：《簡帛老子研究》（北京：學苑出版社，2002年），頁32。虞說參見虞萬里：〈由簡帛《老子》重論其書之形成與篇章分合〉，寧鎮疆、趙爭主編：《考證與釋義——出土四古本老子綜合研究》（上海：上海世紀出版集團、中西書局，2019年），頁18。

〔註124〕 鍾明善：「帛書《老子甲本》字形大小參差錯落有致，結字或取縱勢，或取橫勢，舒展自由，縱有行橫無列，行氣疏朗而又氣韻連貫；《老子乙本》字較方正，取橫勢，點劃排得均勻。筆劃中既有隸書波磔，也有楷書撇捺。如果說甲本是古隸中的草隸，那麼乙本就是古隸中的楷書近〔八分〕了。」參見陳建貢、徐敏編：《簡牘帛書字典》（上海：上海書畫出版社，1991年），〈序〉頁3。

〔註125〕 陳松長：「古隸或稱秦隸，它居隸、篆之間，筆畫上、結構上隸變痕跡非常明顯。……這類帛書有《春秋事語》、《戰國縱橫家書》、《老子》甲本、《五行》……。」參見陳松長：〈馬王堆帛書書法型態試論〉，《書法研究》2018年第3期（2018年9月），頁64〜67。周采泉：「帛書《老子甲本》，字跡在篆隸之間，與漢隸迥異。」參見周采泉：〈馬王堆漢墓帛書《老子甲本》為秦楚間寫本說〉，《社會科學戰線》1978年2期，頁346。張松如：「甲本字體介於篆隸之間，……乙本字體是隸書。」參見張松如：《老子說解》（濟南：齊魯書社，1987年），〈引言〉頁1。廖說參見廖名春、李程：〈《老子》篇序的新解釋〉，寧鎮疆、趙爭主編：《考證與釋義——出土四古本老子綜合研究》，頁2。池田知久之說參見《問道——老子思想細讀》，頁43、45。

的編排，分上下篇，亦分章節。然 1970 年代出土的帛書《老子》甲、乙本，提供了另一版本的篇章編排：〈德經〉在前，〈道經〉在後，兩本皆是連續抄寫，並沒有提行的狀況，乙本於篇末標註有篇名及通篇字數，上篇為「德　三千冊一」，下篇為「道　二千四百廿六」，兩篇內文中的章序，亦有幾處明顯與傳世本不同，引發了學界的討論。

1.〈德〉〈道〉經的篇次

關於帛書《老子》兩本皆與傳世本相反，採〈德〉〈道〉經的排序方式，邱德修認為此為老子後學避亂遷徙，分為南北，故有兩種傳本。〔註126〕高亨、池曦朝認為，帛書本《老子》是《老子》傳本在戰國時，演變出的「法家傳本」編排方式：

> 從先秦古籍的有關記載來看，《老子》傳本在戰國期間，可能就已有兩種：一種是《道經》在前，《德經》在後，這當是道家傳本。《老子》本書論述道德，總是把道擺在第一位，把德擺在第二位；《莊子》論述道德，也是把「道」擺在第一位，把「德」擺在第二位，便是明證。另一種是《德經》在前，《道經》在後，這當是法家傳本。《韓非子·解老》首先解《德經》第一章，解《道經》第一章的文字放在全篇的後部，便是明證。大概是道、法兩家對於《老子》書各有所偏重。《老子》上篇講「道」的文字多些，所以後人稱做《道經》。下篇講「德」的文字多些，所以後人稱做《德經》。《老子》所講的「道」多屬於宇宙論和本體論的範疇，所講的「德」則多屬於人生論與政治論的範疇。道家重視書中的宇宙論和本體論，並認為「德」從屬於「道」，所以把《道經》放在前面。法家重視書中的人生論與政治論，而用法家眼光來理解老子的言論，所以把《德經》放在前面。
> 兩家俱以自己不同的需要來對待《老子》。〔註127〕

高、池二人之說，認為「道」為道家所重視的宇宙論及本體論，故將《道經》

〔註126〕邱德修：「老子的學生因戰亂的緣故遂向南北二方擴散避難，北派或是何上丈人這支所傳，而南派卻注入楚文化洪流中，疑即帛書老子所呈現者。……北派的先『道』後『德』的『道德二篇』，而南派則為先『德』後『道』的『德道二篇』。」《中華文化復興月刊》第 10 卷第 11 期（1977 年 11 月），頁 96～99。

〔註127〕參見高亨、池曦朝〈試談馬王堆漢墓中的帛書《老子》〉一文，《馬王堆漢墓帛書《老子》》，頁 112。

編為上經，是為「道家傳本」，以《莊子》書為證；而法家學說多崇尚現實主義，故重視人生論及政治論，便將《德經》置於《道經》之前，是為「法家傳本」，《韓非・解老》同此順序可為佐證。而依據戰國思想發展先後來看，「道家傳本」應早於「法家傳本」。學界另有一說，認為〈德〉〈道〉經此種型態應為原貌，而〈道〉〈德〉經的排序方式，是帛書《老子》之後，才出現的編排方式，也就是說，帛書《老子》的編排方式為古本的特徵。邱錫昉認為：

> 《德道經》書名在漢初雖已盛行，但在漢文帝以前，《老子》還可能只是《德經》在前、《道經》在後的一種傳本。漢文帝時雖然出現兩種傳本，但高、池兩同志所謂《德經》在前、《道經》在後是「法家傳本」，實際上正是道家原本，而所謂《道經》在前、《德經》在後是「道家傳本」，恰恰是漢初法家利用黃老之學時的法家傳本。
>
> 高、池兩同志之所以誤以為道家原本違法家傳本，誤以法家傳本為道家傳本，可能是對黃老之學的「道」缺少分析的結果。……把《道經》置前，《德經》置後這一法家傳本，是必須從帛書《老子》乙本談起的。這是因為雖然帛書《老子》甲、乙兩種抄本，編次完全一樣。但乙本將《老子》為兩篇，於篇尾明確標有《道》《德》篇題，這就便於法家在改造《老子》的某些思想資料時在「道」字上下功夫。鑒於帛書《老子》乙本卷前的古佚書對老子的「道」做了改造，這就使得法家敢於將《道經》置前。西漢披著黃老外衣的法家之所以強調「道」是至高無上、決定一切的東西，是因為它巧妙地將「道」引導到遵「法」的道路上來了。所謂「道生法」，就是通過崇「道」以達到崇法的目的。〔註128〕

邱說特別針對高、池二人之說提出質疑，認為標舉「道」應是漢代黃老之學為達崇法之目的所為，故〈道經〉在前之版本當為「法家傳本」，而〈德經〉在前乃是「道家傳本」，為原初之編排樣貌。二說皆以道家傳本為先，法家傳本為後，然道家傳本應何種編排方式，則看法歧異。目前學界亦多承二說之續論，認為《老子》原為《德道經》者如張政烺、張松如、尹振環等；〔註129〕認為

〔註128〕 參見邱錫昉：〈《老子》在戰國時可能只有一種道家傳本〉，《文物》1976 年 11 期，頁 82。

〔註129〕 張政烺：「關於帛書《老子》中《得經》在前的問題，我以為古本本來如此，傳世的材料也可以說明這一點，不過久不為人注意而已。」參見〈座談長沙馬王堆漢墓帛書〉一文，《文物》1974 年第 9 期，頁 48。張松如：「《史記。

《老子》本為《道德經》者，如嚴靈峰、饒宗頤認為德先道後僅是偶然之例，並無排列上之思想根據；〔註130〕張學方則認為《老子》書原本為〈道篇〉在前，〈德篇〉在後，帛書《老子》將〈德篇〉移前的編排，應始於戰國中期的黃學家。〔註131〕筆者以為，對於德前道後的《德道經》編排之原因，目前尚無可說服學人之定論。

2. 章序的調動

帛書《老子》甲、乙本皆為連續抄寫，甲本於上篇具有可視為分章符號的小圓墨點，然而數量並不多，而乙本在篇首第一行之上，塗有可視為分篇符號的長方形墨塊，篇內則沒有發現分章符號。故觀察帛書《老子》甲、乙兩本之分章，與傳世本的異同處，多以章序為主。

帛書《老子》甲、乙本兩者章序完全相同，與傳世本之差別，目前可明確看出不同的章序有三處：第一處是傳世本的二十四章，在帛書本中抄寫於第二十一章與二十二章之間；第二處是傳世本的第四十章、四十一章，於帛書本中順序相反；第三處為傳世本第八十、八十一兩章，在帛書本中抄寫於第六十六章、第六十七章之間。對於幾處章序的不同，部分學者認為帛書本章序較傳世

老子傳》：『老子乃修書上下篇，言道德之意，五千餘言。』書蓋初成於春秋末期，流行於戰國時代。先秦之際，原以《德經》部分為上篇，《道經》部分為下篇，不分章，這從《韓非子》中《解老》、《喻老》引文及帛書《老子》甲乙本內容都可得到驗證。大約在漢朝以後迄于晉宋，逐漸變作以上篇為《道經》、下篇為《德經》，並分上篇為三十七章，下篇為四十四章，共八十一章。今河上公本、王弼本、傅奕本俱如此，河上公本且復為標題冠于每章之首。」參見張松如：《老子說解》，〈引言〉頁3。尹振環：「第一，帛書《老子》甲本、乙本不是抄寫於同一個朝代；第二，不是抄自同一個傳本。而甲、乙本都是『德』上『道』下的篇次，這就不是偶然之巧合了。如果其中一本因竹書擱置錯誤，使得抄寫顛倒篇次，那兩本都抄錯的或然率就太小了。因此，帛書《老子》這兩個最古本首先證明原型『德』上『道』下。」參見尹振環：〈《老子》篇名篇次考辨──三論帛書《老子》〉，《文獻》1997年第3期，頁192。

〔註130〕嚴靈峰以為〈德〉先〈道〉後是由於「竹書存放的次序由右而左，而傳抄者卻由左而右順序取出抄寫」造成的，參見嚴靈峰：《馬王堆帛書《老子》試探》，頁11～12。饒宗頤：「法由道而生，法家不特不貶道，而實尊道。法家之解老，自宜以道為先，豈有反以德居前之理？故知《馬王堆老子》本之先德後道，殆寫經者偶然之例，若持此以論法家本恉，彌見其齟齬而已。」參見饒宗頤：〈書《馬王堆老子寫本》後〉，陳鼓應主編：《道家文化研究》第三輯，頁297～298。

〔註131〕參見張學方：〈《老子》古本道德順序試探〉，《北京社會科學》1994年第2期，頁83。

本合理〔註132〕，如針對帛書本中將傳世本第二十四章置於第二十二章前，尹振環認為此處「前章與後章一正一反，說明兩章層層展開的內在聯繫」；〔註133〕而寧鎮疆認為「帛書本的處理顯然要合理得多，即更顯『有機性』」。〔註134〕而傳世本的第四十章、四十一章，在帛書本中順序相反的狀況，學者亦持正面的看法，寧鎮疆即言：

> 經此「顛倒」就形成了40、42章相連的格局，這種格局的「有機」性及目的性也是顯而易見的：前一章講「天下之物生於有，有生於無」，後一章則說「道生一，一生二，二生三，三生萬物」，都是講宇宙生成的。這種「有機」性為許多帛書《老子》研究者所認同。〔註135〕

此處可見，傳世本異於帛書本，在第四十章與四十二章中間插入第四十一章「上士聞道，勤而行之；中士聞道，若存若亡；下士聞道，大笑之……」，高亨即言此章序編排是「文意隔斷」。〔註136〕由上述學者說法可知，就章節接續的邏輯而言，傳世本確實不如帛書本來得具連貫性及有機性。

（三）帛書《老子》的學術價值

馬王堆漢墓的簡帛文獻出土，提供了許多研究的新材料。朱德熙認為，馬王堆帛書估計約十二萬字左右，姑且不論其文本內容，其對研究西漢早期文字提供了豐富而可貴的資料，又由於其押韻與大量的假借字，對於歷史音韻的研究亦極為重要。〔註137〕

除了上述文字、聲韻研究的價值外，高亨、池曦朝於〈試談馬王堆漢墓中的帛書《老子》〉中提到，帛書《老子》可以訂正今本章次、文字之誤：

> 《老子》一書，傳本很多，不僅有許多較古的刻本，而且有六朝人及唐人寫本（均是殘本），有唐宋元的刻石本。近人馬敘倫的《老子覈

〔註132〕《長沙馬王堆漢墓簡帛集成・肆》書中〈老子甲本・說明〉：「帛書兩本的章序完全相同，即使不管篇序相反的問題，僅就篇內章序而言，也存在三處不同。……從各章內容上的關係來看，帛書本的章序似較合理。」參見裘錫圭：《長沙馬王堆漢墓簡帛集成・肆》，〈老子甲本・說明〉頁2。

〔註133〕參見尹振環：《帛書《老子》釋析》（貴陽：貴州人民出版社，1995年），頁111。

〔註134〕參見寧鎮疆：《《老子》「早期傳本」結構及其流變研究》，頁213。

〔註135〕參見寧鎮疆：《《老子》「早期傳本」結構及其流變研究》，頁215。

〔註136〕參見高亨、池曦朝〈試談馬王堆漢墓中的帛書《老子》〉一文，《馬王堆漢墓帛書《老子》》，頁122。

〔註137〕參見〈座談長沙馬王堆漢墓帛書〉一文，《文物》1974年第9期，頁52。

詁》、蔣錫昌的《老子校詁》、朱謙之的《老子校釋》，均曾加以校勘，擇善而從。但書中的文字問題，尚有些沒有解決。帛書甲本是漢高祖稱帝以前人所抄，乙本是漢高祖時人所抄，時代最古，手跡最真，可以訂正今本文字乃至章次的一些錯誤，兩本將起重要作用。〔註138〕

此處高、池之說，乃指出帛書《老子》作為當時最古之全本，在校勘學的研究上提供了珍貴的材料。高明於《帛書《老子》校注》的〈序〉文中亦提到，若無帛書本的出土面世，對於傳世本《老子》中統一性的共存訛誤，便無從發現。〔註139〕鄭良樹亦言：

> 如果我們把帛書《老子》和馬王堆其他帛書擺在一起，甚至於把它們和臨沂銀雀山的竹簡以及湖南雲夢睡虎地的秦簡擺在一起，我們可以說，它們對古代語音、訓詁、文字演變及校勘學，將會開導出一條可以預期的新路子。在帛書《老子》這方面，因為文字上和今本的差異，與其說它對老子哲學產生新的影響，不如說它對《老子》訓詁提供了新的解決資料。〔註140〕

鄭氏認為，帛書《老子》的研究價值，在聲韻、訓詁、校勘為多。尹振環對於帛書《老子》有極高的評價，認為帛書本在篇名、篇次、章次、分章以及文字方面，皆優於傳世本，經過整理後必將取代傳世本《老子》。〔註141〕黃釗在〈論

〔註138〕參見參見高亨、池曦朝〈試談馬王堆漢墓中的帛書《老子》〉一文，《馬王堆漢墓帛書《老子》》，頁 120。

〔註139〕高明：「（帛書《老子》甲、乙本）它的珍貴，主要是抄寫的時間早。近古必存真，因而較多地保存《老子》原來的面貌。尤其是同墓出土兩個來源不同的古本，不僅可相互印證，而且同時用兩個古本一起勘校今本，對訂正今本訛誤，更有價值。通過勘校證明，世傳《老子》諸本，經文皆有訛誤，被後人改動之處甚多，往往因一字之訛，則經義全非。如今本『無為而無不為』句，世傳本中出現次數不同而皆有之，已成《老子》中之名言。但在帛書《老子》甲、乙本中，均無此痕跡。帛書《老子》只有『無為而無以為』，而無『無為而無不為』。『無為而無不為』本不出於《老子》，它是漢初黃老學派之產物。從而可見，今本中類似這種統一性的共存訛誤，如非漢帛書《老子》甲、乙本出土，則根本無法發現。」參見高明：《帛書《老子》校注》，〈序〉頁 5。

〔註140〕參見鄭良樹〈論帛書《老子》〉一文，《書目季刊》第 13 卷第 2 期（1979 年 9 月），頁 45～46。

〔註141〕尹振環：「在篇名、篇次、章次方面，帛書《老子》百分之百勝今本《老子》，而在分章與文字方面又可以糾正今本之不當。顯然，帛書《老子》經過整理，一定能夠成為一個比今本《老子》要古、要真、要好的本子的。遲早它將會取代今本《老子》。」參見尹振環：〈論帛書與今本《老子》之優劣〉，《傳統文化與現代化》1997 年第 5 期（1997 年 10 月），頁 39～46。

帛書《老子》的資料價值〉一文中，提到帛書《老子》有幾項重要的價值：其
一，有助於恢復原本《老子》的完整體系；其二，有助於訂正傳世本《老子》
字句的訛誤；其三，有助於全面評價《老子》的思想。〔註 142〕黃釗說法中的
第二點，亦涉及了帛書《老子》對於《老子》文本在校勘上的幫助，然黃釗對
於部分學者認為帛書本優於傳世本的看法提出了提醒：

> 帛書《老子》也有其不足之處。對此，我們不應忽視。如果我們只
> 看到帛書《老子》珍貴的一面，看不到它的不足之處，以為它什麼
> 都好，難免犯片面性的錯誤。帛書出土後，有人撰文主張「用帛書
> 本校勘今本，判別今本的正與誤；用帛書本研讀今本，審定舊注的
> 是與非。」這實際上是要以帛書本之是為是，以帛書本之非為非，
> 一切以帛書為依據，顯然是不對的。因為帛書本也並非《老子》原
> 本，它也只是一種手抄本。〔註 143〕

黃氏提到了帛書本須依賴今本改善之處，如脫爛之處需要校補、同音假借字需
要訓釋、衍字及漏字需要增刪、錯別字需要訂正等，足證其並非完全優於傳世
本。

在思想方面，黃釗認為帛書本與傳世本相比，其基本思想大致相同，僅在
某些字詞的差異中，能幫助掌握《老子》思想的涵義。〔註 144〕鄭良樹則指出
「無為」一詞在傳世本與帛書本中的差異，指出此一轉變乃是法家權謀法術對
素樸的老子哲學所作的改動。〔註 145〕張艷於〈帛書《老子》研究綜述〉一文
總結了 1973 年至 2002 年相關研究論著，相關成果大抵是從初期的文獻校勘，

〔註 142〕 參見〈論帛書《老子》的資料價值〉一文，黃釗：《帛書《老子》校注析》（台
北：台灣學生書局，1991 年），〈序〉頁 7～22。

〔註 143〕 參見〈論帛書《老子》的資料價值〉一文，黃釗：《帛書《老子》校注析》（台
北：台灣學生書局，1991 年），〈序〉頁 18。

〔註 144〕 黃釗舉出了第二章、第三十一章、第五十七章三處文本中的差異，在帛書本
的勘誤下，可以協助更正確掌握《老子》思想。參見〈論帛書《老子》的資
料價值〉一文，黃釗：《帛書《老子》校注析》，〈序〉頁 15～18。

〔註 145〕 鄭良樹：「《老子‧三十七章》說：『道常無為而無不為。』……實際上，帛書
《老子》甲、乙本此句完全作『道恆無名』、第一個『為』字不但作『名』，
而且根本沒有底下『而無不為』四個字。……大概韓非子在解釋《老子》、利
用《老子》之際，於《老子》『無為』思想別有會心的了解，乃創立『人君無
為，臣下無不為』的政治法術。後人不察，竟以此權謀法術家在老子樸素的
哲學上。帛書《老子》的出土，正可以澄清後人對老子哲學的誤會，並可以
了解法家如何改變《老子》的思想。」參見鄭良樹〈論帛書《老子》〉一文，
《書目季刊》第 13 卷第 2 期，頁 46。

到後來從文字、音韻、訓詁等方面的校注，在後來 1998 年郭店《老子》內容發表後，學者研究的焦點便由帛書本轉向郭店本。〔註 146〕筆者以為，帛書《老子》的出土，其學術價值多在校勘、小學等面向，在思想方面的研究，與傳世本五千言差異較少，學者的討論多僅於少數篇章中文字的差異，並不如郭店《老子》那般具有衝擊性和顛覆性。

二、北京大學藏西漢竹書《老子》

2009 年初，中國北京大學獲贈一批海外回歸的西漢竹簡，經整理、清點、編號後，共計 3346 枚，其中完整簡約 1600 枚，殘斷簡約 1700 枚，按此估計原有竹簡數應在 2300 枚以上。整體竹簡的狀況良好，表面呈現黃褐色或暗褐色，質地堅硬紮實，字跡清楚清晰，墨色厚重。部分竹簡上有朱砂抄寫的文字，或繪製的圖表、欄格，仍是顏色鮮豔。竹簡簡端皆修治平齊，多數刻有契口，編繩痕跡依舊可見。文字皆抄寫於竹簡之竹黃面，少量竹簡於刮去竹青處寫有篇題。竹簡長度可分為三種規格：長簡約長 46 公分，三到編繩；中簡長度約 29.5 到 32.5 公分，三道編繩；短簡約 23 公分，兩道編繩。部分竹簡背面上部刻有划痕，獲一道、或二道，可供竹簡散亂後，還原編排順序參考之用。這一批漢簡所載的典籍，有《蒼頡篇》、《趙正書》、《老子》、《周馴》、《妄稽》等，約二十種古代文獻。各篇竹書的書法及字體特徵略有差異，大體上可視為近於成熟的漢隸。其中的漢簡《老子》是近半世紀，繼馬王堆帛書《老子》以及郭店《老子》後的第三種《老子》出土文獻。〔註 147〕2012 年北京大學出土文獻研究所所編《北京大學藏西漢竹書·貳》出版，便繼帛書本、郭店本之後，受到學術界的關注並興起研究熱潮。

（一）漢簡《老子》的抄寫年代

漢簡《老子》來源於捐贈，非從一般考古方式出土，故沒有出土地的其它資訊可供推算下葬、封存的年代，僅能就其中文獻觀察、推測文本的抄寫年代。目前大概從北大漢簡中可見的線索，多從文獻內容所載年代及書法字體特徵推斷。

〔註 146〕 參見張艷〈帛書《老子》研究綜述〉一文，《語言學研究》2012 年第 2 期（2012 年 5 月），頁 31～33。

〔註 147〕 本處資料整理自北京大學出土文獻研究所發布的〈北京大學藏西漢竹書概 說〉一文，《文物》2011 年第 6 期，頁 49～56。

　　就文獻內容所載年代觀察，整批的漢簡文獻中，未有漢武帝以後的年號，而在一枚數術類文獻竹簡上記有「孝景元年」的紀年；就書法字體觀察，其漢隸特色明顯，可推斷晚於張家山漢簡、馬王堆帛書以及銀雀山漢簡，與定州八角廊漢墓出土的竹簡的書法字體相比，則北大漢簡顯得古樸些；而北大漢簡日書類文獻的月份敘述次序，皆從正月開始，而非以十月為歲首。據以上幾點觀察來推測，北大漢簡的抄寫時間應在漢武帝時期偏晚，不晚於漢宣帝，故漢簡《老子》是帛書本後，傳世本前的一種抄本。〔註148〕部分學者持異說，然亦多斷為武帝時期。〔註149〕日人池田知久從漢簡《老子》中「積正」一詞推測，抄寫時間應在儒家思想走向極盛的時代，西漢晚期的漢元帝時期顯得合理。〔註150〕筆者以為，年代的斷定還是以考古方法為主，輔以簡帛學、文字學、語言學、文獻學等非純思想性的論據為佳，故認同漢簡《老子》應於漢武帝時期抄寫。

　　學界亦有質疑漢簡《老子》為偽簡的說法，如邢文於《光明日報》2016年8月8日第16版發表〈北大簡《老子》辨偽〉一文，從「竹簡形制」、「竹簡書法」兩方面推斷漢簡《老子》為「今人偽造、書法拙劣的漢簡贗品」。吳文文認為：

> 從形、音、義成系統的整體性證據特徵去考察北大簡《老子》的真
> 偽，相對個別細節上的考察，不易受不確定因素的影響。北大簡《老
> 子》一些具有內在聯繫以及眾多於古有據、今本罕見的字詞用法構
> 成整體性證據；全部的通假字以及具有西漢語音特徵的用韻構成整

〔註148〕參見〈北京大學藏西漢竹書概說〉一文，《文物》2011年第6期（2011年6月），頁53。

〔註149〕劉笑敢認為在武帝前期：「估計可能抄寫于漢武帝前期北大漢簡《老子》又為這一觀察提供了更為完整的研究樣本。」參見劉笑敢〈簡帛本《老子》的思想與學術價值──以北大漢簡為契機的新考察〉，《國學學刊》2014年第2期（2014年6月），頁34～45。

〔註150〕池田知久：「從這一點來推測，北大簡第十六章的抄寫者，應是從外部攝入了當時儒家的用語、尤其是來自於荀子『積微』的『積正』，將《老子》經文的『守靜』作了隨意的改變。然而，如果將其置於《老子》第十六章的思想之中，儒家的『積正』這個用語，是和第十六章主旨完全不一致的脫節的詞彙，因為其意義和道家頻用的『守靜』正好相反。筆者認為，經文如此牽強地受到改變，與這種現象相伴隨被再編輯的這部北大簡，其抄寫年代恐怕是在西漢晚期。如果我們把抄寫時間置於儒家思想走向極盛的時代，例如以元帝時期為背景來考慮的話，不就容易理解了嗎？」參見池田知久撰、曹峰譯〈《老子》的形而上學與「自然」思想──以北大簡為中心〉一文，《文史哲》2014年第3期（2014年5月），頁103。

體性證據；字形處於隸變尾聲階段以及四組形近字所揭示的時間特徵構成整體性證據。總體來看，從形、音、義三個角度綜合來檢驗，又構成更大意義上的整體性證據。作偽者即使在文字、音韻、訓詁、書法等諸多領域有專研，也未必能做到滴水不漏。老子云：「無為故無敗」。正因為北大簡《老子》真實無人為造作因素，才能經得起上述各個角度的辨偽檢驗。〔註151〕

吳氏針對邢文之文批駁，認為邢文之論立基於簡背劃痕、竹簡長度等個別細節上的考察，並不如從整體性證據驗證來得可靠，並認為就文字、聲韻、訓詁、書法字體等方面要作偽到毫無破綻的程度，難度極高。筆者認同漢簡《老子》的真實性，在未有明顯作偽的證據前，應認可其真實性。

（二）漢簡《老子》的篇章結構

　　北大漢簡《老子》經整理後，現存完整竹簡 218 枚，殘簡 3 枚，推測全書應有 223 枚。其中相當於傳世本〈德經〉的部分殘斷較嚴重，而〈道經〉的部分則基本完整。漢簡《老子》之簡長，在北大漢簡之三種簡長規格裡屬於中等長度，長約 31.9～32.2 公分，寬約 0.8～0.9 公分，每簡抄滿為 28 字，字距均勻，使用有分章符號及重文符號。

　　漢簡《老子》分為上、下兩篇，並於簡背標示篇名。相當於傳世本〈德經〉第一章第二簡，即簡號 1829，簡背靠近上端處寫有「老子上經」，而〈道經〉第一章第一簡，即簡號 2592，簡背近上端處同樣寫有「老子下經」，其字體筆跡同內文一致，應為抄寫者所記。其篇章順序同馬王堆帛書本，以傳世本的〈德經〉為上篇，〈道經〉為下篇，亦與帛書《老子》乙本相同，於篇末記有全篇字數，就字體筆跡判斷，亦為抄寫者所記。〈上經〉篇末記有「凡二千九百冊二」，〈下經〉則記有「凡二千三百三」，合計 5245 字。若較之帛書乙本篇末自計字數總和 5467 字，漢簡本少了 222 字，應是漢簡本中虛字數量較帛書本為少所致。

　　漢簡《老子》具有明顯分章，每章開頭皆從竹簡上端簡首抄寫，並標有圓形墨點作為分章符號，章末留白，並不接續抄寫下一章。全書計有七十七章，〈上經〉四十四章，〈下經〉三十三章。章序依照簡背劃痕排序後可發現，漢

〔註151〕 參見吳文文：〈從一些整體性特徵判定北大漢簡《老子》的真偽〉一文，復旦大學出土文獻與古文字研究中心，http://www.gwz.fudan.edu.cn/Web/Show/2957，發表日期：2016 年 12 月 21 日。

簡《老子》之章序與帛書本不同，而與傳世本一致。〔註152〕

　　雖說章序與傳世本相同，然漢簡《老子》之分章與傳世本仍有幾處明顯有別，韓巍指出，兩者不同之處約可分為三種情況：其一，傳世本分為數章而漢簡本合為一章，共有四處；其二，傳世本為一章而漢簡本分為兩章，僅有一處；其三，分章位置不同，共有兩處。韓巍於〈北京大學藏西漢竹書本《老子》的文獻學價值〉一文說到：

> 從漢簡本分章與今本的差異看來，漢簡本的做法大多顯得更為合理。今本八十一章的劃分，正如前人所論，應該是為了湊合「八十一」的數字而有意為之，其中頗多強行分合之處。從郭店本看來，《老子》一書的分章起源很早；與帛書本、漢簡本相比較，可以看出很多章節單元後來並沒有發生多大變化，變的主要是排列順序。帛書本則說明《老子》的章序可能在戰國末年就已相對固定。漢簡本的發現，進一步證明《老子》的分章和章序在西漢早期已經相當成熟，但尚未固定為今本八十一章的面貌，當時應該還存在其他分章方式的版本。〔註153〕

韓巍的說法，實際上是指出，就《老子》一書的分章而言，雖然漢簡本相較傳世本而言顯得合理，然而，亦不適合將漢簡本視為分章最為正確的文本，其僅是漢代流傳的各種近於五千言的版本之一，其中所出現的分章，為《老子》研究者提供了異於傳世本，可有助於理解《老子》文本結構的一種新思考。總的來說，漢簡本的篇章結構可視為從帛書本到傳世本間的一種過渡版本，有些特徵接近帛書本，而部分特徵接近傳世本。

（三）漢簡《老子》的學術價值

　　漢簡《老子》於 2012 年發表至今約已十年，其相關研究成果已豐。韓巍在漢簡本初發表時，說明其學術意義在於提供了「處於定型階段的完整而精善的《老子》古本」，對於《老子》文本形態學的研究是不可缺少的重要文本。〔註154〕劉笑敢則強調多種簡帛《老子》的發現，不僅僅是增加了《老子》的

〔註152〕此處資訊多參考二文，北京大學出土文獻研究所〈北京大學藏西漢竹書概說〉，韓巍〈北大漢簡《老子》簡介〉，《文物》2011 年第 6 期（2011 年 6 月），北京大學文於頁 49～56，韓巍文錄於頁 67～70。

〔註153〕參見韓巍〈北京大學藏西漢竹書本《老子》的文獻學價值〉一文，《中國哲學史》2010 年第 4 期（2010 年 11 月），頁 20。

〔註154〕參見韓巍〈北大漢簡《老子》簡介〉，《文物》2011 年第 6 期，頁 70。

不同版本，而是為我們理解《老子》一書演變的原因、律則提供了極為難得的原始文本資料，並為我們理解一般文本演化、加工提供了前所未有的參照和契機，這些資料中具有寶貴的文獻學、文字學、版本學、校勘學，以及思想史方面的學術價值。〔註155〕甘影杰在〈北大漢簡《老子》研究綜述〉一文，統整了漢簡《老子》的研究議題：文獻真偽辯證、文本抄寫年代辯證、《老子》文句校勘、古書成書及文本流變等。〔註156〕

　　幾位學者大多點出漢簡《老子》在文本流變與對文校勘的學術價值，然而就帛書本、漢簡本乃至於傳世本之間思想史上的研究而言，文本間的差異不如郭店本到帛書本的明顯。韓巍即提到戰國晚期後，《老子》文本已趨於穩定：

> 在目前所見各種簡帛古書中，《老子》文本的穩定性顯得最為突出。
> 秦漢之際的馬王堆帛書本與今本相比，其相同之處已遠多於差異，
> 較晚的漢簡本則更接近於今本。這一點不僅遠遠超越同時代的諸子
> 類、兵書類簡帛古本，甚至連六藝類經典也罕有能與之相比者。古
> 書文本的穩定性，與其「經典化」的年代和程度有很大關係。一般
> 說來，「經典化」年代越早，程度越高，文本的固定就越早，穩定性
> 也越強。從現有發現看來，《老子》的「經典化」及其文本的相對固
> 定，很可能在戰國晚期已經完成，西漢時期的變化很有限。〔註157〕

由韓巍對簡帛《老子》的觀察可知，五千言的傳世本《老子》約於戰國晚期形成，《老子》一書所涉及的思想範疇，也大致在於郭店本至帛書本間逐漸擴充、定型，故西漢可見的帛書《老子》與漢簡《老子》，乃至傳世本《老子》，三者相互參照觀察，相同之處顯然遠多於差異，故其發表後對於思想史研究的衝擊性與顛覆性，是遠不如處於尚未定型的郭店《老子》的。

第四節　簡、帛本《老子》間文本與思想的差異

　　文句、篇章結構獨特的郭店《老子》出土後，其與前此已見的傳世本《老

〔註155〕參見劉笑敢：〈簡帛本《老子》的思想與學術價值——以北大漢簡為契機的新考察〉，《國學學刊》2014年第2期，頁45。

〔註156〕參見甘影杰：〈北大漢簡《老子》研究綜述〉，《商丘師範學院學報》第36卷第6期（2020年2月），頁17～22。

〔註157〕參見韓巍：〈北京大學藏西漢竹書本《老子》的文獻學價值〉一文，《中國哲學史》2010年第4期，頁21。

子)、帛書《老子》,及其後發表的漢簡《老子》之關係,自然為各學者討論之
重點。羅浩曾於郭店《老子》發表後,提出了三種模型來表示各版本之間關係:
輯選模型、來源模型、並行文本模型。〔註158〕筆者依羅浩三種模型之說的邏
輯脈絡,加入漢簡《老子》此一傳本後,羅列於下:

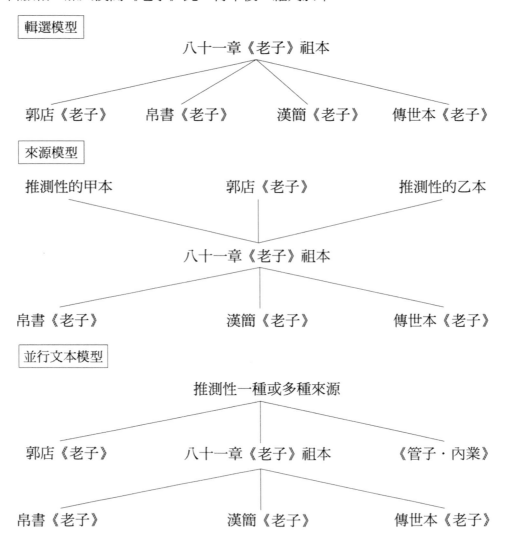

輯選模型

八十一章《老子》祖本

郭店《老子》　　　帛書《老子》　　　漢簡《老子》　　　傳世本《老子》

來源模型

推測性的甲本　　　　　郭店《老子》　　　　　推測性的乙本

八十一章《老子》祖本

帛書《老子》　　　　　漢簡《老子》　　　　　傳世本《老子》

並行文本模型

推測性一種或多種來源

郭店《老子》　　　八十一章《老子》祖本　　　《管子·內業》

帛書《老子》　　　　　漢簡《老子》　　　　　傳世本《老子》

「選輯模型」的推論根據大致與前文論及郭店《老子》分組原因時,主張「摘
抄說」的看法差異不大,羅浩於其後說明郭店本甲、丙組不太可能分別來自於
同一完整文本,而較接近兩種獨立文本由兩位作者抄自不同來源,似也直接否

〔註158〕 參見羅浩:〈郭店《老子》對文中一些方法論問題〉,陳鼓應主編:《道家文化
　　　　　研究》第 17 輯「郭店楚簡」專號,頁 200。

定了第一種模型的可能。〔註159〕而筆者認為就郭店《老子》與帛書本或傳世本的關係，應較接近「來源模型」、「並行文本模型」二者的混合。

　　就文本內容觀察，郭店本內容全見於帛書本，這是如羅浩所言的來源模式中所表達的狀況：郭店本為帛書本的來源之一。而郭店本作為來源之一，可能較之其他來源更為密切，丁四新即點出郭店《老子》中影響帛書本成書的證據：

> 人之所褢（畏），亦不可以不褢（畏）。人憥（寵）辱若纓（驚），貴大患若身。可（何）胃（謂）憥（寵）辱？憥（寵）為下也。得之若纓（驚），遊（失）之若纓（驚），是胃（謂）憥（寵）辱纓（驚）。……
> （郭店乙組，頁118）

郭店本此段文字中，「畏」、「人」二字之間，有一短橫作為分隔文句的符號，此段文字於帛書乙本作「人之所畏，亦不可以不畏人」（帛書乙本，頁56）〔註160〕、「弄（寵）辱若驚，貴大患若身，何（胃）謂弄（寵）辱若驚」（帛書乙本，頁54）〔註161〕，以及傳世本之文句為「人之所畏，不可不畏」〔註162〕，「寵辱若驚，貴大患若身。何謂寵辱若驚？」丁四新認為帛書乙本中，「人」於文意上有所不妥，故傳世本刪之，帛書乙本這裡文意的不妥，則是傳抄時的訛誤，而其所據的底本應同於郭店乙組，此處足可看出帛書本或其祖本，實是以郭店《老子》的再抄本或三傳抄本為基礎進行重新編輯的。〔註163〕

〔註159〕羅浩：「有不少理由可以認為刻有《老子》對文的三綑竹簡甚至不是源出一處。首先，我們有外部證據：每根竹簡長短不一，各綑的每根竹簡所刻的字數不同，並且三綑竹簡當中抄寫的字體也不同。其次，我們從文本本身可找出強有力的證據。如，稍稍比較一下同現行本老子第六十四章下半段對應的甲綑和丙綑的韻文，我們得出明顯的結論：該兩綑簡文不可能互相抄襲，他們也不可能源出一處。在總共幾十個字的簡文中，至少有三十三處異文。這表明甲綑和丙綑的編寫者不可能互相抄襲對方，也不可能源出與它們時代相近的共同原始文本。」參見羅浩：〈郭店《老子》對文中一些方法論問題〉，陳鼓應主編：《道家文化研究》第17輯，頁201。

〔註160〕參見裘錫圭：《長沙馬王堆漢墓簡帛集成·肆》，頁206。

〔註161〕參見裘錫圭：《長沙馬王堆漢墓簡帛集成·肆》，頁205。

〔註162〕《老子王弼注》第20章，頁16。

〔註163〕丁四新：「帛乙拼接恢復的原底本當作『人之所畏亦不可以不畏人寵辱若驚貴大患若身……』。又根據簡書『畏』字後，『人』字前有一小墨橫作間隔，實可知帛書所據之底本原亦當與簡書全同，今標點此句作『人之所畏，亦不可以不畏。人弄辱若驚，貴大患若身。』這樣看來帛書實是在以簡書的再抄本或三傳抄本為基礎進行重新編輯的，此可為鐵證；亦可見簡本之存真，帛書之傳訛。通行本則有見於『人』字的不是，而乾脆將其刪掉，既不見於第20章『人之所畏不可不畏』句後，亦不見第13章句首。又通行本第20章『人

　　另外，前文提及姚志豪在討論郭店《老子》文獻性質時，認為甲組為經、丙組近於「摘抄本」，程一凡亦指出以郭店《老子》甲組與丙組中，對應於傳世本第 64 章的部分，可證其中歷時性的變化：甲組到丙組，丙組到帛書的演變。程氏認為甲組於此似乎完全被取代了，其取代的過程，大致經過四個階段〔註 164〕，而此四階段反映了一脈相承的痕跡：

之所畏，不可不畏』句前後兩段了不相接，文本綴合誤甚。」參見丁四新：《郭店楚墓竹簡思想研究》，頁 49。趙建偉：「雖然『人』字是連下讀還是屬上讀，抑或是涉上句『人』字而抄衍尚不能肯定，但這條簡文卻可以證明簡本、帛本儘管章節次序不同而仍然存在著內在聯繫。」參見趙建偉：〈郭店竹簡《老子》校釋〉，《道家文化研究》第十七輯，頁 263。

〔註 164〕程一凡：「此二段間小有參差（例如乙本『成』後無『事』字），而很明顯地在所有郭『老』甲、丙間有糾紛處，兩本帛書都一致向丙看齊。雖然丙與帛不盡相同，但所有的關鍵字上（如『學不學』、『敢』），甲在此段與帛書似乎絲毫沾不上邊。不僅如此，以後也許在所有的《老子》文本中甲篇此段也就永不再見（從此就泯滅了『臨事之紀』和『教不教』、『弗能為』等字樣），如此整齊劃一的現象如何解釋呢？……質而言之，從郭到馬，就今本六十四章而言，必須經過下列四個步驟：第一步：後來的編（作）者面對這郭店甲、丙二組大致相同的段落不得不作一個去彼取此的抉擇：因為沒有理由把並存的兩段同時往下轉。為什麼去了甲組那段呢？……這個抉擇是一勞永逸的，甲組此段的絕大部分（包括那句『臨事之紀』）從此不再見天日（直到 1993），毫不磨菇，毫無商榷，因後來版本都絲毫不見甲、丙二『版』攙合的跡象。第二步：正因已去掉了『臨事之紀』這一緩衝句，『慎終若始』對再下一代的傳人來講顯得突兀，與前面的『無執，故無失也』不一定能接得上（因『無執』句講的是趨近禪宗的『離境』，『慎終』句則又如同孟子的『必有事焉』，要著境）。同時，『慎終若始，則無敗事矣』像是結論，『人之敗也，恒於其且成而敗之』像是情況，後人也許就懷疑此二小段顛倒而加以糾正。這樣的邏輯很顯而易見，因兩本帛書『慎終若始』前（在倒換次序後）都有個『故』或『故曰』，而郭甲或丙皆無『故』字。於是丙的『慎終若始，則無敗事矣……恒于其且成也敗之』變成了『人之敗也，恒于其且成也敗之，慎終若始，則無敗事矣』。這幾句讀起來也通順多了。第三步，這一變動又使下一位編（作）者面臨了新的問題。『人之敗也……』這整段的基本假設在於期望成功，這和上面所說的『聖人無為，故無敗也，無執，故無失也』似不能接軌。老子學派越到後來『無為』的意識越擴張，『有為』的思想是容易被檢舉的，所以趕緊把『且』字去掉（或者抄手已經把『且』字有意無意地脫落了），變成了『恒于其成而敗之』，這在義理上和『無執故無失』較能配合，『成』而敗等於是因『盈』、因『驕』而敗，與老子其他意思大體交融，也就是說成就是敗。這樣『無為』的意思可更凸顯。同時『人之敗也』也顯得太熱衷了些，改成『人之從事』較中性（但『從事』可不可能從『臨事』蛻變而來，則未知）。第四步：說『人』如何如何，和前後文的「聖人」似乎有點齟齬，把『人』改成『民』就可免除混淆，再加上其他一些較不重要的修訂，帛書『版』此段乃

　　僅由郭店、馬王兩種《老子》已足夠現出其間的歷史演繹是不假外
求的、是歷經時日階段的、也是通過不同傳人（不只是抄手）手的。
於是我們再回觀郭店甲、乙、丙的分組，也許可以得出《老子》一
書形成通過一系列的單傳階段的模式：郭甲→郭甲＋郭乙→郭甲乙
＋郭丙→郭甲乙丙＋丁……→帛書稿本。

　　《老子》一書是由甲（或更早的本子）逐漸擴充長大而成的，當然
每二代之間可能有少許抄本流傳出去，但成長中的「老子」正本一
定有全或半封閉性的傳遞。……但郭本三組和帛書稿本的關係並
不是「偶然」的，而是「必然」的，因為郭店本就是「我」的直系
「祖」。〔註164〕

上所引之丁氏與程氏之說，分別就「文本結構」的句讀相承變化，以及「文句
思想內涵」遞變，甲組文句不傳，而改自甲組的丙組成為帛書本所據的祖本，
此兩方面作為證據推論，郭店本與帛書本之間的相承關係密切。

　　日本學者金谷治曾言帛書《老子》甲、乙二本並非相承的版本，其祖本應
當上溯至戰國時代；韓巍則就帛書《老子》甲、乙本以及漢簡《老子》之間差
異不大，認為《老子》的「經典化」於戰國晚期已形成；李若暉於《郭店竹書
《老子》論考》一書中，將《老子》文本的形成分為四個時期：形成期、成型
期、定型期以及流傳期，並以郭店《老子》為形成期的代表，帛書《老子》甲、
乙本以及傅奕本為成型期的代表。〔註165〕

　　至於形成期的二千言郭店《老子》到定型期的五千言帛書《老子》之間
的差距，可從期間缺少的三千言觀察。日人谷中信一歸納郭店《老子》與帛
書《老子》間思想特徵的差異，提出了四點不同：沒有「一」的概念、沒有
以「水」為範例的議論、言及「德」的篇幅較少、沒有對仁義聖智的否定態
度。谷中信一進一步將《莊子‧胠篋》與〈知北遊〉與《老子》書的演變作

　　　成。當然這四步指次理論化了的模式，不一定分厘不差地反映歷史現實過程。
　　　比方說『且』這個字可能早就誤失也說不定。同時這四步也並不意味一定要
　　　經過四代相傳才能成功，更短期間或長期間內完成都有可能。」參見程一凡
　　　〈從郭店看《老子》一書的形成〉一文，《管子學刊》2004 年第 2 期，頁 52
　　　～53。
〔註164〕參見程一凡〈從郭店看《老子》一書的形成〉一文，《管子學刊》2004 年第
　　　2 期，頁 53。
〔註165〕參見李若暉：《郭店竹書《老子》論考》第四章〈郭店《老子》之校勘（下）：
　　　分期別系〉，頁 87～111。

聯繫，認為此二篇與傳世本《老子》有密切關係。〔註166〕

　　筆者認為，就郭店《老子》中「絕智棄辯」改動為「絕聖棄智」一處來說，莊子後學〈胠篋〉一系的思想，似乎對於傳世本《老子》書的彙編，起了決定性的作用：於漢代下葬的帛書《老子》甲、乙本與漢簡《老子》皆未見改動前的版本，足見此一改動於戰國晚期便已完成並定型，而此一定型與莊子後學密切相關。是以若要比較《老子》文本變化中，從形成期到成型期所可能衍生之思想內涵的轉變，從《莊子》外雜篇爬梳、觀察，是相當值得探究的方向。

〔註166〕參見谷中信一：〈從郭店《老子》看今本《老子》的完成〉，《郭店楚簡國際學術研討會論文集》，頁 436～444。

第三章 《莊子》外雜篇中的思想議題

　　對於戰國時期流傳的老學，熊鐵基認為，依老學的發展情況可分為「黃老」、「老莊」兩派。〔註1〕陳德和承熊鐵基之說，而名二種不同老子後學為「政治化老學」與「境界化老學」，前者即黃老之學，後者為莊子之學；〔註2〕足見莊學與老學間的傳承、發展關係。

　　傳世本《莊子》一書，與傳世本《老子》一般，非成於一人一時，其中所包含的思想亦不止莊周一人之思想，學界一般認為，內七篇為莊周所著，外、雜篇則為「莊子後學」的理論記錄。若從陳德和之說，外、雜篇實可謂「境界化老學之後學」，而此發展也與「政治化老學」的「黃老」之學有所交流。由是可知，老子、莊子思想各有後學支派，其中分合交流的情形，是相當複雜的。若以老子為道家思想的創發者，其後的莊子、黃老等皆為其後學，則《莊子》一書之外雜篇，亦實可謂老子後學的集大成。〔註3〕劉榮賢則認為，由郭店《老

〔註1〕熊鐵基：「道家的形成與儒、墨不同，一無開山祖，二無具體的傳授系統，三無明顯的形成時間，與孔、墨死後『儒分為八、墨離為三』不同，而是在形成過程中出現了黃老與老莊兩派。」參見熊鐵基：《秦漢新道家》（上海：上海人民出版社，2001年），頁15。

〔註2〕陳德和：「從思想史看，到了戰國中期之初（約公元前340年前後），對於老子其人其書的義理發揮就明顯形成兩大主流，此即是北方齊國的稷下道家和南方楚地一帶的莊子思想。稷下道家思想出於側重在君人南面之術的發揮，屬於領袖國家的政治管理學，所以筆者稱它為『事功化老學』或『政治化老學』；莊子學說則是特就心靈境界的拓昇開顯以及精神理想的恢宏超拔來定義老子的思想，因此可以名之曰『生活化老學』或『境界化老學』。」參見陳德和：〈戰國老學的兩大主流──政治化老學與境界化老學〉，《鵝湖學誌》第35期（2005年12月），頁61～62。

〔註3〕謝君萍：「由於《老子》學派與黃老思想在戰國晚期，都各自有著不同的支派，它們分別再與莊子學結合之後的情形，也是相當複雜和多樣的。其交錯

子》的年代與內容來觀察,傳世本《老子》所多於郭店本的內容,大部分產生於莊子之後的戰國後期。〔註4〕是故,筆者以為,探討形成期的郭店《老子》在戰國流傳後,如何演變為「海納百川」的成型期《老子》,或可從《莊子》外雜篇入手。

由於《莊子》外雜篇的思想成分十分複雜,學者多有探討。羅根澤曾析分《莊子》外雜篇之著者為十二類,其分類亦影響不少研究者,有其獨到之見解。〔註5〕然就其分析之目的在釐清著者,與筆者聚焦於思想成分有所不同,故參照較少。劉笑敢《莊子哲學及其流變》一書,將外雜篇析分為「述莊派」、「無君派」、「黃老派」三類。「述莊派」為莊子後學的嫡派,主要思想在對於莊子思想(即內七篇)的繼承與闡發;「無君派」則與《莊子》書中其他篇章明顯不同,其對於現實的不滿表現在強烈抨擊現實的文句中,強調因任人性之自然,去除國君或統治者對人性的干擾甚至壓迫;「黃老派」篇章的思想則與馬王堆漢墓的「黃老帛書」〔註6〕相近,亦與司馬談〈論六家要旨〉對道家的論述基本相同。〔註7〕劉笑敢的分類基礎,主要在對《莊子》一書,從內七篇到外雜篇所呈現莊周思想的演變。劉書羽則於碩士學位論文《莊子》引《老子》考》中,將《莊子》全書分類為「莊子一系思想」、「老子一系思想」兩大類,而「老子一系思想」再細分為「老子尚德派」、「無君派」以及「黃老派」。劉氏認為「老子尚德派」,為莊子後學引用或發揮《老子》以成己說,直承《老子》思想者屬之;而「無君派」、「黃老派」則為莊周後學汲取某一系《老子》

融合的結果,使得今本《莊子》外、雜篇,儼然成為戰國道家思想之集大成者。研究《莊子》外、雜篇中莊子學術與《老子》、黃老之學交融的情形,就等於研究戰國晚期道家各流派發展與融合的概況,於是引起筆者對這部分文獻的高度興趣。」參見謝君萍:《莊子後學與《老子》、黃老之學關係研究》,頁2。

〔註4〕劉榮賢:「由郭店《老子》的年代與內容看來,今本《老子》書中較郭店本多出的內容,恐怕也大部分產生於莊子之後的戰國後期。」參見劉榮賢:《莊子外雜篇研究》(台北市:聯經出版社,2004年4月),頁6。

〔註5〕羅說參見羅根澤〈《莊子》外雜篇探源〉一篇,羅根澤:《諸子考索》(北京市:人民出版社,1958年)。

〔註6〕此稱承陳師麗桂之說:「不論它是否真如唐蘭諸人所說,就是《黃帝四經》和〈伊尹九主〉,它們都是研究戰國秦漢之際黃老思想最直接有力的資料與證據,我們姑且稱之為『黃老帛書』。」參見陳師麗桂:《戰國時期的黃老思想》(臺北:聯經出版社,1991年),〈序〉頁3。

〔註7〕劉笑敢之說,詳見劉笑敢:《莊子哲學及其流變》(北京:中國社會科學出版社,1988年2月),頁263~317。

後學思想以成己說者，屬間接層面之思想承繼，依思想內蘊，又可細分為「無君派」以及「黃老派」。〔註8〕劉書羽之論，實是側重於《莊子》全書中，《老子》思想成分的多寡，其研究焦點應近於「《莊子》一書中，何者屬於老子後學」。另外，謝君萍於碩士論文《莊子後學與《老子》、黃老之學關係研究》中，對於《莊子》外、雜篇之研究，思想分析更為細膩。其論述不以分派概括思想特色，而是對於思想交融之狀況仔細考察。其中以「記錄莊子言行」、「材料源於內七篇」、「運用相同特殊詞彙」三項標準考察，用以判斷是否為莊子後學所作；而不符合前三項標準之篇章，則再以莊子思想之成分、老子思想之成分、黃老思想之成分三類加以分析。謝文之目的，在於了解戰國晚期道家眾流交會融合的情形，其具體分類是就「莊子」、「老子」、「黃老」三者的分合情況，又細分為七種：「莊子」、「老子」、「黃老」、「老子、莊子」、「莊子、黃老」、「老子、黃老」以及「老子、莊子、黃老」。〔註9〕以上三位前賢之分析，對於《莊子》外、雜篇同一篇章常有不同的思想判定，歸屬不同的後學分派，足見其中思想複雜之程度。

「莊子後學」的思想成分不只複雜，各家說法亦多分歧。以下筆者就《莊子》外雜篇中的道與宇宙論、修養論以及政治論三議題，分析其與內七篇思想的依違情形，期能釐清作為老子後學的「莊學」於戰國時的發展，並為後文比較簡帛《老子》文本的思想差異時，提供參照的依據。

第一節 「道」與宇宙論

道家思想中，「道」為最核心的概念，從《老子》、《莊子》內七篇乃至外、雜篇，皆以「道」為論述開展的基礎。以下就《莊子》外雜篇中「道」的概念及其所涉及的議題分別論述之。

一、道與宇宙創生

《莊子》內七篇中，「道」字凡46見，有直述「道」的特徵者，如〈大宗師〉中提到：

> 夫道，有情有信，無為無形；可傳而不可受，可得而不可見；自本

〔註8〕劉書羽之說，詳見劉書羽：《《莊子》引《老子》考》（臺北市立教育大學中國語文學系碩士論文，2009年6月）。

〔註9〕謝君萍之說，參見謝君萍：《莊子後學與《老子》、黃老之學關係研究》。

自根，未有天地，自古以固存；神鬼神帝，生天生地；在太極之先
而不為高，在六極之下而不為深；先天地生而不為久，長於上古而
不為老。〔註10〕

〈大宗師〉此段是《莊子》內七篇中，對「道」最為直接的描述。〔註11〕「自
本自根」指出了道的本根性，是「自古以固存」的恆常存在，既在太極之上，
又在六極之下，具有遍在性。道亦無高、深、久、老等相對特徵或變化，有絕
對性。在此可看出《莊子》內篇的道，是具有絕對性的恆常本體。此一本體是
「先天地生」，不在天地的自然場域之中，強調先在性及超越性。〔註12〕至於
是否具備創生宇宙的意義，魏培泉認為：

「先天地生」可以理會為「道」不能後於天地，但未必就能演繹出
天地是由它所產生。……以《莊子·大宗師》的例子為例，「神鬼神
帝，生天生地」可解為「使鬼帝能神，使天地得生」，這就像「生死
人而肉白骨」的「生」不具「生產」義一樣。……總之，從語法上還
不足以讓我們得到「道」是萬物的創生者之結論。〔註13〕

〔註10〕 參見清郭慶藩：《莊子集釋》（臺北：商周出版，城邦文化出版社，2018 年 1
月），頁 177。其後所引《莊子》之文皆據此書，僅於引文後標註篇名、頁數，
不再贅述。

〔註11〕 其後尚有一段文字提及「氣母」：「『伏犧氏得之，以襲氣母。』其中『氣母』
一詞似有氣的創生之意，學者多有異說。封思毅：「若綜合全文而觀，前段言
道之原理，後半論道之功用。對道之功用的各方面，則由後半文字，歷敘天
地、陰陽（即『氣母』之演化）、時間、空間以至於人事之壽考、富貴，無不
息息相關。可謂能得曲暢旁通之妙。蓋得者，德也。必須列舉狶韋、伏戲、維
斗、日月、堪坏、馮夷等等，得之於道，而後產生種種變化，兼原理功用而為
言，始能觀道之純。故兩段文義，合而並存，則脈絡自然一貫。分而撰除後半，
則前文將無所承。且其文勢，至『長於上古而不為老』，如河水之達龍門，未
可戛然而止。必當緊接以下長文，方告神完氣足，細味便曉。」參見封思毅：
《莊子詮言》（台北：臺灣商務印書館，1997 年），頁 27。錢穆：「此章言伏
義、黃帝、顓頊云云，似頗晚出。」參見錢穆：《莊子纂箋》（台北：東大圖書
公司，1985 年 11 月），頁 52。陳鼓應：「這一節神話，疑是後人添加，亦無深
意，無妨刪去。」參見陳鼓應：《莊子今註今譯》（台北：臺灣商務印書館，1984
年 3 月），頁 201。筆者從錢氏、陳氏之說，故於此不引。

〔註12〕 曾春海：「道的『自本自根』意謂道本身即是所以存在的自足原因，不必訴諸
己身以外的其他存有者資以為因果說明，『道』先天地存在，意指『道』對任
何存有者皆享有存在的優先性。」參見曾春海：《先秦哲學史》（台北：五南圖
書出版公司，2010 年 10 月），頁 263。

〔註13〕 參見魏培泉〈從道路名詞看先秦的「道」〉，鄭吉雄：《觀念字解讀與思想史探
索》（台北：臺灣學生書局，2009 年），頁 1～51。

筆者以為，此段不能直接解釋為道是宇宙的創生根源，而僅是宇宙萬物得以生成的憑藉而已。《莊子·齊物論》亦有涉及宇宙生成的論述：

> 有始也者，有未始有始也者，有未始有夫未始有始也者。有有也者，
> 有無也者，有未始有無也者，有未始有夫未始有無也者。俄而有無
> 矣，而未知有無之果孰有孰無也。（〈齊物論〉，頁 67～68）

此一段文字表面上在層層推衍了有始、未始有始、未始有夫未始有始；有、無、未始有無、未始有夫未始有無，似乎在探究萬物創生之源，實質上僅是在推衍中展示當時論者持論對立層層上疊的狀況，在層層推衍下，將永無止盡，不如消解相對，回歸絕對的道境。彭富春認為，此種層層否定的論述，呈顯了道的本源性，是一種存在的「未始」。〔註14〕鄭倩琳則認為，此處可說明戰國時人熱衷討論宇宙本源問題，而莊子因其學問性格不喜議論此「六合之外」的問題。〔註15〕《莊子》內七篇對於宇宙創生的論述並不重視，對「道」的描述多為本體論的進路。然《莊子》外雜篇中對「道」的描述，則含括了創生義，如〈知北游〉中提到：

> 夫昭昭生於冥冥，有倫生於無形，精神生於道，形本生於精，而萬

〔註14〕彭富春：「這不是一般意義的有與無，而是對於它們的否定。甚至當這種否定本身還可能成為一個物的時候，否定本身也要被否定。道超出了它們，比它們更加本原，是一個存在著的『未始』。雖然道是最根本的『尚未開始』，但卻孕育著自身的開始。」參見彭富春：〈論莊子的道〉，《湖北社會科學》2009年第9期（2009年9月），頁117。

〔註15〕鄭倩琳：「莊子何以舉『始』為例？何以舉『有』、『無』為例？在莊子的時代，若非有著討論『有』、『無』，討論『始』、『未始』的風氣，莊子何以發此論？是以筆者認為，此段正可以代表莊子本身對當時哲人熱衷討論的宇宙本源問題的態度，在他看來：『有始』之前有『未始有始』，『未始有始』之前還有『未始有夫未始有始』；而關於『有』、『無』之討論亦是如此，『有』之前乃是『無』，而『無』之前則是『未始有無』，『未始有無』之前還有『未始有夫未始有無』。關於宇宙發生之起源，論者可以層層上推，然此推論僅只是人類之臆測而已，彼是我非，彼非我是，無可定奪。宇宙起源之問題，不能視其為客觀知識而加以分判。是以〈齊物論〉言：『六合之外，聖人存而不論，六合之內，聖人論而不議。』莊子不議論宇宙源起之事乃與其學問性格相關，《莊子·齊物論》言：『道行之而成，物謂之而然。』萬物之運行即是『道』。觀莊子之論『天道』，可知其往往言『萬物之存在』，而不言『萬物之創生』。不承認有『造物者』的存在，而莊子之所以不在天地萬物之背後再追溯一『造物者』之存在，乃因其對待天地萬物之態度在於因任與隨順，而非主動之掌握。」參見鄭倩琳：《戰國時期道家之宇宙生成論》（國立臺灣師範大學國文研究所碩士論文，陳師麗桂指導，2003年），頁35～36。

> 物以形相生，故九竅者胎生，八竅者卵生。其來無跡，其往無崖，
> 無門無房，四達之皇皇也。邀於此者，四肢彊，思慮恂達，耳目聰
> 明，其用心不勞，其應物無方。天不得不高，地不得不廣，日月不
> 得不行，萬物不得不昌，此其道與！（〈知北游〉，頁 511）

此段一開始言明創生的原則：「昭昭生於冥冥，有倫生於無形。」此處的「冥
冥」與「無形」皆常見於對道的論述，而「有倫」即有形之類的概稱，「昭
昭」是相對於「道」的冥冥昏昏、無為無形而言，是具體有形之物的特徵。
換言之，此一原則即是「道生物」的論述。〔註16〕隨後談及萬物創生的序列：
道生精神，精生形，形生萬物。外雜篇中的〈天地〉另有一段萬物生成的論
述：

> 泰初有無，無有無名，一之所起，有一而未形。物得以生，謂之德；
> 未形者有分，且然無間，謂之命；留動而生物，物成生理，謂之形；
> 形體保神，各有儀則，謂之性。性修反德，德至同於初。同乃虛，
> 虛乃大。合喙鳴，喙鳴合，與天地為合。其合緡緡，若愚若昏，是
> 謂玄德，同乎大順。（〈天地〉，頁 296）

彭富春認為，此段生成可分為六個階段：無、一、德、命、形、性。〔註17〕
筆者以為，德、命、性三者，乃為萬物生成的內在理路，並不屬於萬物的生
成階段。「泰初」所指的是宇宙原始，而此原始情況為「無」，無有無名，其
後進而有「一」，此一階段是尚未有形的。而未形者的「一」，或動或靜而生
「物」，此「物」則已屬有形。此處的宇宙生成順序則是「無」到「一」，「一」

〔註16〕賴錫三：「《莊子》首先區分兩個存有層次，其一是「昭昭有倫」，其二是「冥
冥無形」；簡單說，前者就是指有形有序之「物」的層次，後者則是指無形混
沌之「道」的層次；而冥冥無形之道乃是昭昭有倫之物的存有論基礎，故謂
「生」之。這個「道生物」的宇宙生成論過程……可表述為：道生精神—精神
生精—精生形—形形相生萬物。」參見賴錫三〈《莊子》精、氣、神的功夫和
境界——身體的精神化與形上化之實現〉，《漢學研究》第 22 卷第 2 期（2004
年 12 月），頁 124。

〔註17〕彭富春：「這個過程可以分解為如下幾個階段。第一，無。它是道的虛無性存
在形態。第二，一。它是道的存在性形態。一雖然存在，是有，但不同於任何
一個具有具體形態的存在者。第三，德。它意指萬物得到道的本性，作為自身
的存在。第四，命。它是在萬物中生長出的有機的生命個體，而不同於其他的
一般事物。第五，形。生命的事物在成長過程中形成自身的獨特形體。第五，
性。它特指人的精神，是萬物發展最後和最高的階段。」參見彭富春〈論莊子
的道〉，《湖北社會科學》2009 年第 9 期，頁 117。此段說法，筆者疑有筆誤，
「性」當為第六。

到「物」；其徵狀則是從「無」而後「未形」，而後「有形」。另外〈至樂〉篇
亦有另一節相同於宇宙論的描述：

> 察其始而本無生，非徒無生也而本無形，非徒無形也而本無氣。雜
> 乎芒芴之間，變而有氣，氣變而有形，形變而有生，今又變而之死，
> 是相與為春秋冬夏四時行也。（〈至樂〉，頁 423）

此段所說的序列則從「芒芴之間」，變而有「氣」、而有「形」、而有「生」，而
之「死」。成玄英疏曰：「大道在恍惚之內，造化芒昧之中」〔註18〕，顯然將本
無「氣」的「芒芴之間」視為「道」。介乎「芒芴之間」與「形」的「氣」，似
乎與〈天地〉篇介於「無」與「形」之間的未形者「一」，在生成序列處於同
等位階，亦多具流動變化之性質，足見《莊子》外雜篇之論述，已具有氣化宇
宙論之特徵，張岱年認為：「中國哲學中所謂氣，可以說是最細微、最流動的
物質，以氣解說宇宙，即以最細微最流動的物質為一切之根本。」〔註19〕劉笑
敢則言：

> 在無為無形的道產生具體有形的萬物的過程中，需要有一個過渡狀
> 態。其次，莊子是強調齊萬物為一的，在物質世界之內需要一個體
> 現萬物共同基礎的東西。另外，莊子是強調事物的相互轉化的，需
> 要一個能夠貫穿於一切運動變化過程中的概念。適合這些需要的概
> 念必須是可以有形也可以無形、可以運動也可以凝聚、可以上達於
> 道也可以下通於物的，這樣的概念只有氣。〔註20〕

《莊子·知北遊》認為，冥冥無形的「道」為昭昭有形的宇宙萬物生成之根源，
而由無（無有無名）到有之間，存而未形的「氣」，成為道與天地萬物間的中
介。「氣」，此一存在之實有，其特性是細微而流動，細微故可成為介乎未形與
成形的原質，流動則可上下於道、物之間，故成為道生物過程中之關鍵。

二、氣與宇宙原質

「氣」此一概念，在《莊子》內七篇中，除了一般自然現象的「雲氣」、
「大塊噫氣」（風），亦隱然有萬物原質的概念，在《莊子·大宗師》說「天地
之一氣」：

〔註18〕 參見《莊子集釋》，頁 423。
〔註19〕 參見張岱年：《中國哲學大綱》，頁 40。
〔註20〕 參見劉笑敢：《莊子哲學及其演變》（北京：中國社會科學出版社，1993 年），
　　　　 頁 137。

> 彼方且與造物者為人，而遊乎天地之一氣。彼以生為附贅縣疣，以
> 死為決疥潰癰。夫若然者，又惡知死生先後之所在！（〈大宗師〉，
> 頁191）

此處言子桑戶死時，孟子反、子琴張臨屍而歌，孔子認為是因其能「游乎天
地之一氣」，故能超脫俗世的生死觀，視死亡為反真。於《莊子》外雜篇中，
「氣」的聚散亦成為人的死生原因：

> 生也死之徒，死也生之始，孰知其紀！人之生，氣之聚也，聚則為
> 生，散則為死。若死生為徒，吾又何患！故萬物一也，是其所美者
> 為神奇，其所惡者為臭腐；臭腐復化為神奇，神奇復化為臭腐。故
> 曰：「通天下一氣耳。」聖人故貴一。（〈知北遊〉，頁505～506）

> 萬物皆種也，以不同形相禪，始卒若環，莫得其倫，是謂天均。（〈寓
> 言〉，頁649～650）

「紀」即「先後理序」之意。〈知北遊〉一則言人的死生之理，在於氣的聚散
變化狀態，以「氣」的活動觀之，無先後之別。〈寓言〉則以「氣」能聚散流
動，死生聚散，化成萬物，透過不同形體遞相變化，其終始如同圓環，帶有循
環的概念。由是可知，「氣」作為一種對萬物存有、變化的詮釋元素，能使莊
子思想中消弭對立、達觀死生、齊一物論的觀點，獲得客觀存有的依據，鄭世
根說：

> 莊子的「氣」論確實是種世界觀，這個世界是由「氣」而「化」，並
> 且「化」的基礎在於「物化」，職是之故，筆者稱之為「氣化論」。這
> 無疑是中國哲學史上對人與宇宙萬物的非常突出的詮釋架構，無論
> 是道家還是儒家的系統，都不能不或多或少受到這種「氣化論」的
> 影響。……「氣」不但能夠成為新的普遍概念是超離唯物與唯心的
> 極端爭論的，而且提供給中國哲學的最高理想一種說明根據和邏輯
> 基礎。〔註21〕

「氣」作為萬物存有的原質，是萬物間的普遍概念，使得人與天地並生、與萬
物為一，遊乎天地的理想，除精神境界層面外，亦在存在實有的層面提供了理
據；葉海煙則反過來說，此一客觀存在亦成為形上反思的核心。〔註22〕「氣」

〔註21〕鄭世根：《莊子氣化論》（台北：臺灣學生書局，1993年），〈序言〉頁1～2。

〔註22〕葉海煙：「我們幾乎可以如此斷言：『莊子確實大量吸收了當時的宇宙觀點──
一種依然保留素樸意味的客觀論。』當然，莊子並未因此落入主體主義與客

的概念，在《莊子》一書中，不僅於天地萬物成為形上依據，亦為人身形、神之形上依據。

（一）天地之陰陽

　　《莊子》外雜篇就「氣」一概念多有發展，原與氣論無涉的「陰陽」二字〔註23〕，成為氣的代稱，〈則陽〉言「是故天地者，形之大者也；陰陽者，氣之大者也；道者為之公。」（〈則陽〉，頁625）此處明言「氣」有陰陽之分，陰陽為「氣」的兩大屬性，具此兩大屬性的陰陽之氣具有生化萬物之功能。〈則陽〉中，少知問於太公調萬物如何產生？太公調答曰：「陰陽相照相蓋相治，四時相代相生相殺，欲惡去就於是橋起，雌雄片合於是庸有。」（〈則陽〉，頁626）〈田子方〉亦言：

> 至陰肅肅，至陽赫赫；肅肅出乎天，赫赫發乎地；兩者交通成和而
> 物生焉，或為之紀而莫見其形。（〈田子方〉，頁490）

此段文字不只論及陰陽之氣與萬物生成之關係，亦明言在自然場域「天地」中，陰陽二氣的來源：陰氣由地而發，陽氣由天而出。「肅肅」與「赫赫」明指至陰、至陽的性質，成玄英言：「肅肅，陰氣寒也。赫赫，陽氣熱也。」（〈則陽〉，頁491）二氣交通和合而萬物生成。將此段敘述，結合上述〈則陽〉以天地為「形」之大者，陰陽為「氣」之大者一段來看，可知天乃陽氣所形，是陽氣賦形之至大者。地則為陰氣所形，亦是陰氣賦形之至大者，自然場域的天地正是「氣」之所形，是藉由「氣」得以具體而真實地存在。而「氣」與「形」皆受

體主義的爭論。而如果我們以莊子『氣的哲學』為思考莊子宇宙論（或謂「天地觀」）的基本向度，自可進一步以『氣』及『陰陽』為莊子哲學所以不離客觀之存在或事實之存在，卻又能同時進行其形上反思的核心概念。」參見葉海煙：〈莊子哲學的「陰陽」概念〉，《宗教哲學》第三卷第三期（1997年7月），頁88。

〔註23〕唐君毅：「此陰陽之二字，自字原觀，初蓋用之以表日出或日沒於雲，而連於天象。……技即用陰陽以表山之南北之方位，而連于地理。……日出而暖，日沒而寒，故陰陽亦表天氣之寒暖。……由此再引申，而物之寒者，如金水，則為陰物，物之暖者，如火日，則為陽物，則陰陽又可兼稱物類。是見此陰陽之觀念，乃始于表空間中之天象，進而表空間中之地理，再進而表寒暑四時，而後更表地上之物類者。至由表地上之物類，更以表地中之物氣。」參見唐君毅：《中國哲學原論·原道篇卷二》（台北：台灣學生書局，2008年9月），頁176。徐復觀亦概括陰陽二字的來源與日光相關：「以後一切有關陰陽觀念的演變，都是由與日光有密切關係的会易二字之原義引申演變而出，大概是沒有問題的。」參見徐復觀：《中國人性論史·先秦篇》，頁453。

「道」作用之規範，故說「道者為之公」。「為之紀而莫見其形」也說明了「氣」對於萬物存在的一種無形的規範或指導作用，此一作用亦是根源於無為、無形的「道」。〔註24〕故〈秋水〉言「自比形於天地而受氣於陰陽」（〈秋水〉，頁389），萬物皆是「形」、「氣」所構成，「形」為存有之外在狀態，而「氣」則為存有之內在依據。

「氣」作為內在依據，不僅賦形於物，若是陰陽二氣失和不調，萬物亦將有所損傷，故《莊子》外雜篇說：

> 當是時也，陰陽和靜，鬼神不擾，四時得節，萬物不傷，群生不夭。
> 人雖有知，無所用之，此之謂至一。（〈繕性〉，頁380）
>
> 木與木相摩則然，金與火相守則流。陰陽錯行，則天地大絯。於是乎有雷有霆，水中有火，乃焚大槐。（〈外物〉，頁630）
>
> 陰陽不和，寒暑不時，以傷庶物。（〈漁父〉，頁708）

〈繕性〉一段，言陰陽和順平靜，則四時氣候有節，萬物群生得以不傷其性，不夭其命。〈外物〉、〈漁父〉兩段則言，若是陰陽失和，錯行不順，則驚擾天地，損傷庶物。

（二）人身之陰陽

陰陽之「氣」不僅生化天地、合生萬物，於人身上亦有其重要的作用。《莊子》內七篇說「陰陽」：

> 陰陽之氣有沴，其心閒而無事，跰足而鑑於井。……父母於子，東西南北，唯命之從。陰陽於人，不翅於父母，彼近吾死而我不聽，我則悍矣，彼何罪焉！（〈大宗師〉，頁185～188）
>
> 凡事若小若大，寡不道以懽成。事若不成，則必有人道之患；事若成，則必有陰陽之患。若成若不成而後無患者，唯有德者能之。（〈人間世〉，頁116）

〈大宗師〉言「陰陽之氣有沴」，所指為生理軀體之畸形，即「曲僂發背，上有

〔註24〕劉笑敢：「氣和道的關係，莊子沒明確講過。總的看來，氣和氣化的觀念與道無為無形的性質是協調的，但是氣遠不如道重要。道『自本自根』『自古以固存』，氣卻是『雜乎芒芴之間變而有氣』，這說明莊子還沒有把氣當作最根本的存在。……莊子自身的邏輯應該是氣由道生，道為氣本，這和精氣說認為道就是氣，把氣作為最根本的存在是不同的。」參見劉笑敢：《莊子哲學及其流變》，頁136～137。

五管，頤隱於齊，肩高於頂，句贅指天」（〈大宗師〉，頁 185），葉海煙解此「陰
陽」乃是人身體存在的構成原理。〔註25〕而〈人間世〉言「陰陽之患」，與「人
道之患」相對，所指乃是人內在陰陽之氣因接事而動，多有憂懼喜樂之患。由
二處可知，陰陽於人的作用，是及於生理形軀與心理情緒的。

　　綜上所述，「氣」與「陰陽」概念，在內七篇中隱然有萬物本源的觀念，然
並未以此開展細部的論述；〔註26〕發展至外雜篇如〈至樂〉、〈知北遊〉，則多
有以氣生萬物的論述，此應是外雜篇部分作者受到黃老之學影響所致。〔註27〕

三、道與一

　　《莊子》書中，與「道」概念最為類近的，便是「一」。《說文解字》釋
「一」為「惟初太極，道立於一，造分天地，化成萬物」〔註28〕《莊子・齊
物論》提到「道通為『一』」說：

> 可乎可，不可乎不可。道行之而成，物謂之而然。惡乎然？然於然。
> 惡乎不然？不然於不然。物固有所然，物固有所可。無物不然，無
> 物不可。故為是舉莛與楹，厲與西施，恢恑憰怪，道通為一。（〈齊
> 物論〉，頁 61）

在「道」的境界觀照下，萬物萬殊的恢恑憰怪，皆能通而為一。曾春海釋「道」
言：

> 若由本體論來解讀《莊子》，該學派係從萬物的現象中尋根探源，超
> 越地觀省出「道」乃天地之宗，萬化之源，是內在於萬物且有機地

〔註25〕參見葉海煙：〈莊子哲學的「陰陽」概念〉，《宗教哲學》第三卷第三期，頁 90。

〔註26〕陳師麗桂說：「即使是《莊子》內七篇所及的『雲氣』、『六氣』、『大塊噫氣』、
『陰陽之氣』也仍是『氣』的自然質樸意。唯〈人間世〉超越心、耳之上，虛
以待物的『氣』，較具玄深的哲學意涵，這和以內七篇為代表的《莊子》超然
物外的思想氣質是相吻合的，卻也仍然如風吹水，輕盈而過，並無細部論證。」
參見陳師麗桂：〈先秦儒道的氣論與黃老之學〉，《哲學與文化》第 33 卷第 8 期
（2006 年 8 月），頁 14。

〔註27〕陳師麗桂：「至若《莊子》外、雜篇，學者一般推定，非一人之作，卻是重要
莊學論文集，也是從《莊子》到《淮南子》之間道家思想的橋樑，內中本多黃
老之論。……〈至樂〉『種有幾』一段，黃師天成因以為係『秦漢時避世之黃
老之徒所作』，〈知北遊〉則依羅根澤之推定，以為是老子學派（應是指黃老道
家）的作品，《莊子・至樂》、〈知北遊〉的氣化論和《管子》四篇的氣化論有
一定淵源，便是一證。」參見〈先秦儒道的氣論與黃老之學〉，《哲學與文化》
第 33 卷第 8 期，頁 17。

〔註28〕參見〔漢〕許慎：《說文解字》（天津：天津古籍出版社，1991 年 6 月），頁 7。

聯繫萬物的超越統宗,「道」既是萬物所以存在和依據的終極性根源,
則既內在萬物亦不局限於分殊化物類或個物的「道」,不但是萬象對
道的開顯有不同差異相之來源,也是諸差異相中又具同一性的統合
原理。〔註29〕

大小、美醜等對立的物徵,恢、詭、譎、怪等萬物的殊性,皆是稟道而生的
差異相;而「道」之超越性,超越有形萬物之殊,而為同一性之本體根源,
故可通貫萬物之差異相,陳鼓應言此「一」乃是「破除封域而達到圓融和諧
的境界」,亦是「事物的本然狀態」。〔註30〕是故〈德充符〉又云:「自其異者
視之,肝膽楚越也;自其同者視之,萬物皆一也。」(〈德充符〉,頁141)人
為意識介入,對物產生分別,則無物不異;若回歸事物本然之根源,則萬物
皆同,此即〈秋水〉篇所言:「以道觀之,物無貴賤;以物觀之,自貴而相賤;
以俗觀之,貴賤不在己。」(〈秋水〉,頁397)

除泯除封域的「一」之外,「物」與「我」之間渾然無分,故〈齊物論〉
言:「天下莫大於秋豪之末,而大山為小;莫壽乎殤子,而彭祖為夭。天地與
我並生,而萬物與我為一。」泯去大、小、壽、夭之別,返歸「道」的根源來
看,天地與我、萬物與我皆一體齊同。〈大宗師〉中有一段「一」與「不一」
的辯證,可更清晰理解《莊子》「一」的概念:

> 故其好之也一,其弗好之也一。其一也一,其不一也一。其一與天
> 為徒;其不一,人為徒。天與人不相勝也,是之謂真人。(〈大宗師〉,
> 頁170)

此處以天、人對舉,「一」是與天為徒,返歸自然,與之通而為一;「不一」則
是與人為徒,攝於人倫並受其桎梏的,天與人二者並非對立,能超越此「一」

〔註29〕參見曾春海:《先秦哲學史》,頁264。

〔註30〕陳鼓應:「1.『「道」通為一』,即是從『道』的觀點看來並無分別。莊子認為
事物的差別是人為設定的,同一件事物,由於不同的人作主觀意識的投射,因
而產生不同的性質差別。……所謂大小、高矮、長短、美醜的判斷,都是人添
加給事物的,它原本就是這個樣子。所謂『一』,就是指事物的本然狀態。但
當它蒙上了人的主觀認識活動,於是一如的、無分別的事物上,產生了分歧、
多樣相。2. 主觀的差別性滲入事物之後,人的心靈就被拘執、被『封』住了。
被『封』住的心靈,只知拘泥於瑣細,斤斤計較差別。我們須瞭解事物性質的
差別,原來是主觀意識的投射,原本是成心所致。這一反省覺悟,可使心靈活
動致力於免除主觀的偏執,照見事物本然的情形。『一』即是指破除封域而達
到圓融和諧的境界。」參見陳鼓應:《老莊新論》(上海:上海古籍出版社,1992
年),頁138~139。

與「不一」方能是體道之真人。此種消弭對立，玄同為一的境界，曾春海詮解甚切，他說：

> 事實上，「是」與「不是」、「然」與「不然」的對立元形式乃道在自身運轉中所開顯出來的具對待性及迭運性的「相」，從整體與部分不可分割的關係觀之，「是」與「不是」、「然」與「不然」皆係整體性的「道」在自身流轉中所呈現出來的兩個部分。因此，「是」與「不是」、「然」與「不然」與「道」的關係是一體的兩面，有著一而二，二而一的不可分裂關係。換言之，「彼」係出於與「此」對待而有的，「此」是出於與「彼」對待而有的。「彼」與「此」有結構性的一元兩面性，在辯證性的存在與互動關係中，互為對方存在的條件。……因此，「道」是涵融「彼」與「此」，「彼」與「此」在「道」的流轉中，「此」開顯則「彼」隱蔽，「彼」開顯時則「此」隱蔽。相互迭轉且統合於「道」的渾化之中。〔註31〕

《莊子》言「一」，並非一、二、三之數中之「一」，亦即非指涉部分，而是渾化為整體之「一」。此「一」具動態義，能使萬殊之存有渾化為一；亦具存有義，指涉渾然不分的整體，即體道者觀照下之宇宙情狀。

由上論可知，《莊子》內七篇言「一」，多與道境下的觀照有關，僅有〈大宗師〉「遊乎天地之一氣」一處，與「氣」同論者，近於存有論及本體論之說。

《莊子》外雜篇中之「一」，如〈天地〉篇，作為「無」與「形」、「物」間的中介之「一」，則近於「氣」之生成作用；故〈知北游〉言：

> 人之生，氣之聚也；聚則為生，散則為死。若死生為徒，吾又何患！
> 故萬物一也，是其所美者為神奇，其所惡者為臭腐；臭腐復化為神奇，神奇復化為臭腐。故曰：「通天下一氣耳。」（〈知北游〉，頁505～506）

以氣之聚散解釋人的死生之狀態，視之為「一」，而此「一」之根據，與內七篇強調內在精神的超越，在道境下觀照萬物、死生為一有所不同，而是基於萬物泯去其形，復歸原質的「一氣」，是立意於客觀存有之本體論。

外雜篇亦有以「一」釋「道」之說，〈在宥〉即言：「一而不可不易者，道也。」「一」乃言道之整全性、「不可不易」則言道之變動性。〈達生〉篇則

〔註31〕參見曾春海：《先秦哲學史》，頁265。

亦有以「一」言「心」者：

> 工倕旋而蓋規矩，指與物化而不以心稽，故其靈臺一而不桎。忘足，
> 履之適也；忘要，帶之適也；知忘是非，心之適也；不內變，不外
> 從，事會之適也。始乎適而未嘗不適者，忘適之適也。(〈達生〉，頁
> 455)

此段言「適」，亦即應接外物之法。「與物化」則渾而為一，故不以心知作用
引導，「靈臺」即「靈覺之心」，「一」即是凝神、一志，是「不外從」的向內
凝斂，「不內變」則是不受外物牽累而內傷於心，則可以泯去是非對立，通而
為一。故可知，「一」不僅言心之修養方法，亦可言修養後渾然與物為一，通
於道境。李存山概括「一」在《莊子》書中涵意，說：「『一』在莊子的思想
中是指『道』之通達或混同宇宙萬物的統一性，以及得『道』之人的思想境
界。」〔註32〕

　　就以上討論可知，外雜篇之「道」、「氣」、「一」皆有其相互涵攝之處，言
「道」多有根源義、規範義、本體義，言「氣」則多有原質義、作用義、流動
義，「一」則常用以言「道」與「氣」之特性，具總體義、存有義，亦用以指
稱反歸於道的觀照下，無有分別，泯去對立的道境。

第二節　修養論

　　《莊子》內七篇中，對於凡人「形役心疲」於世俗之中，是有同情及反省
的，如〈齊物論〉言：

> 一受其成形，不亡以待盡。與物相刃相靡，其行盡如馳，而莫之能
> 止，不亦悲乎！終身役役而不見其成功，苶然疲役而不知其所歸，
> 可不哀邪！人謂之不死，奚益？其形化，其心與之然，可不謂大哀
> 乎？人之生也，固若是芒乎！其我獨芒，而人亦有不芒者乎！夫隨
> 其成心而師之，誰獨且無師乎？奚必知代而心自取者有之？愚者
> 與有焉。未成乎心而有是非，是今日適越而昔至也。(〈齊物論〉，頁
> 53)

人雖亦稟自然而成形，卻與物有分，自身之形體與外物相接觸，則如以刀刃相

〔註32〕參見李存山：〈莊子思想中的「道」、「一」、「氣」〉，李存山：《氣論與仁學》
　　　　（鄭州：中州古籍出版社，2009年5月），頁100。

傷相靡，終日奔走忙碌，不見其功，亦不知所歸，最後心隨形化。「成心」是指受外物牽引的俗心，是一種精神羅網、桎梏。〔註33〕人欲擺脫勞役如馳的狀況，需要修養工夫。《莊子》內七篇中對於人的修養工夫，最具代表的即是「心齋」及「坐忘」。〈人間世〉藉孔子之口對顏淵說「心齋」：

> 若一志，無聽之以耳而聽之以心，無聽之以心而聽之以氣！聽止於
> 耳，心止於符。氣也者，虛而待物者也。唯道集虛。虛者，心齋也。
> （〈人間世〉，頁 112）

此段文字可分數個概念或階段，「若一志」為第一步，其後由「聽之以耳」轉為「聽之以心」，再由「聽之以心」轉為「聽之以氣」。「聽之以氣」的具體內容則在「虛而待物」，陳師麗桂解釋「聽之以氣」為「一種超越感官，超越心靈的感知作用，純任生命自然契機的流行，去與外物冥合的修養工夫」。〔註34〕〈大宗師〉亦藉由孔子與顏回的對話，說明何謂「坐忘」：

> 仲尼蹵然曰：「何謂坐忘？」顏回曰：「墮肢體，黜聰明，離形去知，
> 同於大通，此謂坐忘。」仲尼曰：「同則無好也，化則無常也。而果
> 其賢乎！丘也請從而後也。」（〈大宗師〉，頁 202～203）

「坐忘」就是「墮肢體」，是離形，消解忘懷外在形軀，「黜聰明」言「去知」，是消解內在心識。一切內在、外在的人為造作全部止息，才能返歸自然之「大通」，即「道通為一」。〔註35〕劉笑敢解釋「坐忘」言：「一切因任大化之自然，連自己形體都忘盡了，內心自然空無一物，虛靜一片，而使精神主體達到了無牽無掛，無拘無束的自由狀態。」〔註36〕王邦雄釋「坐忘」之義與「心齋」類

〔註33〕陳少明：「心為物誘，是心受制於身的結果。而一旦『成心而師之』，在『與物相刃相靡』，『終身役役』的基礎上，還派生出一整套巧偽的、甚至誤導是非的社會價值信條。實際上，這種機心、成心，也就是俗心，即籠罩在世俗生活之上的精神羅網。」參見陳少明〈從莊子看心學〉，《道家文化研究》第 15 輯（北京：生活‧讀書‧新知三聯書店，1999 年），頁 311。

〔註34〕參見陳師麗桂：〈先秦儒道的氣論與黃老之學〉，《哲學與文化》第 33 卷第 8 期（2006 年 8 月），頁 8～9。

〔註35〕大通即是通達於道，吳怡：「『大通』指的是大道，但不言大道而言大通者，是因為此處特別工夫在一個『通』字，因為離形去知之後，我們的心才不受形累，不為知困，而能由內向外，暢通無阻。就大化來說，道通為一，萬物本是相通的。而『坐忘』之後，擺脫了形知，才能與萬物為一，所以這種境界就是大通。」參見吳怡：《新譯莊子內篇解義》（台北：三民書局，2004 年 1 月），頁 265。

〔註36〕參見劉笑敢：《兩種自由的追求：莊子與沙特》（台北：正中書局，1994 年），頁 69。

近：「墮肢體就是離形，也就是無聽之以耳；黜聰明，就是去知，也就是無聽之以心。而聽之以氣的虛而待物，就可以躍登坐忘的境界。」〔註37〕

「心齋」與「坐忘」工夫，指點出《莊子》一書修養論對於「形」、「心」修養進路的重視，而外雜篇中之修養論，亦多從此二者入手，然在「氣」作為萬物存在與生命原質的理論發展下，則呈現了思想的不同。〔註38〕以下因就「心」與「形」的修養，分別論述。

一、「心」的修養

《莊子》內七篇的「心齋」言「無聽之以心而聽之以氣」，即是心的一種向內省察的工夫；〔註39〕而「坐忘」則強調要「離形去知」，此「知」即是「心」的作用，亦是「坐忘」的關鍵之處。〔註40〕由是可知，「心」的修養在內七篇至為重要。許多學者都指出，「心」於《莊子》一書中，其意義多有兩面，如唐君毅借用佛家語，分為一般人之「情識心」與「靈台心」（或稱「常心」）；〔註41〕張默生則說：

> 儒道兩家對於「心」字的用法，有兩種意義：一是指本體而言，一是指作用而言。指本體而言者，是純然無疵的；指作用而言者，有

〔註37〕 參見王邦雄〈莊子思想及其修養工夫〉，《鵝湖月刊》第193期（1991年7月），頁10。

〔註38〕 劉榮賢：「內篇較重視『神』義，『神』代表至人之德，本來就比較傾向於內在生命境界的展現；而外雜篇開始改由『氣』的觀念來論述，『氣』帶有較為濃厚的外在物性之意象，也就比較容易傾向於客觀思想結構的開展，而使得神人與天地氣化同流的生命境界在理論上的展現更加明確了。」參見劉榮賢：《莊子外雜篇研究》，頁191。

〔註39〕 韋政通釋「齋」字即強調「心」的轉化工夫：「齋是內省工夫，主要是對貪知和智巧做洗淨的工夫，透過這一層工夫，可使心不致被貪欲所蒙蔽，亦使心不致使智巧所歪導，積極的意義可使心之功能靈妙而發揮創造功用。」參見韋政通：《中國哲學辭典》（台北：水牛出版社，1999年），頁153。

〔註40〕 徐復觀：「『墮肢體』、『離形』，實指的是擺脫由生理而來的慾望。『黜聰明』、『去知』，實指的是擺脫普通所謂的知識活動。莊子的『離形』，並不是根本否定慾望，而是不讓慾望得到知識的推波助瀾，以至溢出於各自性分之外。在性分之內的慾望，莊子即視為性分之自身，同樣加以承認的。所以坐忘的境界中，以『忘知』最為樞要。忘知，是忘掉分解性、概念性的知識活動；剩下的便是虛而待物的，亦即是循耳目內通的純知覺活動。」參見徐復觀：《中國藝術精神》（台北：臺灣學生書局，1998年5月），頁72～73。

〔註41〕 唐君毅：「至莊子所言之心則有二：一可借用佛家之名詞，稱之為情識心，此為一般人之心。一為由此人心而證得之常心或靈臺心。」參見唐君毅：《中國哲學原論》（台北：學生書局，1986年），頁94。

時是危險的。……道家自老子以來即主張絕學棄智，至莊子則主張
墮聰黜明，主張心齋坐忘，所以他對於「心理作用」的看法，較儒
家尤多貶詞。〔註42〕

《莊子》外雜篇言「機心」、「賊心」、「滑心」者，多就其弊言，是落於世俗，
困於感知牽引而作用者。而「靈臺」，則多言心之作用靈妙，能復歸於道。
「心」在《莊子》一書中的兩面意義，正是《莊子》自內篇乃至外雜篇中，
「心」作為修養主體，具有無限的可動性與可塑性之故。〔註43〕另外，內篇
中〈養生主〉所載庖丁解牛的故事中，「以神遇不以目視」之「神」，作為一
種無對、無待、無執的心智性能，在外雜篇中亦多有提及。〔註44〕

〈庚桑楚〉云「心」的修養，最基礎的，乃在於形體器官：

> 目之與形，吾不知其異也，而盲者不能自見；耳之與形，吾不知其
> 異也，而聾者不能自聞；心之與形，吾不知其異也，而狂者不能自
> 得。形之與形亦辟矣，而物或間之邪，欲相求而不能相得？今謂趎
> 曰：「全汝形，抱汝生，勿使汝思慮營營。」趎勉聞道達耳矣。（〈庚
> 桑楚〉，頁536）

此處的心，與目、耳相同，作為人體器官臟腑之一。〈庚桑楚〉此段言人體有

〔註42〕參見張默生：《莊子新釋》（台北：樂天出版社，1971年），頁48。
〔註43〕陳鼓應：「『心』在《莊子》書上有兩種不同的意義：一為具有負面的意義，如
　　　『成心』（《齊物論》），『師心』、『不肖之心』（《人間世》），『賊心』、『機心』、
　　　『滑心』（《天地》）……一切智巧都從此心導出，這一種意義的『心』，容易為
　　　種種欲念所奴役而成為人生紛擾的根源，它的伸展便構成精神的桎梏。另一
　　　為含有積極的意義，如：『常心』（《德充符》）、『靜心』（《達生》）。莊子又用『靈
　　　府』、『靈台』來形容這種『心』。『靈』是形容心體作用之奧妙，『府』或『台』
　　　是形容心境含藏之豐富。這種意義的『心』，為一切創造價值的根源，它洗淨
　　　了欲念的攪擾，超脫了俗事的牽累；它可照見萬有之真況，能觀賞天地之大
　　　美，而游於無所拘系的境地。同樣的一個『心』字，在《莊子》書上有兩種完
　　　全對立的解釋，但這並不矛盾。因它本身是一個變體，具有無限的可動性與可
　　　塑性，它可下墜而變成一切負面價值的根源，亦可提升而開展無窮的新境界。」
　　　參見陳鼓應：《老莊新論》，頁215。
〔註44〕陳德和：「筆者以為在『庖丁解牛』的故事中，『神』它所意味著的，是超越乎
　　　有對、有待、有求之官能情欲知覺之上，而為一種無對、無待、無執的心智性
　　　能，這種心智性能的呈現其實就是對『道』的體會而得來的，亦可以名之為
　　　『德』，所以它是一種境界，在這個境界中，我們所擁有的，還是原來的官能
　　　情欲知覺，唯一不同的，是它乃非執取定有的官能情欲知覺。」參見陳德和
　　　〈從《莊子・養生主》論心靈的突破與生命的安頓〉，《鵝湖學誌》第44期（2010
　　　年6月），頁150。

形器官於外形上未能分辨其功能之有無、優劣。全形抱生則是修養之方法，隱然有「全心之形」的涵義，此為外雜篇中，「心」的修養落於有形臟腑下的例子。

外雜篇中，除上言「心」的器官義外，「心」亦有強調其認知思慮作用者：

> 目無所見，耳無所聞，心無所知，女神將守形，形乃長生。慎女內，閉女外，多知為敗。（〈在宥〉，頁269）

> 駢於辯者，纍瓦結繩竄句，遊心於堅白同異之間，而敝跬譽無用之言非乎？（〈駢拇〉，頁223）

認知思慮作用於上兩段文字中，顯其負面義。〈在宥〉一篇黃帝問於廣成子治身如何長久，廣成子答「目無所見，耳無所聞，心無所知」，感官心知之功能止息，「神」將得以保全，形軀亦能長生，而多知則將招致禍敗。〈駢拇〉則批判多言詭辯者，只是拼湊瑣碎無用的言語。「遊心」是指心思專務於堅白、同異的辯論，皆是無助於大道的。對於心的作用「知」的抨擊，內篇言：「知也者，爭之器也。」（〈人間世〉，頁104）外雜篇〈胠篋〉亦說：

> 上誠好知而無道，則天下大亂矣。何以知其然邪？夫弓、弩、畢、弋、機變之知多，則鳥亂於上矣；鉤餌、罔、罟罾笱之知多，則魚亂於水矣；削格、羅落、罝罘之知多，則獸亂於澤矣；知詐漸毒、頡滑堅白、解垢同異之變多，則俗惑於辯矣。故天下每每大亂，罪在於好知。（〈人間世〉，頁254）

各種知識的成果，如射鳥、捕魚、獵獸之器、皆造成天地萬物的混亂，而人的巧辯詐偽、堅白同異之論，亦使俗世迷亂，天下無法安定，皆歸因於「好知」。

「心」的修養中，「靜」是一個重要的工夫與狀態，〈天道〉言：

> 聖人之靜也，非曰靜也善，故靜也，萬物無足以鐃心者，故靜也。水靜則明燭鬚眉，平中準，大匠取法焉。水靜猶明，而況精神！聖人之心靜乎，天地之鑑也，萬物之鏡也。（〈天道〉，頁319）

此段以「水」喻「心」，「靜」是由「心」的修養而發顯，心不受萬物攪擾即是「靜」，水靜可照清鬚眉，心靜則能照鑑天地萬物而無遺。

只是「心」在思慮作用時，常受俗事外物所牽擾而陷溺，有礙於復歸於道。〈在宥〉篇中，雲將因「遇天難」求問鴻蒙，鴻蒙提到了「心養」之法：

> 鴻蒙曰：「意！心養。汝徒處無為，而物自化。墮爾形體，吐爾聰明；倫與物忘，大同乎涬溟；解心釋神，莫然無魂。萬物云云，各復其

根，各復其根而不知。渾渾沌沌，終身不離；若彼知之，乃是離之。

無問其名，無闚其情，物固自生。」（〈在宥〉，頁 275）

此處所言「心養」之法，旨在「無為」，具體的工夫則與「坐忘」相近：「墮爾
形體」即是「墮肢體」，「吐爾聰明」近於「黜聰明」，泯去物我之分，由物化
之氣返歸溱溟未分之態，近於「離形」，「解心釋神」則與「去知」相近，此處
的「神」與「心」同指心知作用，削減心知作用才能去除主體造作的物我二分，
使「物」與「我」皆復歸「氣」的存有狀態。而在上引〈在宥〉「心無所知，
女神將守形，形乃長生」一段中，「神」是高於「耳」、「目」與「心」的精神，
吳怡說：「莊子所謂的神，是指內在的精神，是指通過了心性修養，而成就的
一種最高的境界。」〔註45〕故「神」亦有通過心性修養，感官心知無所陷溺遮
蔽，合天道作用靈覺之意。〈天地〉篇提到「心」受機巧作用而遮蔽，故「神」
不定者：「機心存於胸中，則純白不備；純白不備，則神生不定；神生不定者，
道之所不載也。」（〈天地〉，頁 303）「神」不定則離道彌遠，故外雜篇有「養
神」之說，如〈刻意〉言：

> 純粹而不雜，靜一而不變，惔而無為，動而以天行，此養神之道
> 也。……純素之道，惟神是守，守而勿失，與神為一，一之精通，
> 合於天倫。……故素也者，謂其無所與雜也；純也者，謂其不虧其
> 神也。能體純素，謂之真人。（〈刻意〉，頁 376～377）

〈刻意〉篇，多言「養神」之法。「純粹而不雜」，即「純素之道」，與內七篇
言「夫道不欲雜，雜則多，多則擾，擾則憂，憂而不救」（〈人間世〉，頁 104）
相符，雜多則擾憂，不得「靜」、「一」。「神」能渾然為「一」，才能復歸於天
道自然之整全，應物而不虧失。〔註46〕「惔」即「不與物交」，不累於物，「無
為」則是「不動心」，不因外物而興心知作用，所有作用皆發乎復歸於道的
「神」，合乎天命自然。〔註47〕

〔註45〕 參見吳怡：《中國哲學發展史》（台北：三民書局，2009 年），頁 147。

〔註46〕 徐復觀：「所謂『本』，是指道要形成物，而尚未形成物的階段而言。其內容即
同於「一」。克就人來說，即是不離於形，但不為形累的德或性；亦即是德性
發竅處的心。從沒有受到外物牽累之心所發出的超分別相的直觀、智慧，亦即
從精所發出的作用，這即是神。」

〔註47〕 劉笑敢：「莊子所謂無為，其形式是安然順命，其實質是不動心，無所求，其
目的則是自得其適，逍遙自在。在莊子這裡，無為實與安命通而為一，莊子無
為論的特點是絕對無為，無心而順命，因此，莊子的無為論實際就是安命論，
與道家其他各派大有不同。」參見劉笑敢：《莊子哲學及其流變》，頁 153。

　　《莊子》外雜篇中，透過「心」的修養，復歸於「道」而能養「神」，此「神」亦有助於「形」的保全，故〈在宥〉說：「女神將守形，形乃長生。」在外雜篇中，「心」與「形」在氣論中，皆為氣所形，只是精粗的分別，故存在著「同質性」，「形」於修養論中之重要性，便與內篇有所差距了。〔註48〕

二、「形」的修養

　　《莊子》外雜篇中，言「養形」者，如：

> 吹呴呼吸，吐故納新，熊經鳥申，為壽而已矣，此道引之士，養形
> 之人，彭祖壽考者之所好也。（〈刻意〉，頁371）

其中提到了養形之法「呼吸」、「吐納」及「體操」等，目的在長壽。而導引之士，養形之人，與前列所言的「山谷之士，非世之人」、「平世之士，教誨之人」、「朝廷之士，尊主強國之人」一同，皆是「有為」之人，非〈刻意〉篇作者所尚。此大抵承內篇言「常因自然而不益生」（〈德充符〉，頁160）的觀念而來，養形益生不可刻意有為，應因順自然。

　　然外雜篇中亦有言「以物養形」是「不可不為」者，〈達生〉篇說：

> 達生之情者，不務生之所無以為；達命之情者，不務知之所無奈何。
> 養形必先之以物，物有餘而形不養者有之矣；有生必先無離形，形
> 不離而生亡者有之矣。生之來不能卻，其去不能止。悲夫！世之人
> 以為養形足以存生，而養形果不足以存生，則世奚足為哉！雖不足
> 為而不可不為者，其為不免矣。（〈達生〉，頁434）

「生」即「性」，即〈天地〉言「形體保神，各有儀則，謂之性」。此段論述中說到，「性」不離「形」，故「存性」必須「養形」，「養形」則必須憑藉於「物」，〈庚桑楚〉言「備物以將形，藏不虞以生心，敬中以達彼」（〈庚桑楚〉，頁546），即是言備物養形，內在能不虞於物的狀況下，「心」才能持守於內並通達於外物。而〈庚桑楚〉所言「若是而萬惡至者，皆天也，而非人也」（〈庚桑楚〉，頁546），亦如〈達生〉所言「物有餘而形不養者有之」，備物養形並非有所保證，亦有非人力所及之處。

〔註48〕劉榮賢：「《內篇》中從未開發出『心與物同質』之觀念，此是其與《外雜篇》最重要的不同。而《外雜篇》之所以開出『養形』、『尊身』及『重生』之觀念，正是由於當時先秦『陰陽氣化』之思想已經發展至注意到『主觀生命』與『客觀天地』之『同質性』思維之地步。」參見劉榮賢〈《莊子·外雜篇》中的養生思想〉，《東海大學文學院學報》第41卷（2000年7月），頁64。

　　然而外雜篇言「物」並非純然有益於「形」。若形軀之感官知能與生理欲望，與外物相接而受其牽引，則有害於形，〈至樂〉言：

> 夫天下之所尊者，富貴壽善也；所樂者，身安、厚味、美服、好色、音聲也；所下者，貧賤夭惡也；所苦者，身不得安逸，口不得厚味，形不得美服，目不得好色，耳不得音聲；若不得者，則大憂以懼。其為形也亦愚哉！夫富者，苦身疾作，多積財而不得盡用，其為形也亦外矣。夫貴者，夜以繼日，思慮善否，其為形也亦疏矣。人之生也，與憂俱生，壽者惛惛，久憂不死，何苦也！其為形也亦遠矣。
> （〈至樂〉，頁419～420）

形體的感官身、口、形、目、耳，皆因慾望而好安逸、厚味、美服、好色、音聲等外物，得失之間，心生苦樂、憂懼；富貴使人苦身思慮，思長壽則憂亦相隨，皆是苦形而勞心，有害於人。人因形體感官的覺知作用，造成自我的傷損，內篇的敘述顯得更加生動：

> 南海之帝為儵，北海之帝為忽，中央之帝為渾沌。儵與忽時相與遇於渾沌之地，渾沌待之甚善。儵與忽謀報渾沌之德，曰：「人皆有七竅，以視聽食息，此獨無有，嘗試鑿之。」日鑿一竅，七日而渾沌死。（〈應帝王〉，頁220）

此一寓言中，混沌本無七竅，不為感官所圍，自身完足與外物無接，此混沌之自然。然而七竅鑿開後，感官接於外物，心知外馳，為形所役，失其自然，故七竅成而死。曾春海言：「渾沌在未開出七竅，產生主客對立分化的意識之前，對道乘氣化流行所呈現的天地萬象，是無執著分別地整全的觀照，在心境亦即心靈境界上無分主客，與萬物渾然一體，這種物我一體之和諧狀態是原始生命的和諧。當開出七竅後，則感官經驗對現象分化所執定的概念知識及個人本位的好惡慾望，形成不自覺的自我意識。」[註49] 故可知，感官經驗的紛雜，易使心知執定於分殊的概念知識，或引發好惡情緒之反應，使心知無法復歸原始生命狀態下渾然的道境。外雜篇說：

> 且夫失性有五：一曰五色亂目，使目不明；二曰五聲亂耳，使耳不聰；三曰五臭薰鼻，困惾中顙；四曰五味濁口，使口厲爽；五曰趣舍滑心，使性飛揚。此五者，皆生之害也。（〈天地〉，頁316）

[註49] 參見曾春海：《先秦哲學史》，頁272。

> 人大喜邪，毗於陽。大怒邪，毗於陰。陰陽並毗，四時不至，寒暑
> 之和不成，其反傷人之形乎！（〈在宥〉，頁 259）

〈天地〉一段具體指出，外物的紛雜萬殊，會擾亂耳目、薰鼻濁口，進而滑心失性，有害於生命的整全性。〈在宥〉則以為大喜大怒之情緒，會擾動陰陽之氣，進而四時失序，寒暑不調，將傷害人的形體。然而《莊子》外雜篇對於感官的作用，並非全然否定，亦有復歸於道之可能，〈駢拇〉言：

> 吾所謂臧者，非仁義之謂也，臧於其德而已矣；吾所謂臧者，非所
> 謂仁義之謂也，任其性命之情而已矣；吾所謂聰者，非謂其聞彼也，
> 自聞而已矣；吾所謂明者，非謂其見彼也，自見而已矣。夫不自見
> 而見彼，不自得而得彼者，是得人之得而不自得其得者也，適人之
> 適而不自適其適者也。（〈駢拇〉，頁 232）

耳聰目明的意謂，在此並非向外得人之得、適人之適，而是轉而向內，對稟道受氣的性分，一種自得自適的察識。故知，《莊子》外雜篇之「養形」，是依性分自然之原則而養，〈山木〉言：

> 形莫若緣，情莫若率。緣則不離，率則不勞；不離不勞，則不求文
> 以待形；不求文以待形，固不待物。（〈山木〉，頁 472）

「待」即是「受其牽連限制」之意。〔註50〕「緣」與「率」皆是「依循」之意，即依循自然，故能不離不勞，「不離」能以物養形，「不勞」則能無待於物。〔註51〕而〈達生〉另言「棄世」為養形之法：

> 夫欲免為形者，莫如棄世。棄世則無累，無累則正平，正平則與彼
> 更生，更生則幾矣。事奚足棄而生奚足遺？棄事則形不勞，遺生則
> 精不虧。夫形全精復，與天為一。天地者，萬物之父母也，合則成
> 體，散則成始。形精不虧，是謂能移；精而又精，反以相天。（〈達
> 生〉，頁 435）

〔註50〕徐復觀：「莊子認為人生之所以受壓迫，不自由，乃由於自己不能支配自己，而須受外力的牽連。受外力的牽連，即會受到外力的限制甚至是支配，這種牽連，在莊子稱之為『待』。」參見徐復觀：《中國人性論史·先秦篇》，頁347。

〔註51〕劉榮賢：「『養形必先之以物』，此是固屬於人為，然亦可視之為一自然，此即是『形莫若緣』。『緣形』之與『率情』皆是付之於『自然』，付之於『自然』，則於『物』既『不離』亦『不勞』，而養形之所謂『待物』者，亦可謂之『不待物』了。」參見劉榮賢〈《莊子·外雜篇》中的養生思想〉，《東海大學文學院學報》第41卷，頁70～71。

此段以「形」、「精」並舉，與〈刻意〉「形勞而不休則弊，精用而不已則勞，勞則竭」（〈刻意〉，頁375）的論述相近。「精」在此隱含著「氣」概念的生命活動力，得以不止不息「精而又精」，使生命返歸自然。拋棄世俗之累，則能使形合於端正平和，端正平和則能日新不敝。拋棄俗事能養形，遺忘生命則能使精無所虧損，形精皆得保全，則能同於天德。此段的修養之法，直以「形」「精」二端即可上達於天德自然，於內篇幾乎未見。

　　《莊子》外雜篇中，「形」的修養有兩端：其一，言「形」之作用在於感官知能，與物相接則易生欲望。因之，哀樂憂懼，追逐慾望則勞形傷性，此與內七篇對「形」的看法相近；其二則在於「形」的存有，承載總體生命活動，是「性」及「心」之載體。其存養為心識活動之必要條件〔註52〕，形不存則心隨化，故不可不養，此即〈達生〉之所言「以物養形」，是將生命形體中「氣」的存養，作為養心全神的重要前提。〔註53〕從修養生命整全性言，形軀感官的保全在外雜篇亦受到肯定，〈達生〉中，面對孫休罪天惡命，扁子言：「汝得全而形軀，具而九竅，無中道夭於聾盲跛蹇而比於人數，亦幸矣，又何暇乎天之怨哉！」（〈達生〉，頁457）形軀得全，感官能具，亦是幸事，不得怨於命限之遇。〈天地〉說：「執道者德全，德全者形全，形全者神全。神全者，聖人之道也。」（〈天地〉，頁305）「德」即「道」內在於人的性分，己之性分完整則外在形軀生命得保全，形軀生命完整則內在精神亦得保全，精神完整，便能達於大道。在此段遞進關係中，「形」的修養對於「神」的修養，是有其積極意義的。

　　劉榮賢總結《莊子》外雜篇的修養論說：

　　《莊子》書中之《外雜篇》由《內篇》重一逍遙神遊之生命情態，轉

〔註52〕吳光明：「在莊子的思想脈絡中，身體不是思考所要追求的理想（ideal），而是思考的基本槓桿（leverage）；不是思想的原則，而是思想進行的環境（ambience），試將身體的因素由人的思想抽離掉，那麼人的思想也就不知其所謂了。」參見吳光明撰、蔡麗玲譯〈莊子的身體思維〉，楊儒賓：《中國古代思想中的氣論及身體觀》（台北：巨流圖書公司，1997年），頁397。

〔註53〕方勇、陸永品：「〈達生〉此篇宗旨，與〈養生主〉大體相同。……但此篇所展示的全神途徑，卻與〈養生主〉篇是不同的。〈養生主〉所強調的是『緣督以為經』，即以順應中虛之道作為通向全神的重要途徑。此篇則強調『純氣之守』，即以守氣為全神的重要前提。如至人的氣守神全、桓公的氣蕩神搖、鬥雞的氣守神藏、梓慶的『不敢耗氣』等等，都無不證明氣在運載精神方面的重要功用。」參見方勇、陸永品：《莊子詮評》（成都：巴蜀書社，2007年5月），頁573。

－93－

而開發出以「養形」、「尊身」為主之身體思維，無疑的是中國養生思想史上早期發展的一重要階段。而這同時也是整部《莊子》書由《內篇》到《外雜篇》，配合戰國時代中國社會物質文明之猛進，而由內在之「生命情態」逐漸朝向外在的「物性」發展的思維方向。〔註54〕

劉氏以為，《莊子》內篇到外雜篇的修養論轉向，是由戰國時代社會物質文明帶來的影響。《莊子》內篇多強調揚「心」而貶「形」，外雜篇則形神並重，不可有所偏廢，故〈達生〉提到單豹與張毅的「不鞭其後」例子〔註55〕，即是說明養其內、養其外皆未能全其生命，須是形神交攝，內外兼養，方是生命安頓的修養之法。〔註56〕《莊子》外雜篇「精氣之說」與「形神兼養」的修養論，已具有黃老思想的特色。〔註57〕

第三節　政治論

　　《莊子》內七篇中，是否具有政治思想成分的，歷來在不同的詮釋角度下，

〔註54〕參見劉榮賢〈《莊子·外雜篇》中的養生思想〉，《東海大學文學院學報》第41卷，頁76。

〔註55〕〈達生〉：「魯有單豹者，巖居而水飲，不與民共利，行年七十而猶有嬰兒之色，不幸遇餓虎，餓虎殺而食之。有張毅者，高門、懸薄，無不走也，行年四十而有內熱之病以死。豹養其內而虎食其外，毅養其外而病攻其內，此二子者，皆不鞭其後者也。」參見《莊子集釋》，頁444。

〔註56〕陳師麗桂：「〈達生〉同時卻也承認，單豹清心寡慾，充養內在精神，卻遇虎而傷形；張毅交遊高門，結友世貴，無外害，卻『病攻其內』，最後皆不免一死。這似乎隱喻著：理想的全生、攝生之道，應當是形神交攝、內外兼養的。」參見陳師麗桂〈《莊子》外、雜篇中的黃老理論〉，陳師麗桂：《《老子》異文與黃老要論》（台北：五南圖書出版公司，2020年7月），頁330。

〔註57〕歐崇敬就「精神」一詞，談《莊子》外篇受黃老之學影響說到：「（『精』字）在〈胠篋〉中一見為指『生成萬物的內在質地』，這個定義的用法於〈在宥〉的【至道之精（二見）／天地之精／無搖女精／合六氣之精】皆為適用。〈天地〉的『神之又神而能精焉』亦屬此義。〈天道〉二見中皆『精神』合稱，且是全書首見之處，而全書亦僅五見『精神』連稱；而『精氣神』三字連稱則完全不見。可見老子學派與黃帝學派於莊學的互動主要是在〈外／雜〉篇之中。……總體而論，〈內篇〉的貢獻是在於『神人』一詞的創造，與內在意識，超越性的三種使用。在這個架構下，〈外篇〉的〈天地〉、〈天道〉、〈天運〉、〈田子方〉、〈知北游〉等五篇中，再有發展，而這個演變與（黃）老學派的關係主要是在〈外篇〉，而不是〈雜篇〉。」參見歐崇敬：《莊子》書中概念字詞所呈現的哲學屬性分析〉，開南大學通識教育中心：《通識研究集刊》第9期（2006年6月），頁12～15。

學者意見多有歧異：有主張莊子無政治立論主張者，亦有以為〈應帝王〉一篇
即是莊子之政治主張者。〔註 58〕馬耘認為，莊子並無建立嚴格意義的政治哲
學，對所謂理想政治的設想，亦沒有力求推動的意圖。〔註 59〕徐復觀則認為，
莊子繼承老子「無為」的政治觀，以「安其性命之情」將人從政治的壓迫中解
放。〔註 60〕至於莊子「無為」政治的實際內涵，吳肇嘉以為，「應帝王」篇題
中「應」字的詮釋，即「至人之用心若鏡，不將不迎，應而不藏，故能勝物而
不傷。」莊子之政治思想乃是「即內聖即外王」的特殊型態。〔註 61〕王邦雄亦

〔註 58〕主張無政治思想的，如劉振維：「莊子的關懷僅在好好保全生命，『知其莫可
奈何而安之若命，德之至也』；除此之外皆無意義。從歷史發展的考察，我
們亦能發現莊學解釋的儒學化已是一千餘年之後的事，其將莊子從『詆訾孔
子』轉為其言論是發揚聖人之道不得不的苦心孤詣，非徹底理解者不能知
曉。如是『曲說』，自王安石、蘇軾如是詮釋《莊子》以來，影響至今；原
來莊子是宣揚儒家真正的仁義之道的。在如是認知下，主張莊子有政治主張
之立論也就不足為奇了。政治主張乃一積極的作為，若莊子主之，則與其
『無為』不合。根本說，莊子『無為』的蘊義並非儒家所言之『無為』，其
只是人處於天地之間面對一切的『態度』而已，……因此，本文不認為莊子
對政治曾經提出何樣的立論主張。」參見劉振維〈從莊子哲學論其無政治主
張〉，《朝陽人文社會學刊》第 8 卷第 1 期（2010 年 6 月），頁 396～397。
主張有政治思想的，如張默生：「〈應帝王〉篇所論，是莊子的政治哲學，也
可說是他的政治理想，『應帝王』三字，就是『應為帝王』之意，但是如何
才能夠應為帝王，配作帝王？這在標題上並未顯示。」參見張默生：《莊子
新釋》，頁 210。

〔註 59〕參見馬耘：〈論莊子哲學中「政治」之意義與地位〉，《止善》第 7 期（2009 年
12 月），頁 169～184。

〔註 60〕徐復觀：「莊子對政治的態度，不是根本否定它，乃是繼承老子無為之旨，在
積極方面，要成就每一個人的個性；在消極方面，否定一切干涉性的措施。不
過莊子所要成就的個性，不是向外無限制伸展的個性；因為若是如此，便會人
我發生衝突，反而使人我皆失其性。莊子所要成就的，乃是向內展開的，向道
與德上升的個性；這在他，便稱之為『安其性命之情』。能安其性命之情，亦
即是使人能從政治壓迫中解放出來以得到自由。」參見徐復觀：《中國人性論
史‧先秦篇》，頁 364。

〔註 61〕吳肇嘉：「因此追根究底，莊子的外王之實踐，還是繫於主體的修養，離不開
無知無為的消解工夫。唯有讓心知虛一而靜，並將之反照自身，解消生命中的
種種糾結造作，德性方能實現自然。『自然』的實現，不僅是萬竅『咸其自取』
地自由怒呺，也是『前者唱于而隨者唱喁』的彼此和諧；所以郭象說眾竅是
『會而共成一天』，正意味著萬物透過德性而具有實現和諧之可能。以此形上
觀念作為前提，莊子的政治思想發展為『即內聖即外王』的特殊型態，因而能
夠以『應而不藏』的無為工夫，作為解決一切人間問題的應世方法。」參見吳
肇嘉〈《莊子‧應帝王》中「即內聖即外王」的應世思想〉，《清華中文學報》
第 5 期（2011 年 6 月），頁 205～230。

解釋為以內聖為外王之法，以「無心順任」為帝王應世之德。〔註62〕陳鼓應則言：

> 莊子的「外王」之道，便是批判儒家形態的德治和人治，而提出了無治主義的觀念。莊子既反對以人來統治人，也反對以儒教的道德來束縛人，他基本上是反對任何形式的統治，他認為人民要較多地依照他們的自然性、自由性、自主性而生活。〈應帝王〉表達了莊子無治主義的思想，主張為政之道，勿庸干涉，當順人性之自然，以百姓的意志為意志。針對春秋戰國統治者的專政、專權政治情況來說，莊子提出的為政當無治的主旨，反映了民心，具有強烈的時代性。〔註63〕

陳氏歸納莊子的政治思想為「無治主義」，反對人治，亦反對統治者標舉高尚價值束縛百姓，為政之道當以順應人性自然為原則。《莊子》外雜篇對內七篇思想的承繼與轉化狀況相當複雜，筆者以為，就政治思想而言，其旨雖不離「無為」，然對「無為」的詮釋則有其差異：無統治者的「無為」政治，以及統治者虛靜順任的「無為」政治。

一、無君思想

《莊子》外雜篇中，對統治者抨擊最為激烈的篇章如〈駢拇〉、〈馬蹄〉、〈胠篋〉、〈在宥〉等，羅根澤稱為「左派道家」〔註64〕、劉笑敢、劉書羽稱之為「無君派」、謝君萍則名其為「駢拇一系的老子後學」。此一派之思想，強調復返人的性情，嚮往原始淳樸的「至德之世」，對「聖人」提出了質疑與批判：

〔註62〕 王邦雄：「主要的意思，『應』就是因應無心，因應無心乃帝王之德；『應』即是應物，人是活在人間世界，要跟物相處，所以要應物，人活著總是要應物，但是要怎麼應物呢？要用因應的態度，不要有心，要無心。無心則可以順任，順任就可以跟世界、人間相處在一起，這樣就是帝王之德，這樣就叫應帝王，因為帝王是要領導天下，領導人間。」參見王邦雄〈莊子系列（七）──應帝王〉，《鵝湖月刊》第18卷12期（1993年6月），頁22。

〔註63〕 參見陳鼓應：《老莊新論》，頁179。

〔註64〕 羅根澤：「此四篇可列為一組，雖不敢武斷為一人所作，最低也是一派人所作。此派作者為道家之極左派，拼命的罵聖人，罵仁義，罵禮樂。雖莊子也反對各家，但只是恨他們各以己意造說而破壞道術之全，還尊重他們，許為『小成』（〈齊物論〉），許為『皆有所長，時有所用』（〈天下〉篇），這裏便對各家大罵其街了。……就思想的系統說，可以推定在莊子以後；就思想的背景說，可以推定在戰國末年。」參見羅根澤〈《莊子》外雜篇探源〉，羅根澤：《諸子考索》（北京市：人民出版社，1958年），頁284。

> 夫至德之世，同與禽獸居，族與萬物並，惡乎知君子小人哉！同乎
> 無知，其德不離；同乎無欲，是謂素樸；素樸而民性得矣。及至聖
> 人，蹩躠為仁，踶跂為義，而天下始疑矣；澶漫為樂，摘僻為禮，
> 而天下始分矣。故純樸不殘，孰為犧尊！白玉不毀，孰為珪璋！道
> 德不廢，安取仁義！性情不離，安用禮樂！五色不亂，孰為文采！
> 五聲不亂，孰應六律！夫殘樸以為器，工匠之罪也；毀道德以為仁
> 義，聖人之過也。（〈馬蹄〉，頁 238）

「至德之世」為一復歸自然的理想世界，人與禽獸萬物並居，無所謂君子小
人的分別，是無知無欲，回到本性的素樸之德。然而自所謂「聖人」出，求
仁義、用禮樂，遂使天下分裂。其中工匠與聖人相喻，認為傷害樸拙本質而
使物為器，如同毀棄道德而求仁義，皆屬人為造作之罪過。「毀道德以為仁
義」一句明顯是站在道家的立場反對聖人以仁義治天下。〈在宥〉一篇則將堯
與桀皆視為「非德」而不可長久者：

> 昔堯之治天下也，使天下欣欣焉人樂其性，是不恬也；桀之治天下
> 也，使天下瘁瘁焉人苦其性，是不愉也。夫不恬不愉，非德也。非
> 德也而可長久者，天下無之。（〈在宥〉，頁 258）

堯使天下欣欣，桀使天下瘁瘁，都是「非德」之治，不能長久。可知統治的最
理想狀態，不在仁政，更不在暴政，而是無治。在〈胠篋〉中亦描述了一段「至
德之世」：

> 子獨不知至德之世乎？昔者容成氏、大庭氏、伯皇氏、中央氏、栗
> 陸氏、驪畜氏、軒轅氏、赫胥氏、尊盧氏、祝融氏、伏犧氏、神農
> 氏，當是時也，民結繩而用之，甘其食，美其服，樂其俗，安其居，
> 鄰國相望，雞狗之音相聞，民至老死而不相往來。若此之時，則至
> 治已。（〈胠篋〉，頁 252～253）

此一「至德之世」所描述具體時代，在容成氏至神農氏之時，而具體生活則與
〈馬蹄〉所言「素樸」的狀態相近。此段對遠古素樸生活的描述，並非是尊古
賤今的退化史觀，而是對於現世不滿，以至德之世寄托政治理想。〔註 65〕除了

〔註 65〕陳德和：「彼以原始社會為至德之世，不可能是藉懷古以喻未來，未必真樂於啟
蒙前的芒昧也，故至德之世的種種描述，或許是另有所指的象徵性語言，純以
退化史觀名之，恐不足以盡其本懷，惟彼在破立之間，因文字偏宕，態度激昂，
至眩人耳目，亦不能無過也。」參見陳德和：〈莊子駢拇、馬蹄、胠篋、在宥四
篇的時代背景與義理性格〉，《鵝湖月刊》第 193 期（1991 年 7 月），頁 49。

理想世界的描述，外雜篇中的〈胠篋〉篇亦有批判「聖」、「知」的段落：

> 昔者齊國鄰邑相望，雞狗之音相聞，罔罟之所布，耒耨之所刺，方二千餘里。闔四竟之內，所以立宗廟社稷，治邑屋州閭鄉曲者，曷嘗不法聖人哉！然而田成子一旦殺齊君而盜其國。所盜者豈獨其國邪？並與其聖知之法而盜之。故田成子有乎盜賊之名，而身處堯、舜之安；小國不敢非，大國不敢誅，十二世有齊國。則是不乃竊齊國，並與其聖知之法以守其盜賊之身乎？（〈胠篋〉，頁 243）

此段以「田氏篡齊」一事為分界，認為齊國於田氏篡亂之前，是「鄰邑相望，雞狗之音相聞」的素樸社會，與「至德之世」的敘述相近；而田成子盜國之後，聖知之法成為「守其盜賊之身」的統治工具。在這樣的政治現況下，〈胠篋〉將聖人之道的「仁」、「義」、「聖」、「智」、「勇」皆一併批判，並認為聖人的存在對於天下是利少害多的。〈在宥〉則以「安其性命之情」為先，否定先秦儒家推崇的價值：

> 自三代以下者，匈匈焉終以賞罰為事，彼何暇安其性命之情哉！而且說明邪？是淫於色也；說聰邪？是淫於聲也；說仁邪？是亂於德也；說義邪？是悖於理也；說禮邪？是相於技也；說樂邪？是相於淫也；說聖邪？是相於藝也；說知邪？是相於疵也。天下將安其性命之情，之八者，存可也，亡可也；天下將不安其性命之情，之八者，乃始臠卷獊囊而亂天下也。（〈在宥〉，頁 259～260）

此篇批判三代以下，治天下多以賞罰為手段，所謂的「聰、明、仁、義、禮、樂、聖、知」等儒家所推崇名目，實際上是淫於聲色，悖理亂德，是天下惑亂的根源。值得注意的是，若將八者分成四組概念：「聰明」、「仁義」、「禮樂」、「聖智」，此一「聖」、「智」並舉的狀況，與上引〈胠篋〉「聖知之法」相同，亦於〈胠篋〉另一處可見：「彼竊鉤者誅，竊國者為諸侯，諸侯之門而仁義存焉，則是非竊仁義聖知邪？」[註66] 陳師麗桂就戰國儒簡〈六德〉中觀察，認為此一聖智並舉、或是仁義聖智並稱的說法，並非僅止於道德修養，而是與外王政治事功密切關連：

> 在〈六德〉中，聖、智、仁、義既是外王治政之才能，也是人倫的道德規範；既保留有早期儒學中義涵寬泛未確定的特質，卻又明顯朝向外王一路齊家、治國的人倫教化方面界定。

〔註66〕參見《莊子集釋》，頁 248。

孔子論德，恆不離政教與事功，合內外為一體，統而稱論，初無
「內」與「外」，「德」與「行」之分；恆言下學上達，修己治人；
其論「聖」、「智」亦如此。即使在戰國後儒所撰作的郭店楚墓出土
儒簡文獻〈六德〉中，「聖」、「智」仍然保留著這類《論語》中外
王目的的政治意涵，卻指向齊家、治國的倫理規範與要求。內聖的
道德修養價值似尚未被從外王的前置作業中解放出來，獨立出來，
仍然和外王的目的合而為一，「明明德」仍只是「親民」的前階或
半程，與「親民」結合為一體。〔註67〕

綜合前引〈胠篋〉對田成子盜國的批判，〈駢拇〉一系無君思想所反對的仁義
聖智，多在其政治意涵，而並不重在道德修養意涵。而「絕聖棄智」的說法則
可見於《莊子》外篇二處：

吾未知聖知之不為桁楊椄槢也，仁義之不為桎梏鑿枘也，焉知曾、
史之不為桀、跖嚆矢也，故曰：「絕聖棄知而天下大治。」（〈在宥〉，
頁266）

故絕聖棄知，大盜乃止；擿玉毀珠，小盜不起；焚符破璽，而民朴
鄙；掊斗折衡，而民不爭；殫殘天下之聖法，而民始可與論議。（〈胠
篋〉，頁250）

〈在宥〉一段批評儒家代表人物的曾參、史鰌，其所推行的聖智、仁義，正是
產生夏桀、盜跖如此苛虐兇殘的人物之開端，此處絕聖棄智成為達成天下大治
的手段，其目的乃在於政治。〈胠篋〉則列舉聖智、珠玉、符璽、斗衡等，對
應了統治、財貨、權位、計量，強調唯有毀棄這些人文之世所崇尚、追求的事
物，人民才能純樸不爭。劉榮賢曾論戰國當時儒、法的關聯：

戰國時代要求復返情性的思潮，是因為當代強力的政治運作嚴重破
壞了人民原來生活的和諧所致，而主導政治統治技術的發展者則是
「法家」，然此處的所謂「法家」，事實上也包含儒家。儒家本是投
身政治運作的士階層，孔子從事於平民的教育後，孔門後學除了一
部分傳孔子之道者，以「處士」身分講學立說之外；另有一批人則
直接進入政治舞台。前者可以「空言」，而後者則必須「見諸於行事」，
因此必然受政治形勢改變的影響。戰國以來國際形勢逐漸緊張，政

〔註67〕參見陳師麗桂：〈先秦儒學的聖、智之德——從孔子到子思學派〉，《漢學研究》
第68期（2012年3月），頁9、頁21。

> 治統治的手段當然也愈見嚴密，因此從事政治事務的「儒士」自然
> 也逐漸蛻變成「法家之士」。若就此義觀之，「儒士」與「法士」本
> 是一體，所指謂者都是戰國時代從事政治運作的一批出身於平民的
> 士階層。〔註68〕

由此可知，儒家與法家的知識分子雖於政治理論的建構有所不同，然於「見諸於行事」的政治運作上，為了因應戰國時期動盪的社會現況，則皆有更加嚴密的統治手段。

筆者以為，〈駢拇〉一系的無君思想，批駁仁義、禮樂、聖智等儒家倡言的學說思想，其主因乃在於對於統治手段的不滿，而其所針對的，即是田氏篡齊一事，成玄英疏言：「田恆所盜，豈唯齊國？先盜聖智，故得諸侯。是知仁義陳跡，適為盜本也。」〔註69〕當原先人世美好的價值成為統治者奪權、統治的手段，便是〈駢拇〉一系的無君思想所抨擊的對象。

二、黃老治術

《莊子》內七篇中，大抵僅言及解放統治者對人民的壓迫，順應百姓的一種政治原則，到了外雜篇，除了前述無治主義的〈駢拇〉一系的無君論以外，多有談及黃老治術，如虛靜無為、法天治人、刑名的統治技術等概念。劉笑敢認為，《莊子》外雜篇中〈天道〉、〈天地〉、〈天運〉、〈天下〉、〈在宥〉〈刻意〉〈繕性〉諸篇，是站在道家立場融合儒墨法各家之學，與黃老之學的主要思想特徵相合，故名之為莊子後學中的「黃老派」。〔註70〕陳師麗桂認為黃老的相關論述，集中於〈天道〉、〈天地〉、〈天運〉、〈繕性〉各篇。〔註71〕

《莊子》外雜篇中篇章呈現的黃老治術，所論與〈駢拇〉一系所論有明顯的不同，黃老追求帝王之德，強調政治用途；無君論則追求「至德之世」，強調安其性命之情。〔註72〕在陳師麗桂《戰國時期的黃老思想》一書中，說到黃

〔註68〕參見劉榮賢：《莊子外雜篇研究》，頁175。
〔註69〕參見《莊子集釋》，頁244。
〔註70〕參見劉笑敢：《莊子哲學及其演變》第九章，頁299～317。
〔註71〕參見陳師麗桂：《《老子》異文與黃老理論》，頁306。
〔註72〕劉榮賢：「黃老思想強調『君德』，以『道』為本，仁義禮樂、刑名法數等觀念都可以統合在以『道』為綱領的制度運作之中。而無君派則根本反對『君』的存在，主張『絕聖棄智』，認為『君』的存在是一切人民痛苦的根源。因此無君派沒有『聖人』的觀念，而黃老則提倡『帝王之德』。黃老以『制度』的運作來代表『道』的運行，肯定『制度』，即是表示不反對文明。黃老的目的在

老道家的具體思想特色：

> 黃老道家是以《老子》的思想為主，兼採陰陽、名、法、儒、墨而成
> 的君術。他們重虛靜、主無為、去智巧、尚因循、講時變、也用刑
> 名去防姦欺、別黑白、區分賢不肖。而因為形神是生命的根源，也
> 是一切君術、治道的基礎，沒有生命，形神不得其寧，一切的君術、
> 治道都架空，所以談君術的同時，太史談書他們也不能不談形神的
> 修養問題，把養生、治道並論。〔註73〕

黃老思想以治道為首要目的，兼納各家，故談君術、養身，皆須是有益於治道。
養身部分前文已論，此處就治道論述。外雜篇中〈天道〉一段的論述，即相當
符合黃老治道的特點：

> 是故古之明大道者，先明天而道德次之，道德已明而仁義次之，仁
> 義已明而分守次之，分守已明而形名次之，形名已明而因任次之，
> 因任已明而原省次之，原省已明而是非次之，是非已明而賞罰次之。
> 賞罰已明而愚知處宜，貴賤履位；仁賢不肖襲情，必分其能，必由
> 其名。以此事上，以此畜下，以此治物，以此修身，知謀不用，必
> 歸其天，此之謂大平，治之至也。（〈天道〉，頁328）

此段將「天」、「道德」、「仁義」、「分守」、「形（刑）名」、「因任」、「原省」、
「是非」、「賞罰」依次序列，足見其兼納各家，而以道為主的治道特色。〔註
74〕值得注意的是，黃老一系在融合各家學說之時，其論述次序大多為先道
家，再儒家，而後法家，劉笑敢以為此一狀況顯示出，《莊子》外雜篇中黃
老一系的作者，並非雜亂無章地撮合，而是具有融合各家的邏輯次序。〔註
75〕「仁義」居於道家的「道德」與法家的「刑名賞罰」之間，其被納於治道

於『與民休息』，透過一套客觀的制度使人民進退有序，不受國君一己好惡的
擾動，這就是『與民休息』的意義。而無君派則要求歸真返樸，回到一個『至
德之世』。黃老只說『君德』，不說『民之德』；而無君派則認為人人皆有一『本
來情性』的『德』。」參見劉榮賢：《莊子外雜篇研究》，頁318。

〔註73〕 參見陳師麗桂：《戰國時期的黃老思想》（台北市：聯經出版社，1991年），頁
235。

〔註74〕 陳師麗桂：「在這一系列中，『天』與『道德』是道家治世依據，『仁義』屬儒
家教義，從『分守』到『形名』、『因任』、『原省』、『是非』至『賞罰』，屬法
家治政要項。依次由道而儒、而法，〈天道〉比列了其治事理政的高下層次與
步驟，具體顯示了黃老以道為上，兼儒、墨、名、法的基本模式。」參見陳師
麗桂：《《老子》異文與黃老理論》，頁306。

〔註75〕 參見劉笑敢：《莊子哲學及其流變》，頁304。

的架構是顯而易見的，亦如〈繕性〉一篇即言：「夫德，和也；道，理也。
德無不容，仁也；道無不理，義也。」仁義被收納進道德之中，「仁」為「德
無不容」的體現、「義」則是「道無不理」的外顯。〔註76〕

　　明大道者以「明天」為首要，最後而修身、治人亦皆歸於天，則可達到太
平至治，此即符合了黃老「法天治人」的特色。〈在宥〉一篇明言道有「天道」
與「人道」之別：

> 何謂道？有天道，有人道。無為而尊者，天道也；有為而累者，人
> 道也。主者，天道也；臣者，人道也。天道之與人道也，相去遠矣，
> 不可不察也。（〈在宥〉，頁 281～282）

天道為主，是無為而尊的；而人道為臣，是有為而累的。此處將天道人道比為
主臣，主無為而臣有為，實是黃老的道法論〔註77〕，亦與〈天道〉一段相似：

> 夫帝王之德，以天地為宗，以道德為主，以無為為常。無為也，則
> 用天下而有餘；有為也，則為天下用而不足。故古之人貴夫無為也。
> 上無為也，下亦無為也，是下與上同德，下與上同德則不臣；下有
> 為也，上亦有為也，是上與下同道，上與下同道則不主。上必無為
> 而用天下，下必有為為天下用，此不易之道也。故古之王天下者，
> 知雖落天地，不自慮也；辯雖彫萬物，不自說也；能雖窮海內，不
> 自為也。天不產而萬物化，地不長而萬物育，帝王無為而天下功。
> （〈天道〉，頁 324）

此處與上述〈天道〉一段相同，以「天」或「天地」為自然大道，帝王之德
以天地自然為宗旨，治人以「無為」為常法。「無為」則是帝王當效法天地自
然的不產不長而萬物化育的治道，不用其智、不逞其辯、不顯其能。此段言
「上無為而下有為」是不易的君臣之道，同〈在宥〉所言「天道、人道相去
甚遠，不可不察」之理相近，皆在強調君臣尊卑有別，此與內篇莊子「齊物」
的思想有所不同，而在於建立君臣有別的政治理論架構。而此一政治架構通

〔註76〕劉笑敢認為〈繕性〉此一段話與上下文不連屬，可能是錯簡，然其內容與〈天
　　　　道〉融合儒法的傾向是一致的。參見劉笑敢：《莊子哲學及其流變》，頁 303。
〔註77〕陳師麗桂：「全篇大致遵循道家清淨、無為、重生、貴身、全性的觀點去論
　　　　『治』。但與此同時，卻有兩小節論及情緒調養的形神問題；一節論及『道』
　　　　及『天道』、『人道』一體的問題，卻以『天道』為『無為而尊』；『人道』為
　　　　『有為而累』，並以『天道』擬『主』，『人道』擬『臣』，這三小節已是『黃
　　　　老』的道法論。」參見陳師麗桂：《《老子》異文與黃老理論》，頁 304。

貫於人事，即〈天道〉所言：

> 君先而臣從，父先而子從，兄先而弟從，長先而少從，男先而女從，
> 夫先而婦從。夫尊卑先後，天地之行也，故聖人取象焉。天尊地卑，
> 神明之位也；春夏先，秋冬後，四時之序也。萬物化作，萌區有狀，
> 盛衰之殺，變化之流也。夫天地至神，而有尊卑先後之序，而況人
> 道乎！宗廟尚親，朝廷尚尊，鄉黨尚齒，行事尚賢，大道之序也。
> 語道而非其序者，非其道也；語道而非其道者，安取道！（〈天道〉，
> 頁 327）

此一段認為，不僅君臣有尊卑先後之別，人倫中的父子、兄弟、長少、男女、
夫婦，皆是取象於天而有尊卑先後之序，而政治社會之中的尚親、尚尊、尚齒、
尚賢，亦是大道所序，失其序則失道。而「無為」的具體表現，是君術的「虛
靜」：

> 夫虛靜恬淡寂漠無為者，天地之平而道德之至，故帝王聖人休焉。
> 休則虛，虛則實，實者倫矣。虛則靜，靜則動，動則得矣。靜則無
> 為，無為也，則任事者責矣。無為則俞俞，俞俞者憂患不能處，年
> 壽長矣。（〈天道〉，頁 319）

此段言虛靜、恬淡、寂漠、無為是天地之平、道德之至，帝王聖人應效法天
地、道德，以虛靜無為為治道宗旨，休止有為之心而任人責事。黃老一系的
刑名強調上下之職分有別，聖人「虛靜無為」的心術，領導臣民們替己行事，
此即「君無為而臣有為」。如此一來，天下得治且年壽得長矣。「虛靜」、「恬
淡」在此不僅為治人之術，亦為養身之法。〔註78〕如〈刻意〉一段亦言：「聖
人休休焉則平易矣，平易則恬惔矣。平易恬惔，則憂患不能入，邪氣不能襲，
故其德全而神不虧。」（〈刻意〉，頁 373）聖人休則得以平易恬淡，全其君德
而不傷其神，此即養身之法。

　　外雜篇中〈天道〉諸篇所論，正符合黃老治術的理論架構，天道人道通而

〔註78〕 李笑岩：「在《莊子・天道》諸篇的內聖治心理論，整體體現出道家黃老之
　　　　學無為而治的學術歸旨，主張『虛』、『靜』以養德，德全則為『聖人』。由
　　　　此我們大體能夠看出先秦黃老之學內聖治心理論的發展脈絡，其理論基礎
　　　　能是推天道以明人事，『內聖』的目的是『外王』，『內聖』的途徑是『體道』，
　　　　『體道』則需身體的靜、定、少欲，內心的虛、空、無情。這種內聖，既不
　　　　同於原始道家注重長生久視的養生之道，也不同於儒家《詩》《書》教化的
　　　　修養方式，是獨屬於黃老之學的內聖外王之道。」參見李笑岩：《先秦黃老
　　　　之學淵源與發展研究》（上海：上海古籍出版社，2018 年 11 月），頁 385。

為一，效天道之虛靜無為以治人，法天道之虛靜恬淡以養生。〔註79〕由此可知，內七篇所呈現的莊子之學，雖少有政治理論成分，但黃老思想在戰國思潮中其輻射能量之廣遠，莊子後學亦難自外於時代的思潮影響。〔註80〕

第四節　小結

　　考察《莊子》外、雜篇之思想，幾乎包括了戰國中期以後的道家各派，如老子後學、莊周思想及其後學與黃老之學。謝君萍即認為，其學術史價值受到低估，其價值應在於保留莊子之後，戰國晚期幾乎所有派系的思想成分，更記錄了各派彼此間交融會通的痕跡。〔註81〕換句話說，《莊子》一書從內七篇到外雜篇，其中的思想與議題的推衍與擴大，可謂道家思想在戰國中期到晚期發展的縮影。

　　戰國時期「氣」概念的發展，在《莊子》中可見其脈絡：在內七篇中，多言自然現象「雲氣」、「大塊噫氣」，雖隱有萬物「氣」本的觀念，然並不加以論述。外雜篇則提到「氣」在宇宙萬物生化中的關鍵，「氣」作為萬物原質，使內篇中精神上達道境的觀照下，物物、物我通而為一的內在境界，就萬物原質而言，在「氣」的本體論有其客觀存有的依據。劉榮賢即言，在「氣」論的建構下，莊學思想之方向是朝向外在物性之世界中發展的。〔註82〕《莊子》內

〔註79〕陳師麗桂：「〈天道〉在各篇當中保留黃老理論較多，他開宗明義便串天道、帝道、聖道為一理相通，標榜一種虛靜、無為、寂寞、恬淡的管理模式，稱為『天德』、『天樂』，說『帝道』當仿『天道』。」參見陳師麗桂：《老子》異文與黃老理論》，頁305。

〔註80〕陳師麗桂：「總之，從《莊子》外、雜篇〈天道〉、〈天地〉等諸篇中所顯現的黃老論述看來，其所呈現的，應視為戰國時期黃老學術思潮在莊派後學族群中所輻射狀況之一斑。其理論之分量、比重，較之所謂『述莊派』、『無君派』，仍然遠有不及。儘管如此，亦可見戰國時期黃老思想輻射能量之廣遠。」參見陳師麗桂：《老子》異文與黃老理論》，頁333。

〔註81〕參見謝君萍：《莊子後學與《老子》、黃老之學關係研究》，頁124。

〔註82〕劉榮賢：「《外雜篇》中所用之『神』義，雖然大部份仍然順應《內篇》以指謂聖人內在之德。然而『神』字之義向『外在』自然氣化之意義發展已有其意義，此一意義表現在《外雜篇》中『氣』之觀念已逐漸被用來解釋『神』的內容，此一發展使得莊子在《內篇》中所謂聖人與天地合德之內在境界之義理內容，在《外雜篇》中由於『氣化』觀念之鋪陳，在理論上變得比較明確。當然這即是表示由《內篇》至《外雜篇》之時代，思想之方向是朝向外在物性之世界中發展的。」參見劉榮賢：〈《莊子‧外雜篇》中「氣」與「陰陽」觀念之發展〉，《暨大學報》第4卷第1期（2000年3月），頁5。

七篇「乘雲氣」那樣與天地大化同流的境界，在外雜篇則多言「氣」天地萬物間的同一物性原質，並居於宇宙創生的關鍵階段。而根據萬物為「一氣」生化的論述，「一」則多有言復歸道，與萬物為一的境界，與萬物泯去殊性後，作為自然整體的「一」。

就修養論而言，外雜篇雖與內七篇同樣重視「心」的修養，然在氣論的架構下，「心」與「形」僅是精粗之別，皆為氣所形，故存在著「同質性」。故「形全則神全」，「形」於修養論中之重要性，比起內篇有所提升了。而此一重形神並重的修養論，亦是受戰國黃老學術輻射所及，成為政治理論中君道的一部分。〔註83〕

《莊子》外雜篇中關於政治的論述分為兩部分：「黃老治術」以及「無君論」。黃老作為戰國時期重要君道思想，「帝王之德」以「道德」為主，兼採陰陽、名、法、儒、墨而成的君術，重君德虛靜、君道無為，統治講求應時而變，兼用刑名法術。而無君論以返歸「至德之世」的素樸社會狀態為目的，反對一切有害於百姓「性命之情」的仁義聖智，或是統治者的政治手段。

綜本章以上各節之討論，筆者以為，多形成於戰國晚期的《莊子》外雜篇文本，其價值多在提供老子思想於戰國時期流傳過程的文獻材料，劉榮賢說：

> 《莊子》書是在一百多年的文本累積之後才加以編定，因此內篇與外雜篇之間在文本上可能有一部分移易混淆的現象。然而內篇與外雜篇代表了不同的學術階段的這個事實並不受影響，研究《莊子》者仍然必須注意二者的分別在先秦學術思想史上的意義。如果不能分別內篇與外雜篇的不同，仍將二者混同而一齊，視為莊子本人的思想，這在研究《莊子》的學術觀念上是有問題的。〔註84〕

上述引文可知，《莊子》一書中有其歷時性的思想變化，《莊子》內七篇多呈現戰國中期前的學術階段特色，而外雜篇除了老學、莊學、黃老外，還留下了反儒、反仁、義、聖、智的「無君派」文獻資料，乃是戰國晚期學術的特色。筆者以為，《莊子》一書較之目前可見的戰國時期其他道家文獻的文本材料，思

〔註83〕劉榮賢：「而養生與君道思想的結合正是當時『黃老』道家思想內容發展的樣貌。由此也可見外雜篇中對內篇思想的引申常朝向黃老思維方向演進，這就是戰國後期中國所謂『道家』思想發展的走向。」參見劉榮賢：《莊子外雜篇研究》，頁180。

〔註84〕參見劉榮賢：《莊子外雜篇研究》，頁18。

想內容顯得更為多元。加以《莊子》外、雜篇中多數內容形成的時間，與《老子》文本從形成期至成型期的時間相近，為研究郭店《老子》至帛書《老子》文本演變的過程，提供了橫向對照的重要材料。

第四章 《莊子》外雜篇思想與
《老子》的關係

　　早在《古史辨》疑古思潮時期，傳世本《老子》即被指出具有許多戰國用語或戰國學術的特徵。而郭店《老子》的出土面世，呈現了《老子》在成書的過程，其文本的形態相當複雜，與前此所見的《老子》文本，如傳世本、帛書本，差距不小。郭店《老子》抄錄於三種不同形制的竹簡上，其書體、內容呈現了歷時性的特徵，丁四新以為甲組最早、乙組次之、丙組最晚，文本內容幾乎全見於傳世本《老子》，而尚有約五分之三傳世本的內容，並未見於戰國中晚期的郭店《老子》。劉榮賢評論錢賓四先生「莊先老後」之說時，說：

> 近年來郭店楚墓竹簡出土《老子》，早於《莊子》內篇的文本已被發
> 現，則錢先生「莊在老前」的說法已不能成立。然而《老子》書的
> 文本是長時間累積而成的，因此若以《老子》書完全定型的時間來
> 看，則晚於《莊子》內篇是絕對可能的事。如果錢先生的論點可以
> 這樣解釋的話，則「老在莊後」的觀念依然有學術史上無法完全推
> 翻的價值。然不論老、莊思想的先後關係為何，外雜篇出於老、莊
> 之後，是老莊思想及其他各家思想融合後所產生的材料，則應該是
> 沒有疑問的。〔註1〕

劉榮賢認為，傳世本《老子》（或思想大致定型的帛書本《老子》）部分篇章，可能晚於《莊子》內篇。劉榮賢言外雜篇之內容乃融合老莊思想及其他各家思

〔註1〕 參見劉榮賢：《莊子外雜篇研究》，頁43。

想後所產生，事實上，帛書《老子》亦是如此，故進一步來說，帛書本部分篇章亦可能晚於《莊子》外雜篇。如劉晗認為：

> 帛書本《老子》增入的部分更有可能是出自道家後學莊子一派的手筆。再聯繫帛書本對儒家仁義等的激烈批評，以及戰國中後期法家對儒家的批判，可以認為帛書本《老子》的最終形成，可能受到多方面因素的影響。〔註2〕

劉晗以為，帛書《老子》中反對儒家仁義以及對儒家的批判，應當是受到莊子一派影響以及戰國中後期法家的影響。順劉晗之說，探究帛書本《老子》成書前，其文本思想的因承變化問題，可就形成期的郭店《老子》與成型期的帛書《老子》間之異同處，與《莊子》外雜篇之思想議題相互參照。筆者以為，就郭店本外所有可見之《老子》文獻來觀察，莊學一派對於帛書《老子》的形成，應有關鍵性影響。

　　承前一章所論，《莊子》外、雜篇實為廣義的老子後學之集大成，加之外、雜篇文本形成的時間，又大略與《老子》文本從形成期到成型期相仿，故論及《老子》成書過程，從郭店本與帛書本、漢簡本間之流傳演變情況，實當參照《莊子》外、雜篇所呈現之戰國學術脈絡，藉以釐清《老子》文本之思想演變脈絡。本文以下因分由幾個面向論之。

第一節　從「道」與宇宙論觀測

　　唐君毅將傳世本《老子》之「道」，析分為六義：第一義，有通貫異理之用之道，為自然或宇宙之一般律則或根本原理；第二義，形上道體，指一實體之存在者，或一形而上之存在的實體或實理，較之第一義，重視實存性；第三義，道相之道，是相對於不可說、不可名之道體，道相重在其可說、可道、可名之特性；第四義，同德之道，為人、物各得之以自生或自循者；第五義，修德之道即其他生活之道，指應用之道，如修德積德之方，自處處人之術，或政治軍事之治國用兵之道。第六義，事物即心境人格狀態之道，即描述得道或有德的心境與人格狀態。〔註3〕傳世本《老子》言道的義蘊豐富，在於涵納戰國

〔註2〕參見劉晗：《《老子》文本與儒道關係演變研究》（北京：人民出版社，2010年），頁163。

〔註3〕參見唐君毅：《中國哲學原論‧導論篇》（台北：臺灣學生書局，1986年），頁368～385。

時期老學發展後的諸多加派思想內容。

　　若從郭店本之內容看來，許多學者已指出，其與傳世本在道論或宇宙論上有差異：日本學者谷忠信一指出，郭店《老子》並不特別重視「一」，「一」與「道」的連結並不強；郭店《老子》中未有以「水」喻道的論述；〔註4〕李澤厚認為，郭店《老子》無形上篇章；〔註5〕邢文認為，傳世本《老子》的論「一」、以牝母與嬰兒喻道的部分，均不見於郭店本。〔註6〕諸位前賢學者所論，皆有見地，以下筆者就「道」一概念從形成期到成型期的轉變，以及老學中宇宙論的轉變，分別論述之。

一、先天地生的「道」

　　「道」字在郭店《老子》三組中凡 27 見，其中具本體論性質的當屬甲組簡 21～23 對應傳世本二十五章，以及甲組簡 37 對應傳世本四十章的部分：

> 又（有）牁蟲〈蚰〉城（成），先天陸（地）生，敓繆（穆），蜀（獨）立不亥（改），可以為天下母。未智（知）其名，孳（字）之曰道，虘（吾）弜（強）為之名曰大。大曰潛，潛曰連（遠），連（遠）曰反（返）。天大，陸（地）大，道大，王亦大。固（域）中有四大，而王凥（居）一安（焉）。人法陸（地），陸（地）法天，天法道，道法自肰（然）。（郭店甲組，頁 112）

〔註4〕 參見谷忠信一：〈從郭店《老子》看今本《老子》的完成〉，《郭店楚簡國際學術研討會論文集》，頁 439～440。

〔註5〕 李澤厚：「竹簡所錄當為古本，無形上篇章，無兵法、權術，無反儒特色（最突出的今本『絕仁棄義』，此為『絕巧棄利』，與儒學斥『巧』摒『利』一致），基本思想與儒家同：重孝慈，主忠信。今本《老子》抵悟矛盾（如肯定抑否定『孝慈』、『聖人』等）可渙然冰釋，亦可證今本《老子》乃不斷增益更改，歷經數百年始定形的結集，並非一人一時所作，可解決長期聚訟紛紜的時代、作者等問題。」參見李澤厚：〈初讀楚簡印象紀要〉，《道家文化研究》第 17 輯，頁 420。

〔註6〕 邢文：「我們認為，今本《老子》論及『一』的諸章不見於郭店《老子》，是因為『一』在郭店《老子》中為『太一』所取代；這裡所說的『取代』，並不就是說『一』的出現一定早於『太一』。……今本《老子》中常見以牝母與嬰兒來比喻道，而含有這些內容的章節，基本上均不見於郭店《老子》。」參見邢文：〈論郭店《老子》與今本《老子》不屬一系──楚簡〈太一生水〉及其意義〉，邢文：《著乎竹帛──中國古代思想與學派》（臺北：蘭臺出版社，2005年），頁 142～143。

其中首句「𥅽」字解讀眾說紛紜，《郭店楚墓竹簡》解為「道」：「疑讀作『道』。帛書本作『物』，即指『道』。」魏啟鵬從此說；崔仁義、劉信芳解為「將」；趙建偉解為「象」；裘錫圭解為「狀」，丁原植、李零、黃人二、廖明春、聶中慶、陳錫勇等人同裘說。〔註7〕筆者以為，解為「狀」為勝，更能表現「道」幽微無形的神祕特性。

　　郭店簡中「敓繆（穆）」二字，整理者以為讀為「敓穆」，學者多有異說：崔仁義解為「寞寥」；丁原植言此詞似指「幽微」之狀；魏啟鵬則解其意為「莊敬肅穆」，是對大道先天地生的禮讚，趙建偉與魏說相近，解為「美好莊嚴的樣子」，亦即對其美好升起莊嚴之情；李零解為「寂寥」，然尚有疑慮，聶中慶支持李說；廖名春則以故書之本字當作「清寥」，郭店本借為「敓繆」；陳錫勇解為常語「寂寞」。〔註8〕諸說皆以「敓繆」一詞為道之特性，或近於傳世本作解、或就簡文字形通假何字作解。筆者以為，諸說中釋為美好、莊敬、無形、無聲之意，於郭店簡文中皆未有扞格之處，皆可參、可從。郭店本作「可以為天下母」一句，與傳世本同，卻與帛書本及漢簡本皆不同：

> 有物昆成，先天地生，繡（寂）呵繆（寥）呵，獨立【而不改，】可以為天地母。（帛書《老子》甲本，頁 25）〔註9〕

> 有物昆成，先天地生，蕭（寂）呵漻（寥）呵，獨立而不玹（改），可以為天地母。（帛書《老子》乙本，頁 58）

> 有物綸（混）成，先天地生。肅（寂）覺（寥），獨立而不㧅（改），偏（遍）行而不殆，可以為天地母。（漢簡《老子》下經，頁 156）

〔註10〕

筆者以為，「有狀蟲成，先天地生」一語，並未直言此「狀」即為生天生地的宇宙本源，而僅強調其先於天地的地位。郭店本言此「狀」可為「天下母」，

〔註7〕眾說參見彭裕商、吳毅強：《郭店楚簡《老子》集釋》（成都：巴蜀書社，2011年10月），頁208～213。

〔註8〕諸說參見《郭店楚簡《老子》集釋》，頁214～217。

〔註9〕本文所引馬王堆帛書《老子》甲、乙本原文及頁碼皆據馬王堆漢墓帛書整理小組編：《馬王堆漢墓帛書《老子》》（北京：文物出版社，1976年）一書，其後不再另註說明。

〔註10〕本文所引北京大學藏西漢竹簡《老子》原文及頁碼皆據北京大學出土文獻研究所編：《北京大學藏西漢竹書·貳》（上海：上海古籍出版社，2012年12月）一書，其後不再另註說明。

彭浩以為應作「天地母」,「下」字乃「地」字之誤寫,聶中慶、陳錫勇同此
說法;廖明春則以為上文言「先天地生」,則此處理應擴展言及「天下」,故
以「天下」為佳;裘錫圭、劉信芳則認為,過去學者多有據帛書本而斷言傳
世本「天下母」有誤者,郭店本正可說明傳世本亦有其來歷。諸說之中,聶
中慶析論「天下」與「天地」二詞之別:

> 「天下」、「天地」皆《老子》中常用術語,「天下」在今本《老子》
> 中共出現 61 次,泛指國家,也指國家政權。「天地」在今本《老子》
> 中共出現 9 次,指天空和大地,統指自然與社會,其含義有別。此
> 文是對道的闡釋和描寫,道生天生地故當為天地母,「天地」這裡指
> 的是自然界,而「天下」一般指人類社會。此句當作「可以為天地
> 母」,簡本「下」當為「地」之誤。〔註11〕

聶氏之說,區別「天地」與「天下」之別,「天地」近於自然意涵,即萬物生
長的場域,亦可為萬物的代稱;「天下」一詞則多有政治意涵,聶氏以此論證
「天地」為確。筆者認為,聶氏論「天地」、「天下」之別,頗有其理。然而以
此斷言郭店本此處「天下母」為非,「下」乃「地」字之誤,應作「天地母」,
將本章作自然宇宙生成論的解讀,則未必符合郭店本形成時的思想背景。傅佩
榮認為老子思想的「道」與其他先秦諸子的學說一樣,產生於禮壞樂崩之際,
他說:

> 老子思想的背景與古代中國各派學說的背景是相同的,就是「禮壞
> 樂崩」以及傳統對全能主宰「天」的信仰之瓦解。老子的「道」可
> 以被視為另一種型態的「文化理念」。換句話說,他在宣揚「道」的
> 時候,只少隱涵地,希望把人類從可憐的生命情境中解救出來。萬
> 物各有其存在之道,但是「道」之本身是什麼?老子以「道」為超
> 越人類知識所作的相對界說之上的本源。「道」取代了傳統的「天」
> 的角色,成為一切存在物的本源。〔註12〕

陳鼓應認為,老子學說乃是基於人生與政治的現實需求而建立的:

> 老子的整個哲學系統的發展,可以說是由宇宙論伸展到人生論,再
> 由人生論延伸到政治論。然而,如果我們了解老子思想形成的真正

〔註11〕 參見聶中慶:《郭店楚簡《老子》研究》,頁 217。
〔註12〕 參見傅佩榮:《儒道天論發微》,頁 223～224。

動機，我們當可知道他的形上學只是為了應合人生與政治的要求而建立的。〔註13〕

綜合二位前賢之論來看，老聃所言的先天地生的「道」，可能僅是對於周文化下「天」的意涵產生懷疑，從而提出「道」此一概念，「道」的目的也就是將「天」的超越性弱化，尋求更超越的本源，甚至是政權遞變、天下局勢變化的本源，並未強調「道」作為宇宙萬物創生之本源。另外，梅廣〈從楚文化的特色試論老莊的自然哲學〉一文提到：

> 殷周都是神權政治，在殷人的宗教思想裡，至高無上的主宰就是帝，在周人的觀念中則是天，雖然周人也用上帝這個稱謂。……周人以天取代帝，雖然並沒有取消這個宗教觀念的人格神的一面，但卻發展出這個可能性。這在我國上古宗教史上是個關鍵性的轉變。……後世天人合一或天人感應的觀念必須在天的人格神一面被徹底取消以後才有可能。周人的天可以從宗教意義過渡到道德意義，殷人的帝則無此可能。〔註14〕

梅氏之說，以為「神權政治」、「君權神授」的觀念下，殷商以「帝」為政治權力的根源，姬周則為「天」。而此處郭店本《老子》所言，則是將「天」與「地」合稱，弱化「天」作為政治權力之根源，由天地上溯提出一先於天地的存在「道」，作為政權遞嬗的原則。此即為「道」在思想發展中的重要地位。〔註15〕郭鶴鳴認為老子言「道」，未必落在客觀存有上談論：

〔註13〕參見陳鼓應：《老子今註今譯及評介》，頁1。

〔註14〕梅廣之文《臺大文史哲學報》第67期（2007年11月），頁4～5。

〔註15〕張岱年：「老子在中國哲學史上最大的貢獻是開創了本體論學說。在老子以前或同時，人們都認為天是最高的存在，老子開始突破這個觀點，認為天不是最根本的，天地都是相對的具體存在，還有比天更根本的，在相對之上還有絕對的。這個絕對，老子名之曰大（大讀為太），亦稱為道。老子追求相對之上的絕對，雖然未免玄虛，但在理論思維的發展史上，卻是一個創見，有重要意義。」參見張岱年：〈老子學說的宗旨〉，《張岱年全集》第六卷（河北：人民出版社，1996年），頁131。陳師麗桂：「在《老子》裏，『天』已經不是（《莊子》「以天為宗，以德為本，以道為門」的）『宗』，『道』也不只是『門』，傳世本《老子》第二十五章說：『人法地，地法天，天法道，道法自然。』『道』高於『天』，在『天』之上，為『天』法則之根源。當然，此時之『天』也非《莊子‧天下》之『天』，而被重新定位為與『地』相對之『天』了，『道』的崇高地位確立了。」參見陳師麗桂：〈「道」的異稱及其義涵衍化——「一」與「互」〉，《成大中文學報》第46期（2014年9月），頁4。

難道中國哲學與文化傳統真的是特性獨具，而竟然可以凌駕邏輯理則，可以使存有原理與價值原理打破藩籬而融為一體嗎？這當然是絕不可能的，因之此一觀念亦當然是錯誤的，而錯誤的根源就在現代學者在詮釋古人文獻時，觀照焦點往往誤置，解讀角度常常偏移，把古人原來僅僅是對價值領域「主觀立場的指導性談論」，因望文生義而不知不覺予以擴充放大，解讀成對整個存有世界「客觀角度的描述性發言」，把價值的期望與理想，誤認作存有之常態與真實。老子思想之誤讀誤解，其根源在此：《道德經》中之「天地」、「萬物」，本來僅僅是公共領域、政治世界裏的天地萬物，繫屬在價值範疇之中，卻在詮釋時被誤讀，因之放大而膨脹成罩罩全部存有場域，同時也包含了客觀世界的天地萬物。〔註16〕

郭氏之論，恰可解讀此一郭店本作「天下母」與帛書本作「天地母」之區別。「天下母」是對於政治世界作「指導性談論」，而「天地母」則是強調道生天地的「描述性發言」，就文本內容來看，無論郭店本、帛書本與漢簡本，其後皆有「人法地，地法天，天法道，道法自然」之文句，筆者以為，「法」一字即是本段應作「指導性談論」詮釋解讀的文本內證，「道」作為政治理想的指導，其實質內涵即「自然」。

二、生天生地的「道」

郭店本《老子》中，甲、乙、丙三組對應於傳世本的內容來看，並無宇宙創生的相關論述，然與郭店《老子》同時出土，又與丙組簡制相同的〈太一生水〉，則是前所未見的「水生說」創生論文獻，引發學界許多討論，筆者以為其與郭店《老子》思想有所聯繫，且影響傳世本《老子》文本的形成，故在此加以討論。

（一）「太一生水」的創生論

《郭店楚墓竹簡》整理小組將〈太一生水〉，與郭店《老子》甲、乙、丙三組列為道家著作，其原因除了文本內容的考察外，亦依據了〈太一生水〉簡制同於郭店本《老子》丙組，有其合理之處，故亦為學界所接受。另外亦有認

〔註16〕參見郭鶴鳴：〈「無」、「有」之義與老子思想系統之釐定——《老子》首章義理新詮〉，《世新中文研究集刊》第 13 期（2017 年 7 月），頁 7。

為是陰陽家著作者，如彭浩〔註17〕、丁四新〔註18〕、蕭漢明〔註19〕。李學勤則認為〈太一生水〉屬於道家關尹一派，為戰國道家闡發《老子》「道生一」，並與太一周行的陰陽數術思想結合而成的著作。〔註20〕陳師麗桂則認為，〈太一生水〉是楚道家與陰陽家結合的著作。〔註21〕綜以上幾位先賢的觀點來看，〈太一生水〉前段生成論的部分，合於陰陽家論「四時成歲」的思想，而後半論「天地名字」、「天道貴弱」之處，則多以為具有道家思想的特徵。

〔註17〕彭浩：「從整體來看，〈太一生水〉應是經數術和陰陽家對道家學說充分改造過的理論。」參見彭浩：〈一種新的宇宙生成理論——讀〈太一生水〉〉，《郭店楚簡國際學術研討會論文集》，頁540。

〔註18〕丁四新在〈楚簡〈太一生水〉研究——兼論〈太一生水〉研究的總體批評〉一文中，以為〈太一生水〉應分為兩部分談論，前8支簡為〈太一生水〉，後6支簡為〈天地名字〉，並分別論述前者當屬陰陽家著作，後者屬道家著作：「〈太一生水〉的『太一』是此篇的中心概念，它既是宇宙的本根，亦是本體；它可能受到陰陽數術家和楚文化神學系統的深入影響，但作為哲學觀念的重新建構可能是由戰國中期的楚陰陽家完成的。……我認為〈太一生水〉是由多種思想和文化相融合的成果，但衡量諸種因素把它判定為陰陽家的作品乃最為可能，而屬於道家著作的可能性，尚在其次。」「〈天地名字〉篇，當屬於道家著作。關於天地有混沌的本原，是南方道家常有的觀念。……不過從總體來看，它與《老子》思想氣質的區別是頗為明顯的，它對於客觀性的強調，對於具有隱語性質的『青昏』和『道』這對矛盾在天地運動過程中的作用的突出，是它與《老子》明顯區別開來的兩個重要特徵。因而此篇不是老子、關尹一派的道家著作。」丁氏之論參見《楚地出土簡帛文獻思想研究（一）》（武漢：湖北教育出版社，2002年），頁183～249。

〔註19〕蕭漢明：「〈太一生水〉描述的生成圖示，所云陰陽相輔成四時，四時相輔成滄熱。滄熱相輔成濕燥。濕燥相輔成歲而止云云，只講一年四季與氣候變化相關的諸種要素的形成次序，不強調萬物的生成——似乎這是一個業已解決了的而且不容置疑因而也不必重複贅敘的問題。這個特徵與老莊以及稷下道家明顯不同，而與陰陽家注重『四時之大順』的思想相合。」蕭氏之論參見《楚地出土簡帛文獻思想研究（一）》，頁172～182。

〔註20〕李學勤：「我曾提出，《老子》書中並無『太一』概念，『太一』在道家的起源當出自關尹一派，……」「戰國中晚期道家受到陰陽數術學說影響，在《管子》、《鶡冠子》等書中都不難看出來，『太一生水』把『道生一』那套道家思想與太一周行結合，正是其時思想潮流的一種表現。」參見李學勤：〈太一生水的數術解釋〉，《道家文化研究》第17輯（1999年8月），頁297～300。

〔註21〕陳師麗桂：「正因前文所說『事成而身長』、『功成而身不傷』，以及這『天道貴弱』章的三簡，令我們很難將〈太一生水〉全然歸屬陰陽家之作，而和《老子》一系道家完全切斷關係，而寧可視之為楚道家與陰陽家結合的產物。」參見陳師麗桂：〈從出土簡帛文獻看戰國楚道家道論及其相關問題——以帛書〈道原〉、〈太一生水〉與〈互先〉為核心〉，《中國文哲研究集刊》第29期（2006年9月），頁136。

部分學者提到〈太一生水〉思想的形成，與《老子》第四十二章「道生一」一段有所關聯，如李學勤認為，〈太一生水〉是將「道生一」與太一周行結合而成的著作，並言「顯然是對《老子》（王弼注本）第 42 章的引申解說」。〔註22〕陳偉則更細緻將〈太一生水〉析分為三個部分，依序詮釋傳世本《老子》第四十二章、二十五章、七十七章：第 1 簡至第 6 簡「太一生水……行於時」為詮釋傳世本第四十二章，第 6 簡至第 11 簡「是故太一藏於水……功成而身不傷」為詮釋傳世本第二十五章，第 11 簡至簡末「天地名字並立……」，內容與傳世本《老子》第七十七章密切相關。〔註23〕陳偉對文章中的分段較為費解〔註24〕，然同李學勤看法相同，認為〈太一生水〉宇宙生成的部分，是源於「道生一，一生二，二生三，三生萬物」而來。

然而，傳世本《老子》最具宇宙生成論意味的第四十二章，不見於三組郭店《老子》之中，是否為郭店《老子》本有，卻因時久損毀而遺漏缺簡？李存山以為可能性不高：

> 楚簡《老子》的另一個非常引人矚目的特色是其中沒有通行本四十二章的內容，而這一章的上段正是「道生一，一生二，二生三，三生萬物。萬物負陰而抱陽，沖氣以為和。」如果這並非楚簡曾被盜損所致，那麼這的確是一個很值得探討的問題。《老子》乙中有通行本四十一章的內容，據帛書本，此章應在四十章之前。《老子》甲中有與四十章文字大致相同的內容「返也者，道〔之〕動也；弱也者，道之用也。天下之物生於有，〔有〕生於亡」。據帛書本和通行本，四十二章的內容正好與四十章的文意貫通。如果說當時存在四十章與四十二章相連的傳本，是楚簡抄手在有所選擇地抄錄了四十章的文字後，有意省略了四十二章的內容，那麼這種可能性是很小的。

〔註22〕 參見李學勤：〈荊門郭店楚簡所見關尹遺說〉，《郭店老子與太一生水》，頁 250。

〔註23〕 陳偉所言簡號，是將《郭店楚墓竹簡》原簡序之編號，第 9 簡移至第 12 簡之後，第 13 簡之前。陳偉：「自『太一生水』至『行於時』為第一部分。李學勤先生已經指出：這是對《老子》通行本第四十二章的引申解說。……自『是故太一藏於水』至『故功成而身不傷』為第二部分，與傳世本《老子》第二十五章對應。……自『天地名字並立』以下為第三部分……這些內容與傳世本《老子》第七十七章密切相關。」參見陳偉：〈〈太一生水〉校讀並論與《老子》的關係〉，《古文字研究》第 22 期（2000 年），頁 227～231。

〔註24〕 陳師麗桂：「這樣的說法比較奇怪的是，『太一藏於水，行於時』兩句重屬於第二、三兩部分。」參見陳師麗桂：〈〈太一生水〉研究綜述及其與《老子》丙的相關問題〉，《漢學研究》第 23 卷第 2 期（2005 年 12 月），頁 413～437。

　　因為，四十二章內容的重要性絕不亞於四十章，這一點在古人看來
　　也應如此，除非我們把抄手（或楚簡本的編定者）看作一個思想水
　　準很低的人。另外，據楚簡圖版，《老子》甲在四十章的文字之後是
　　九章文字，九章的前三個字（「殖而盈」）與四十章的文字寫在同一
　　支簡上。這樣，楚簡在四十章之後本還有四十二章的可能性就沒有
　　了。因此，認為簡本沒有四十二章內容是因盜損所致，這種可能性
　　應該基本排除；餘下的很小的可能性是，簡本的四十二章抄在另外
　　幾支竹簡上，而這些竹簡很偶然地被盜墓者盜走了。〔註25〕

上述引文可知，李氏以為，郭店本原具有傳世本《老子》第四十二章內容，
出土時未見，乃是因盜損所致的可能性很小；李氏亦否定了以郭店《老子》
為「摘抄本」解釋傳世本第四十二章未出現於郭店本中的可能，此說法難以
解釋，摘錄抄寫文意本應相互貫通的傳世本第四十章後，為何特意捨去第四
十二章的原因，何況於帛書本中二者章序相連。是故李存山以為，將四十二
章視為當時尚未成為《老子》文本的一部分，顯然較為合理。順此而論，〈太
一生水〉的宇宙生成論未必就如李學勤、陳偉所言，是詮解《老子》第四十
二章「道生一」文本而成的陰陽家著作。就郭店《老子》觀察，其更可能是
推衍郭店《老子》甲組思想的作品，或者說，是〈太一生水〉作者對於「有
狀混成」此一命題的理解。

　　1. 先天地生之「狀」：水

　　〈太一生水〉於宇宙創生論的第1簡到第8簡中言：

　　大（太）一生水，水反補（輔）大（太）一，是以成天。天反補（輔）
　　大（太）一，是以成陞（地）。天陞（地）□□□也，是以成神明。
　　神明復相補（輔）也，是以成会（陰）易（陽）。会（陰）易（陽）
　　復相補（輔）也，是以成四時。四時復相補（輔）也，是以成倉（滄）
　　然（熱）。倉（滄）然（熱）復相補（輔）也，是以成溼澡（燥）。
　　溼澡（燥）復相補（輔）也，成戠（歲）而止。古（故）戠（歲）
　　者，溼澡（燥）之所生也。溼澡（燥）者，倉（滄）然（熱）之所生
　　也。倉（滄）然（熱）者。四時者，会（陰）易（陽）之所生。会
　　（陰）易（陽）者，神明之所生也。神明者，天陞（地）之所生也。

〔註25〕參見李存山：〈從郭店楚簡看早期儒道關係〉，曹峰編：《出土文獻與儒道關係》
　　　　（桂林：灕江出版社，2012年），頁294。

> 天陞（地）者，大（太）一之所生也。是古（故）大（太）一贊（藏）
> 於水，行於時，逌而或□□□墥（萬）勿（物）母。罷（一）块
> （缺）罷（一）涅（盈），以忌（紀）為墥（萬）勿（物）經。此天
> 之所不能殺，陞（地）之所不能釐，会（陰）易（陽）之所不能成，
> 君子智（知）此之胃（謂）……（〈太一生水〉，頁125）〔註26〕

「太一」一詞，學者所論已多，李零就古籍可見者，整理為三種含義：其一，
作為哲學上之終極概念，可為「道」之別名；其二，作為天文學上的星座名，
則是天極所在，斗歲遊行的中心；其三，作為祭祀崇拜的神祇名，乃為眾天神
之至尊。〔註27〕筆者以為，無論「太一」是上述三種含義中的何者，「水」皆
作為詮釋郭店本《老子》「有狀混成」時，「先天地生」的「狀」。〔註28〕「水」
能居此天地之先的地位之原因，趙東栓以為，與楚地環境有關，他說：

> 〈太一生水〉中的尚水觀念及「太一」與「水」的關係，也是在楚
> 文化中孕生的。從地域環境來說，楚人居於水鄉澤國，容易產生對
> 水的崇拜意識，對水的體驗也會更深刻一些，然而楚文化中尚水意
> 識的文化淵源卻頗為久遠。〔註29〕

換言之，〈太一生水〉為楚地陰陽數術思想的作品，具有原初楚地以「太一」
為祭祀、天文之核心或至尊之概念，其建構創生論時兼受到郭店《老子》之影
響，基於楚地對水的崇拜意識及深刻體會，故以「水」為天地創生之先的原初
狀態，並居創生的重要關鍵地位。淺野裕一說：

> 〈太一生水〉前半部分所述宇宙生成論的進程，全然不見《老子》
> 之道，而是統一於以太一為絕對的體系。據此可以判斷，這是和以
> 道作為絕對的《老子》宇宙生成論截然不同的思想體系。但是，二
> 者前後關係並不明確：既有可能是太一系統在先，其後出現《老子》

〔註26〕 本文所引〈太一生水〉原文及頁碼皆據荊門市博物館編：《郭店楚墓竹簡》一
　　　　書，其後不再另註說明。
〔註27〕 參見李零：〈讀郭店楚簡〈太一生水〉〉，《道家文化研究》第17輯，頁320。
〔註28〕 郭沂亦有類似看法。郭沂以為「有狀蟲成」疑作「有道蟲成」，「太一」有可
　　　　能來自《老子》的「道」，筆者以為，〈太一生水〉之宇宙論乃延伸於郭店《老
　　　　子》此章，然未必須解為「有道蟲成」，「太一」及「道」亦未必為等同的概
　　　　念。郭沂之說參見〈試談楚簡〈太一生水〉及其與簡本《老子》的關係〉，《中
　　　　國哲學史》1998年第4期，頁33～38。
〔註29〕 參見趙東栓：〈〈太一生水〉篇的宇宙圖式及其文化哲學闡釋〉，《齊魯學刊》第
　　　　163期（2001年4月），頁74～75。

中道的系統；也可能是完全相反的順序。但我傾向於認為，在〈太
一生水〉寫作時，作者是認識到《老子》之道，並以將「太一」優先
於「道」的形式，試圖調和這兩個系統。〔註30〕

淺野裕一認為，〈太一生水〉中「太一」優先於「道」的創生形式，是由楚地
文化「太一」與《老子》「道」論兩個系統調和而來。筆者以為，調和之論可
參，然「太一」優先於「道」之論則未必準確，將於下文論之。

2. 以「反」創生

〈太一生水〉中的「反輔」方式，亦在郭店《老子》甲組中有所依據，第
37 簡言：

返也者，道僮（動）也。溺（弱）也者，道之甬（用）也。天下之勿
（物）生於又（有），生於亡。（郭店《老子》甲組，頁 113）

此章與帛書本與漢簡本《老子》有明顯的一字之差，即「生於亡」一處：

【反也者，】道之動也。弱也者，道之用也。【天下之物生於有，有
生於無。】（帛書《老子》甲本，頁 2）

反也者，道之動也。【弱也】者，道之用也。天下之物生於有，有【生】
於無。（帛書《老子》乙本，頁 37）

反者道之動也，弱者道之用也。天下之物生於有，有生於無。（漢簡
《老子》上經，頁 124）

關於郭店《老子》作「生於有，生於無」，整理者以為：「簡文此句句首脫『有』
字，即上句句末『又』字脫重文號，可據帛書乙本補。」〔註31〕魏啟鵬、李
若暉、廖名春、劉信芳、劉釗同此說；丁原植解此處為萬物乃於「有」、「無」
交互作用而生，黃人二則以為郭店本乃是儒者刻意改動，目的在貶抑道家；
聶中慶則以傳世本《老子》首章言有、無二者是「同出而異名，同謂之玄」，
故郭店本為是。彭浩則以為無論作「生於無」或，「有生於無」，聯繫上文來
看，二者文意上並無差異。〔註32〕筆者認為，若合前文「反也者，道動也」
來看，作「天下之物生於有，有生於無」，則強調「反歸」之義。若作「天下
之物生於有，生於無」，則如丁原植所言，其所重者乃在「有」與「無」之間

〔註30〕參見淺野裕一著、佐藤將之監譯：《戰國楚簡研究》（台北：萬卷樓出版社，
　　　　2004 年），頁 28～29。

〔註31〕參見《郭店楚墓竹簡》，頁 117。

〔註32〕諸說參見《郭店楚簡《老子》集釋》，頁 359～362。

的交互作用及循環往返之意。

　　就〈太一生水〉來看，水「反輔」太一以生天，天「反輔」太一以生地，至此完成空間場域的生成，符合「反也者，道動也」。郭店《老子》甲組言：「有狀蟲成，先天地生，敓穆，獨立不改，可以為天下母。未知其名，字之曰道，吾強為之名曰大。」先於天地此一空間場域的「狀」即是「道」，就〈太一生水〉之生成論所建構的先天地生之「狀」，即是天地創生前的「水」。再就「太一藏於水」而言，亦是「太一」，故以「道之動」之「反」作為生成天地方式「反輔」。空間場域的「天地」生成後，又以對立概念「復相輔」層層遞生，由「天地」而「神明」〔註33〕、「陰陽」、「四時」、「滄熱」、「溼燥」，至「歲」而止，完成時間流動的生成。〔註34〕而時間流動「四時成歲」的特徵，亦符合「循環往返」的「反也者，道動也」。此外，就人觀察自然宇宙的時序推移，其可見可感的，即是日昇月落、陰生陽滅、四時寒來暑往、潮溼乾燥等，故以此論時間的生成，亦甚為合理。

3.「道」亦其字

　　《郭店楚墓竹簡》一書中，〈太一生水〉除前8簡生成論外，後6簡則談「天道貴弱」及「天地名字」：

> 天道貴溺（弱），雀（爵）成者以益生者，伐於弻（強），責於……下，土也，而（胃）謂之陞（地）。上，燹（氣）也，而（胃）謂之天。道亦其志（字）也。青（請）昏（問）其名。以道從事者必恈（託）其名，古（故）事成而身長。聖人之從事也，亦恈（託）其名，故功成而身不傷。天陞（地）名志（字）並立，故恍（過）其方，不思相□□□□於西北，其下高以弻（強）。陞（地）不足於東南，其上□□□□□□□者，又（有）余（餘）於下，不足於下者，又（有）余（餘）於上。（〈太一生水〉，頁125）

此段文字由於簡序有未盡合理之處，故多有簡序方面之討論。裘錫圭以為寫

〔註33〕筆者此處從王博之說，釋「神明」為「日月」。參見王博：〈太一生水研究〉，《簡帛思想文獻論集》（台北：臺灣古籍出版社，2001年），頁220～221。

〔註34〕「反輔」僅在先地生成前作用，丁四新對於「反輔」之解說相當妥切：「『反輔』屬先天地而生出天地者，聯結的雙方在作用上有主輔之分；而『相輔』屬於後天地生者，聯結的雙方是平等地發生作用的。」參見丁四新：〈楚簡〈太一生水〉研究——兼論〈太一生水〉研究的總體批評〉《楚地出土簡帛文獻思想研究（一）》，頁246。

有「天道貴弱」一段的第 9 簡，應該置於第 14 簡「者，有餘於下，不足於下者，有餘於上」之前，陳偉則移至第 13 簡之前。〔註 35〕二位先賢之說，陳師麗桂以為，陳偉之說較為妥切。〔註 36〕按陳偉排序之〈太一生水〉文本如下：

> 下，土也，而（胃）謂之陘（地）。上，燹（氣）也，而（胃）謂之天。道亦其忎（字）也。青（請）昏（問）其名。以道從事者必忓（託）其名，古（故）事成而身長。聖人之從事也，亦忓（託）其名，故功成而身不傷。天陘（地）名忎（字）並立，故悆（過）其方，不思相□。

> 天道貴溺（弱），崔（爵）成者以益生者，伐於弜（強），責於……□□□於西北，其下高以弜（強）。陘（地）不足於東南，其上□□□□□□□者，又（有）余（餘）於下，不足於下者，又（有）余（餘）於上。

此段文字，先言「天地」，其後接著說「道亦其字」，馬文增認為若單獨看來，「亦」字費解，於文法難通，須合郭店本《老子》「有狀蟲成」一段的「字之曰道」來看，並將「青昏其名」解釋為「乾坤其名」。〔註 37〕馬氏之說，將「道亦其字」結合「字之曰道」詮釋，有其道理，然「青昏」解為「乾坤」，則是刻意以《易》解之，未必妥切。然筆者以為，「道亦其字」乃補述〈太一生水〉

〔註 35〕 裘說參見其文：〈《太一生水》「名字」章解釋──兼論〈太一生水〉的分章問題〉，陳說參見其文〈《太一生水》校讀並論與《老子》的關係〉，二文皆《古文字研究》第 22 輯，裘文於頁 219～226，陳文於頁 227～231。

〔註 36〕 陳師麗桂：「各家的說法大致依違於二者之間，個人卻以為，陳偉之說較勝。因為第 10～12 簡剛好講『名字』問題，第 9 簡『天道貴弱』似是開啟另一話題，第 13、14 兩簡都講天地『不足』與互補的情況，關係應比 12、13 簡緊密，且可視為對『天道貴弱』的例證。」參見陳師麗桂：〈《太一生水》研究綜述及其與《老子》丙的相關問題〉，《漢學研究》第 23 卷第 2 期，頁 413～437。

〔註 37〕 馬文增：「『有狀混成，先天地生』者，即『太一』所生之『水』。老子以『道』為其『字』，意在表明其有『道』『包容、承載、養育』之特性。而自『天地』中產生的『乾坤』，亦有『道』『包容、承載、養育』之特性，故其『字』亦可名為『道』。因此，相對於簡本《老子（甲）・有狀混成》之『字之曰道』句，〈下土〉中自然應多用一『亦』字，成『道亦其字也，乾坤其名』之文字表述。反過來看，若曰〈下土〉之『道亦其字也』與簡本《老子（甲）・有狀混成》之『字之曰道』無關聯，則〈下土〉『道亦其字也』之『亦』字不可解，導致此句於文法上講不通。」參見馬文增：〈《太一生水》新釋新解──兼論〈太一生水〉與簡本《老子》之關係〉，《老子學刊》2016 年第 1 期，頁 39。

所論的「太一」與「水」，同於郭店《老子》所言「先天地生」而「未知其名」者，亦可以姑且稱為「道」。由此看來，〈太一生水〉類似始源概念的鋪寫，乃是將楚地信仰「太一」、「水」的崇拜，與道家思想「有狀混成」「字之曰道」，二者雜揉合為數術色彩的宇宙創生論。

其後的「青昏其名」，「青昏」一詞多有異說，整理者原解為「請問」〔註38〕，學者多未從其說。陳師麗桂認為：

> 「青昏」一詞未見於任何先秦文獻，它應該是由兩個形容詞結合起來的複合詞。「青」可以通「清」，用以指稱「道」初樸未染的本質或狀態；「昏」指「道」渾沌未開、晦暗不明的本始狀態。李零、丁四新、趙建偉諸人所說「陰陽未分」、「天地未分」、「混沌」、「昏暗」都是這個意思，要在指稱「道」的初原本始狀態。〔註39〕

筆者承師之論，亦以「青昏」為複合詞，乃「道」的兩種原初狀態。「青昏其名」一句是延伸郭店《老子》中的「不知其名」而來，更進一步以「水」的質性或狀態，直言其名為「青昏」，即初樸未染、混沌不明之狀，亦即「有狀混成」的宇宙本始狀態。〔註40〕

筆者以為，〈太一生水〉中的「太一」、「水」、「道」、「青昏」，是混合不同系統的稱謂，同指宇宙創生之初的本源：「太一」可能源自楚地宗教或天文學，作為絕對的存在，而又「藏於水」；「水」則是楚地尚水，故以水為天地的原質；「道」則是受郭店《老子》「有狀蟲成，先天地生……未知其名，字之曰道」的老學道論影響；「青昏」乃描述「水」為創生之源，其初樸未染又混沌不明之狀。

而「天道貴弱」一段，就關鍵的「弱」字來看，可能亦是發揮郭店《老子》甲組「弱也者，道之用也」一處，然由於殘缺較多，難以確知實際的文本狀況。然可看出其與傳世本《老子》第十四章、七十七章之論述有類似之處。

4.〈太一生水〉與《老子》丙組聯編

有關〈太一生水〉與郭店《老子》丙組之關係，認為與郭店《老子》丙組

〔註38〕參見《郭店楚墓竹簡》，頁125。

〔註39〕參見陳師麗桂：〈〈太一生水〉研究綜述及其與《老子》丙的相關問題〉，《漢學研究》第23卷第2期，頁423。

〔註40〕或可依音近，釋為「清渾」，或「清混」。合上文所言，則「清」者言上升為天的「氣」，「渾」者言下降為地的「土」。僅筆者因音近的臆測之說，未為本文所論之重點。

為同篇文獻者，如李學勤〔註41〕、刑文〔註42〕等；主張〈太一生水〉不屬郭店《老子》同篇，應當獨立為一篇文獻，如丁四新。〔註43〕筆者以為，若將〈太一生水〉合丙組《老子》為一同篇之文獻，則更可從中觀察出其與《老子》甲組的因承關係。已有學者提出，郭店《老子》丙組較之乙組，與甲組關係更為密切，刑文說：

> 〈太一生水〉及丙組《老子》與甲組《老子》的相關，又當從總體上加以考察。首先，以郭店楚簡乙組《老子》作為參照，不難發現〈太一生水〉及丙組《老子》的內容與甲組《老子》更為接近。通觀全簡，乙組《老子》所論，主要是人事或曰修身之事；〈太一生水〉及丙組《老子》與甲組《老子》所論則主要是道、天道或聖人之道，論述中兼及其他。……其次，以今本《老子》作為參照，〈太一生水〉及丙組《老子》中所見今本《老子》的章次，多與甲組《老子》所見今本《老子》的章次相接，而與乙組《老子》所見今本《老子》的章次不相及。……不論今本《老子》與郭店楚簡《老子》關係究竟如何，郭店丙組《老子》所見今本《老子》的章次與甲組《老子》所見的今本章次的關聯，是極為明顯的。這無論如何也在一定程度上說明了〈太一生水〉及丙組《老子》有著相當密切的關係，與乙組《老子》的關係則相對疏遠。〔註44〕

刑文以為，郭店甲組有傳世本第十六、十九章，而丙組則有與之相鄰的傳世本第十七、十八章，郭店甲組有傳世本第三十章，而丙組亦有與之相鄰的第三十一章，其中可觀察出甲組、丙組關聯性。另外，寧鎮疆觀察郭店本與帛書本的章序異同，提出「同類集結」的狀況，其所列舉的文本例證，即包含此兩處章

〔註41〕 李學勤：「從文物工作的角度看，沒有理由把這十四支簡分立出來。簡本《老子》丙應原有二十八支簡，包括今見於傳世《老子》各章和〈太一生水〉等內容。」參見李學勤：〈太一生水的數術解釋〉，《道家文化研究》第 17 輯，頁 297。

〔註42〕 參見刑文：〈〈太一生水〉與郭店《老子》〉，《郭店老子與太一生水》，頁 242～244。

〔註43〕 丁四新：「總之，〈太一生水〉在文本結構和思想內容上，與竹簡《老子》丙組是完全不相同的，因此沒有理由必須把它們編成一書，甚至以為《老子》的一部分。」參見丁四新：〈簡帛《老子》思想研究之前緣問題報告──兼論楚簡《太一生水》的思想〉，《現代哲學》2002 年第 2 期，頁 91。

〔註44〕 參見刑文：〈〈太一生水〉與郭店《老子》〉，《郭店老子與太一生水》，頁 242～244。

序連續的「有機性」，並認為其中各章的聯繫是顯而易見的。〔註45〕

就郭店甲組第 6 簡到第 8 簡以及丙組第 6 簡到第 10 簡來看：

> 以衍（道）差（左）人宔（主）者，不谷（欲）以兵強於天下。善者
> 果而已，不以取強。果而弗爰（伐），果而弗喬（驕），果而弗稱（矜），
> 是謂果而不強。其事好。（長）（郭店《老子》甲組，頁 111）

> 君子居則貴左，甬（用）兵則貴右。古（故）曰兵者□□□□□□
> 得已而甬（用）之。銛纏為上，弗媖（美）也。敗（美）之，是樂
> 殺人。夫樂□□□以得志於天下。古（故）吉事上左，喪事上右。
> 是以卞（偏）牲（將）軍居左，上牲（將）軍居右，言以喪豊（禮）
> 居之也。古（故）殺□□，則以（哀）悲位（蒞）之；戰勅（勝）則
> 以喪豊（禮）居之。（郭店《老子》丙組，頁 121）

甲組、丙組分別對應傳世本《老子》第三十章、第三十一章。其共同的概念在於「兵」，且都以為軍事行動皆須在不得已的情況下方可採用。〔註46〕甲組似是原則，丙組則就為兵災而損失的生命「哀悲」，且將戰爭的勝利視為喪禮，以印證甲組所言的「不欲以兵強天下」。

另外，就郭店《老子》甲組第 1 簡、2 簡與丙組第 1 簡到第 3 簡觀察：

> 𢆩（絕）智（知）弃卞（辯），民利百伓（倍）。𢆩（絕）攷（巧）弃
> 利，覝（盜）惻（賊）亡又（有）。𢆩（絕）愇（偽）弃慮，民復（復）
> 季（孝）子（慈）。三言以為貞（辯）不足，或命（令）之或虘（乎）
> 豆（屬）。視索（素）保僕（樸），少厶（私）須（寡）欲。（郭店《老
> 子》甲組，頁 111）

> 大上下智（知）又（有）之，其即（次）新（親）譽之，其既（即
> （次））悡（畏）之，其即（次）炙（侮）之。信不足，安又（有）
> 不信。猷（猶）虘（乎）其貴言也。成事述（遂）祀（功），而百眚
> （姓）曰我自肰（然）也。古（故）大道爰（廢），安（焉）又（有）
> 悬（仁）義。六新（親）不和，安（焉）又（有）孝挲（慈）。邦豪

〔註45〕 參見寧鎮疆：《《老子》「早期傳本」結構及其流變研究》，頁 176～247。

〔註46〕 韓祿伯即指出其中關聯：「很可能應該把三十和三十一章合為一章。它們都是關於『兵』的作用的。它們擁有一個共同的觀點：戰爭是一種不吉祥的事情，好的將軍要以哀痛的心情參加，並且只有在不得已的情況下才可參加。」參見韓祿伯：〈論《老子》的分章〉，《簡帛研究譯叢》（長沙：湖南人民出版社，1998年），頁 58。

（家）緍（昏）□，安又（有）正臣。（郭店《老子》丙組，頁 121）

甲組此段見於傳世本《老子》第十九章，丙組則是傳世本析分為第十七、十八兩章，彼此相接，亦是寧鎮疆談《老子》章序「同類集結」狀況的例證。甲組首句的「知」多解為機智、謀略。〔註47〕而「辯」則有異說，筆者以為丁原植解為「治理」之意，合後文「民利百倍」詮解，為佳。〔註48〕由是來看，「絕知棄辯，民利百倍」一句揭示統治者「無為」的要義。而「絕巧棄利」一句，裘錫圭詮釋為拋棄巧妙、精良的工具和技術。〔註49〕亦有解此句為政治作為上的機巧與技術，如丁原植；〔註50〕而「絕偽棄慮」一句，眾說紛紜，筆者以為，龐樸解為「絕為棄作」之說可參，乃指絕棄有意的作為。〔註51〕綜合三句來看，劉國勝認為，棄絕者皆是一些常人造作以為利，而郭店《老子》以為背離了「無為」的原則，無法回復「自然」本性的負面價值。〔註52〕

〔註47〕丁原植：「『智』，意指『機智』或『謀略』，並非一般意義的『知識』，而是治理人民的機智與謀略。」參見丁原植：《郭店竹簡老子釋析與研究（增修版）》，頁 6。劉釗同丁氏之說：「『智』意為機智、謀略。」參見劉釗：《郭店楚簡校釋》（福州：福建人民出版社，2005 年 1 月），頁 4。

〔註48〕丁原植：「『辯』不是『論辯』的意思，而是指『治理』，此處引申為『治理人民的規範與約制』。」參見丁原植：《郭店竹簡老子釋析與研究（增修版）》，頁 6。

〔註49〕裘錫圭：「『巧』指機巧、巧妙，『利』指便利、鋒利。『絕巧棄利』主要大概指拋棄巧妙、精良的工具和技術。」參見裘錫圭：〈關於《老子》的「絕仁棄義」和「絕聖」〉，《出土文獻與古文字研究》第 1 輯（2006 年 12 月），頁 5。

〔註50〕丁原植：「『巧』，指特殊技能，《說文·工部》：『巧，技也。』此處意指『治理政務的機巧』。」參見丁原植：《郭店竹簡老子釋析與研究（增修版）》，頁 9。

〔註51〕龐樸：「偽和詐，應該棄絕，本是不待言的道理。只是它和孝慈全無關係；宣稱『絕偽棄詐，民復孝慈』，似乎不像一位思想家的言論。而且，偽詐從無任何積極意義，從未有誰提倡過維護過；宣稱要棄絕它，幾近無的放矢。所以，這種解釋難以成立。如果定它為『絕偽（為）棄作』，便一切通順了。蓋為和作，皆指人的有意作為，即非自然的行為，非真情的行為；這是道家所一貫反對的。而親子間最需要的是自然感情，也是真情最易流露的地方，所謂孝慈，應該是親子真感情的交流，而不容有半點造作。所以說，絕為棄作，民復孝慈。而且，為、作並用，在《老子》中也有旁證。就在《老子·甲》第十七簡，便有『萬物復作而弗始也，為而弗恃也』句。所以定這句話為『絕為棄作』，可能更符合原意。」參見龐樸：〈古墓新知──漫讀郭店楚簡〉，《郭店楚簡研究》（《中國哲學》第 20 輯），頁 11。

〔註52〕劉國勝：「簡本《老子》此處的『巧』、『利』與『智』、『辯』、『偽』、『慮』一並是意含負面的價值取向，在簡本《老子》思想價值觀中都被看作是與『清靜』、『無為』的高尚境界極度背離，而危害極大的東西。《老子》主張應絕而棄之，使回復『自然』本性。」參見劉國勝：〈郭店《老子》箚記〉，《郭店楚簡國際學術研討會論文集》，頁 516。

而郭店《老子》丙組對應甲組此章的部分即是對統治者的狀況分出四個優劣程度：「大上下知有之，其次親譽之，其次畏之，其次侮之。」其中最為理想的統治者即是「無為」而能事成功遂，能使百姓僅知有之而不受其影響，謂其「自然」。以此來看，丙組此處亦可能是順甲組之言而衍伸之。

　　陳師麗桂指出，戰國文獻〈太一生水〉、〈互先〉、帛書〈道原〉及《管子‧內業》，其表述方式與焦點論題，呈現了相當程度的一致性：前半論本體創生，後半則論人事政治之用，並涉及名言問題，並認為這多少反映了某些學者或學派，似乎流行以創生與名論為主題，並將名論與政治相結合。〔註53〕李零曾將郭店《老子》甲組章節連續的五個部分重新編排，結尾具有篇名號處分為上下兩篇，上篇論天道「無為」，下篇則側重「無為」的治國、用兵之道。〔註54〕李零的編排，頗有以甲組為經的傾向。若將〈太一生水〉置前，結合郭店《老子》丙組置後的狀況來說，與抄寫時間較早的郭店《老子》甲組相參照，似有其縱向之因承關係；〔註55〕而橫向觀察，亦與上博簡〈互先〉、帛書〈道原〉及《管子‧內業》有相同的表述結構。

　　許多學者指出，〈太一生水〉與郭店《老子》丙組就思想主題而言，相關

〔註53〕陳師麗桂：「值得注意的是，這樣的表述情況令人想起上博簡〈互先〉。〈互先〉也是1～5簡先言自然之創生（互、或、氣之作生），第5簡下半至末簡則論述人事名言的建構。這種狀況不只出現在〈互先〉與〈太一生水〉中，作為黃老代表論作的《管子》四篇也一樣，尤其是〈內業〉，前面談「道」，後面涉及名言於政治之用。這是否意味著，戰國時期的某階段，某些學者或學派正流行著，以創生與名論為主題，並將名論與政治相結合，作為其主要思想議題的討論？否則為什麼出土的戰國文獻中一再地反映出這種情形。」〈〈太一生水〉研究綜述及其與《老子》丙的相關問題〉，《漢學研究》第23卷第2期，頁427～428。陳師麗桂：「帛書〈道原〉、竹簡〈太一生水〉與〈互先〉三篇被指稱為戰國楚地道家文獻，或和道家學說有相當關係的文獻，在形式上表現出相當程度的一致性，篇幅都不大，大約都在四○○～五○○字左右，論述層次也相當一致地分兩層——前半論道的本體或創生，後半論道的人事政治之用，而涉及名言。這是否多少反應了戰國某時期楚地某些學群共同的焦點論題及其所流行的表現形式。」參見〈從出土簡帛文獻看戰國楚道家道論及其相關問題——以帛書〈道原〉、〈太一生水〉與〈互先〉為核心〉，《中國文哲研究集刊》第29期，頁139。

〔註54〕李零：「此組分篇甚有理致，上篇有如《道經》，是以論述天道貴虛、貴柔、貴弱為主，下篇有如《德經》，是以論述『治道無為』，即以『無為』治國用兵取天下為主，似乎是按不同主題而編錄。」參見李零：《郭店楚簡校讀記（增訂版）》，〈第一組簡文〉頁3～4。

〔註55〕第二章中所引程一凡之說，亦就重出於郭店《老子》甲組及丙組的64章後半部分，論述文本間的因承關係，且丙組似乎更大程度保留至帛書本。

性不大，不適合編聯為同一文獻，如前引丁四新的說法。程一凡之說或可解釋此一狀況。程一凡認為乙組、丙組文字不像甲組那麼通暢，其理由在於，乙、丙作者在認知上仰賴了甲篇的「經」的存在，以「經」為立說的基礎，故篇章間未有陳述的連貫性。

　　丁四新認為〈太一生水〉是受到陰陽數術家與楚神學系統的深入影響的作品，其完成約在戰國中期。〔註56〕而李學勤曾論〈太一生水〉晚於傳世本《老子》諸章：

> 〈太一生水〉這一章晚於傳世本《老子》各章，證據是「太一」一
> 詞在《老子》中並未出現。《老子》不少地方講「一」，如第10章、
> 22章「抱一」，39章「得一」，卻不見「太一」。同樣，《老子》很推
> 尚水，如第8章「上善若水」，78章「天下莫柔弱於水」，但也不曾
> 有「太一藏於水」的觀點。〈太一生水〉章在思想上，和《老子》殊
> 有不同，只能理解為《老子》之後的一種發展。〔註57〕

李學勤此一說法，雖有其理，然反過來說，就郭店《老子》觀察，李學勤所說的「抱一」、「得一」、「尚水」皆未見於郭店《老子》之中，故亦可能是在〈太一生水〉後才進入《老子》文本。陳鼓應論〈太一生水〉將「水」置於萬物生成過程中的重要地位，與《老子》尚水不同：

> 水在老子思想中固然重要，說它「幾於道」，但只是一個具象之物，
> 用來比喻道性之柔與處卑不爭。到《太一生水》，則被提升為一個宇
> 宙生成論的重要範疇。〔註58〕

陳師麗桂概括〈道原〉、〈亙先〉、〈太一生水〉三者論述本體質性或生成論時，皆以水為核心質素，然與《老子》亦有論述重點的差異：

> 「水」本是《老子》哲學的重要成分，但《老子》哲學推崇「水」，
> 重視其柔弱無主的質性，為的是提煉順勢應隨、久視長生的哲理，

〔註56〕丁四新：「〈太一生水〉的『太一』，是此篇的中心概念，它既是宇宙的本根，亦是本體；它可能受到陰陽數術家和楚文化神學系統的深入影響，但作為哲學的概念重新建構可能是由戰國中期的楚陰陽家完成的。」參見〈楚簡〈太一生水〉研究——兼論〈太一生水〉研究的總體批評〉，《楚地出土簡帛文獻思想研究（一）》，頁245。

〔註57〕參見李學勤：〈荊門郭店楚簡所見關尹遺說〉，《郭店老子與太一生水》，頁249～252。

〔註58〕參見陳鼓應：《中國哲學創始者：老子新論》（北京：中華書局，2015年10月），頁107。

並不實以述本體或生成。〈道原〉、〈太一生水〉與〈互先〉等則不同，它們極可能就是戰國楚道家之作。身處多水的江湘楚域，他們對宇宙或生命始源的好奇與探索，興趣或許更大，其思維也很難脫離水的聯想。〔註59〕

二位學者皆指出「水」是老子哲學的重要成分，然多僅做為比喻抽象之理的具體之物，或以「水」柔弱的質性，說明順勢應隨、久視長生的哲理。然而〈太一生水〉的文本提供另一解釋的可能：傳世本《老子》中，僅有以「水」比喻人事之理的篇章，而未有以之為本體或生成之源的原因，是由於在傳世本《老子》的編成過程中，特意刪去「水」為本體或創生論的部分，僅留存以「水」為喻的篇章。至於何以刪去以水的創生論一段，筆者以為與《老子》文本流傳變化的過程中，傳世本第四十二章「道生一」的內容加入有關。

（二）「道生一」的創生論

傳世本《老子》第四十二章未見於郭店本，其具有宇宙生成論意味的前半部於帛書本及漢簡本中已可見：

> 道生一，一生二，二生三，三生【萬物。萬物負陰而抱陽，沖氣】以為和。（帛書乙本，頁37）

> 道生一，一生二，二生三，三生萬物。萬物負陰抱陽，中（沖）氣以為和。（漢簡上經，頁125）

帛書甲本此章殘缺較甚，姑略而不引。此章所論的「一」、「二」、「三」具體意涵究竟為何，學界有不同看法，而陳鼓應以兩種詮解方式進行解釋，大抵可概括學界的說法。〔註60〕劉笑敢則認為此處並不需要特別探究「一」、「二」、

〔註59〕參見陳師麗桂：〈近年出土文獻與《老子》研究〉，《老子的學說與精神：歷史與當代》（北京：中國社會科學出版社，2016年3月），頁142。

〔註60〕陳鼓應：「通行本《老子》四十二章關於宇宙生成論有這樣一段籠統的提法：『道生一，一生二，二生三，三生萬物，萬物負陰而抱陽，沖氣以為和。』這裡描述了一個由簡到繁的宇宙創生過程。但由於其以一、二、三的數字來代稱的說法過於含混，導致後來的解釋者眾說紛紜。一般以元氣解『一』，陰陽解『二』，和氣解『三』，但元氣、和氣都屬漢人觀點。我曾試圖從《老子》內文進行兩方面的解釋。一是從無有作解，將這段文字表述為『道是獨立無偶』（『道生一』）、混沌未分的統一體，蘊涵著『無』和『有』的二面（『一生二』），（道）由無形質落向有形質，則有無相生而形成新生體（『二生三』），萬物都是在這種有無相生的狀況中產生的（『三生萬物』）。二是從天地作解，將這段文字表述為：道是獨立無偶的，這渾沌未分的統一體產生天地（『一生二』），

「三」確切的指代對象，此段僅是對宇宙發生過程的模式化。〔註61〕值得注意的是，關於一、二、三依序生成，於上博楚簡〈凡物流形〉中，可見一類似論述：

> 聑（聞）之曰：豸（貌）生亞（惡），亞（惡）生厽（參），厽（參）
> 生弔城（成）結。是古（故）又（有）豸（貌），天下亡不又（有）
> 丨（章）；亡豸（貌），天下亦亡豸（貌）又（有）丨（章）。〔註62〕
> 聑（聞）之曰：鼠（一）生兩，兩生厽（三），厽（三）生女（母？），
> 女（母？）城（成）結。是古（故）又（有）鼠（一），天下亡（無）
> 不又（有）；亡（無）鼠（一），天下亦亡（無）鼠（一）又（有）。
> 〔註63〕

整理者釋「豸」為「貌」，多不為學者所從；沈培指出當釋為「一」，復旦大學出土文獻與古文字研究中心研究生讀書會（後簡稱「復旦大學讀書會」）以為「豸」當為「鼠」，即「一」，學者多從其說，如丁四新、王中江、林忠軍等。〔註64〕另外，整理者釋為「弔」的字，目前亦有異說。沈培以為當作「四」；復旦大學讀書會以為當為「母」；丁四新則引《老子》第四十二章釋為「如」。〔註65〕然其釋為「一生二，二生三」處，學界已漸無異說。明顯可看出，〈凡

天地產生陰陽之氣（『二生三』），陰陽兩氣相交而形成各種新生體（『三生萬物』）。」參見陳鼓應：〈《太一生水》與《性自命出》發微〉，陳鼓應主編：《道家文化研究》第17輯，頁369。

〔註61〕 劉笑敢：「『道生一，一生二，二生三』的說法不是對宇宙產生的實際過程的真實描述，而祇是對宇宙生發過程的一個模式化處理，反映出世界有一個共同的根源。這裡的『一』、『二』、『三』都不必有確切的指代對象，是陰陽還是天地，都不影響這一模式所要演示的內容。」參見劉笑敢：〈老子之道：關於世界之統一性的解釋〉，陳鼓應主編：《道家文化研究》第15輯，頁95。

〔註62〕 引自馬承源主編：《上海博物館藏戰國楚竹書（七）》（上海：上海古籍出版社出版，2008年12月），頁260。

〔註63〕 參見復旦大學出土文獻與古文字研究中心研究生讀書會：〈《上博（七）·凡物流形》重編釋文〉（2008年12月31日），網址：http://www.fdgwz.org.cn/Web/Show/581。

〔註64〕 三位學者的說法分別見於以下文章。丁四新：〈「察一」（「察道」）的工夫與功用──論楚竹書〈凡物流形〉第二部分文本的哲學思想〉，《武漢大學學報（人文科學版）》2013年第1期（2003年1月），頁19～24。林忠軍：〈論上博簡〈凡物流形〉「豸」字的內涵及哲學意義〉，《哲學研究》2010年第5期，頁63～66。王中江：〈〈凡物流形〉「一」的思想構造及其位置〉，《學術月刊》2013年第10期，頁48～58、93。

〔註65〕 丁四新：「釋作『女』字是，然而『女』非『母』字之訛混。《老子》『母』字出現多次，其義與簡文均不相應。況且從簡文來看，『三生母，母成結』，

物流形〉的創生論是以「一」為根源，不同於帛書本與漢簡本《老子》皆以「道」為創生之源。王中江指出：

> 作為一種生成模式，《凡物流形》可能是直接受了《老子》的影響。在已有的其他生成模式中，還沒有一個在形式上同《老子》的這一模式如此類似的。但在《老子》提出的萬物生成模式中，「一」不是萬物的「最初」根源，它是由「道」產生出來的，它處於生成過程中的次一級層次上。〔註66〕

學者多論〈凡物流形〉對「一」的重視，以及「一生二、二生三、三生母，母成結」的生成序列，證明〈凡物流形〉深受老學影響。然就從郭店《老子》的文本觀察，兩項推論的依據都未見於郭店本中。就〈凡物流形〉創生論並不以「道」作為創生的根源，其思想的來源未必來自《老子》。〔註67〕

承前一章所述，《莊子》書中亦有一、二、三的序列敘述：

> 天地與我並生，而萬物與我為一。既已為一矣，且得有言乎？既已謂之一矣，且得無言乎？一與言為二，二與一為三。自此以往，巧

實不成義。這裡，筆者認為，『女』當讀作『如』。《說文·女部》：『如，從隨也。』『結』謂『結聚』、『凝結』。從『如』到『結』，其生成次序明確。」參見丁四新：〈「察一」（「察道」）的工夫與功用——論楚竹書〈凡物流形〉第二部分文本的哲學思想〉，《武漢大學學報（人文科學版）》2013 年第 1 期，頁 20。

〔註66〕 參見王中江：〈〈凡物流形〉的宇宙觀、自然觀和政治哲學——圍繞「一」而展開的探究並兼及學派歸屬〉，《中國哲學》2009 年第 6 期（2009 年 6 月），頁 49。

〔註67〕 〈凡物流形〉此狀況與〈太一生水〉相似、《莊子》相似。李存山：「『道生一』不僅在通行的《老子》足本中有與『道一同』（道即一）思想的矛盾，而且也與〈太一生水〉的思想相矛盾，〈太一生水〉的作者不可能說『道生大一』，也不可能在見了『道生一』這段話後再據此發揮出『太一生水，水反輔太一，是以成天，天反輔太一，是以成地；天地複相輔也，是以成神明；神明複相輔也，是以成陰陽……』這樣的宇宙生成論。如果說『道生一』這段話是後來加進《老子》的，這一『假說』在被新的史料予以證偽之前還可成立，那麼莊子思想中的『道』或『無』生『氣』的思想是否源於老子，就是一個值得重新考慮的問題了。莊子大約生存於西元前 368 年至前 268 年，郭店楚墓則葬於公元前 300 年上下，此時已是莊子的晚年，而當時楚地仍然流傳著〈太一生水〉，楚簡的抄手不以其與《老子》相矛盾，竟然把它和《老子》抄在一起。那麼，莊子就一定能看到當時的《老子》傳本中有『道生一』嗎？如果莊子在著書時尚未看到《老子》傳本中有『道生一』，那麼《莊子》書中的氣論思想或許另有所本。」參見李存山：〈莊子思想中的道、一、氣〉，《中國哲學史》2001 年第 4 期，頁 37。

　　曆不能得，而況其凡乎！故自無適有，以至於三，而況自有適有乎！
　　無適焉，因是已。(《莊子·齊物論》，頁68)

此段文字與創生論看似無關，主要在敘述萬物為一之道境。道境之不可表述，若發而為言，則與道境有分，僅是物論分殊而無有止息的狀況。然鄭倩琳指出戰國之時，學者多熱衷討論宇宙本源問題，〈齊物論〉中這一段文字，乃針對宇宙創生論而發，故前文即言：「有始也者，有未始有始也者，有未始有夫未始有始也者。有有也者，有無也者，有未始有無也者，有未始有夫未始有無也者。俄而有無矣，而未知有無之果孰有孰無也。」對於創生論有、無、有始、無始的爭論狀況，〈齊物論〉中的莊子表現出不置可否的態度。

　　其中「自無適有，以至於三，而況自有適有乎」一句，從「無」到「有」令筆者聯想到郭店《老子》甲組言「天下之物生於有，有生於無」一句。若將二者聯繫來看，自無到有，即是從一到三，亦是「有生於無」之意，而莊學以「道」為天地之本根，於〈大宗師〉中即可見。〔註68〕至外雜篇中，則多有「無（道）」、「一（氣）」、「物（形）」三個階段的論述，如〈至樂〉的「芒芴之間」、「氣」、「形」，或〈天地〉篇所言「泰初」無有無名的「無」、未形的「一」、有形的「物」，其原初之創生根源皆具有「道」無有無形的特性。

　　考察帛書本、漢簡本《老子》「道生一」章的生成論特徵，筆者以為，當是經過許多原先在郭店《老子》所未見的概念，逐漸發展而成：原始概念可來自「天下之物生於有，有生於無」，其論述的模式可能來自〈凡物流形〉言「一生二、二生三、三生母（四），母（四）成結」的層層遞進，句句頂真的形式；至於其以「道」為創生之源，以「一生二、二生三」為自無到有，則是源自《莊子》內七篇即有的思想。其後「萬物負陰抱陽，沖氣以為和」的論述，則有將「一、二、三」之意含，以外雜篇可見的戰國時期氣論來詮解的可能。〔註69〕

〔註68〕〈大宗師〉：「夫道，有情有信，無為無形；可傳而不可受，可得而不可見。自本自根，未有天地，自古以固存；神鬼神帝，生天生地；在太極之先而不為高，在六極之下而不為深，先天地生而不為久，長於上古而不為老。」《莊子集釋》，頁177。

〔註69〕劉榮賢認為此章已有「陰陽」二氣的概念，可能即是晚出而後來加進《老子》一書的：「《老子》書此章討論『道生天地萬物』的過程，即已言『道生一，一生二，二生三，三生萬物』，又言『沖氣以為和』，則此『陰陽』不應仍是指天候寒煖（筆者案：此為徐復觀先生之說），而應是二氣。《老子》書是經一段時間累積而成的文本，其中的思維方向頗多元化，且產生的時代早晚不一。此章為郭店本所無，有可能是晚出的概念。」參見《莊子外雜篇研究》，頁197。

在戰國時期的學術發展趨勢下，以「氣」作為萬物原質的創生論已漸漸受到接受，排擠了〈太一生水〉之類以「水」為根源的創生論編入帛書《老子》的可能，僅保留了以「水」喻人事之理的章節。刪去「水」作為形上根源的創生理論，取而代之的是具氣論基礎的「道生一」章。就帛書本的章序來看，「道生一」章置於「天下之物生於有，有生於無」之後，可能即是用以詮釋原先老學中「天下之物生於有，有生於無」的命題：「一生於道」，由一生二、二至三乃是由無到有的過程，即「有生於無」，而後天下萬物由「三」而生，即是「天下之物生於有」。這樣的安排，可能即是重視氣論以及莊子〈齊物論〉思想的莊子後學參與其中。

《老子》文本形成期在不同來源的宇宙論中，何以取此捨彼，其中是否有更深刻的哲學辯證過程？難以確知。筆者以為，其中可能僅有整理、編纂者偶然而獨斷的取捨，導致文本流變過程中「歷史的必然性」，而未必有嚴謹的邏輯必然性。

（三）由「狀」而「物」的本體

另外值得注意的是，萬物創生根源的實體化，郭店本作「有狀蟲成」，帛書本皆作「有物混成」〔註70〕，似也可從《莊子》外、雜篇尋得線索。〈知北游〉中冉求問孔子「未有天地」的宇宙始源問題，孔子回答：

> 有先天地生者物邪？物物者非物。物出不得先物也，猶其有物也。
>
> 猶其有物也，無已。（〈知北遊〉，頁526）

此段文字提到的「物物者」，當是指「使物成為物者」，其言「非物」者，疑為指「道」的作用，道對於物有指導性原則。然而就生成論言，它的出現又不能先於物，故似乎是有「物」成於天地之先，不斷生育而無有停止。

綜本節所述，郭店《老子》本無生成論的論述，其所關心者，僅是為失去秩序的政治現狀尋得一可知的原則或規律，亦即唐君毅先生所指的第一義的「道」。而帛書本中，因莊子後學的參與，使此章漸轉而詮解為創生的論述，將形虛的「狀」改為「物」，政治意涵較強的「天下」改為「天地」，強調其中「道先於天地，生天生地」的創生論意涵。李銳分析「道」的五個維度「道路」、「道精」、「道一」、「道說」、「道德」，說：

> 這幾個維度之間，彼此有一定思想淵源，但是這種淵源的歷時性發

〔註70〕《馬王堆漢墓帛書》甲本、乙本皆作「有物昆成」，甲本在頁25，乙本在頁58。

展過程比較幽微，在《老子》的文本中基本上沒有呈現出來。所以
這幾個維度不能視作《老子》中的「道」的結構組成部分，「道」的
這些意義不是共時性的，而是歷時發展而出的。《老子》中的「道」，
或許尚有其他思想背景或者重要維度，還有待於我們繼續研究。……
我們似乎有必要在借助「反向格義」還加深對「道」之認識的同時，
回到中國古代思想史的情景中來，嘗試從思想史的路徑，從歷時性
的角度去把握《老子》中的「道」。〔註71〕

承李銳之論延伸可知，若將帛書《老子》視為一個共時性之整體，對其中「道」
與「一」尋求一通解之義，可能有其矛盾難解之處。如果用思想史的角度，
將《老子》中的「道」與「一」從歷時性角度去詮解，視為不同思想發展階
段所產生，具有不同時代思想特色之差異，則正可發揮郭店《老子》、帛書
《老子》的研究價值，釐清老子思想中「道」論在郭店本到帛書本間的發展
與因承關係。

第二節　從修養論觀測

　　承前節所述，郭店《老子》中「氣」一詞的意義，尚未具宇宙原質之意。
「氣」在郭店《老子》中亦僅一見：「心使氣曰強。」其意義應近於「血氣」。
此外，郭店《老子》言「一」的部分，亦僅只「王居一焉」一見，「一」為數
量之意，其後帛書本中所見「得一」、「執一」、「抱一」的概念，於郭店《老子》
形成時，應尚未進入文本之中，可能是從郭店本到帛書本的變化過程中，方被
加入的。李存山言：

引起我思考的是：論及「一」的諸章是否如四十二章一樣是後人陸
續增補的呢？如果是這樣，那麼今本《老子》中「道生一」和「道
一同」（道即一）的矛盾就能好解釋了。〔註72〕

連同前一節所論，將傳世本《老子》中，論述宇宙生成的四十二章與論及「一」
的各章認定為後人補入，則原先《老子》中「道」、「一」之間的矛盾論述則可
能得到更恰當的解釋：本就為不同來源的文本，纂輯為一書，論述之間自然偶
有指涉不一的狀況。

〔註71〕 參見李銳：《新出簡帛的學術探索》（北京：北京師範大學出版社，2010 年 4
月），頁 18～19。
〔註72〕 參見李存山：〈郭店楚簡研究散論〉，《孔子研究》2000 年第 3 期，頁 38。

　　郭店本帛書本言「一」，多為與「道」相關的修養論述或統治者依道治國的論述。如帛書乙本所載「抱一」：

> 戴營袙（魄）抱一，能毋離乎？槫（摶）氣至柔，能嬰兒乎？修除玄監，能毋有疵乎？愛民栝（活）國，能毋以知乎？天門啟闔，能為雌乎？明白四達，能毋以知乎？（帛書乙本，頁 54）

帛本此段文字中「戴營魄」三字費解，歷來多有異說。〔註73〕張瀚墨根據中國古代文獻中的合音現象，詮解「載營（戴營）」說：

> 事實上，「精」字作為一個實詞，在古代漢語和中古方言中存在多種慢聲表達形式，比如前邊提到的《容齋隨筆》裡說的「即零」，再比如說宋代宋祈《宋景文公筆記》和明代田汝成《西湖遊覽志餘》中提到的「鯽令」等。從這個角度來看，「載營」作為《老子》第十章這句話流傳過程中「精」字字音在某時某地緩讀的記錄被保留下來，還是有可能的。我們也可以合理地推測，「載營」作為「精」的慢聲，屬於第十章的創作者或抄錄者所使用地方語語音的遺留。〔註74〕

張氏將「載營」解為「精」的合音二字，故「載營魄抱一」即「精魄抱一」，其論可從。言精魄、專（摶）氣，雖多為黃老學說中之用語，然《莊子·庚桑楚》中，亦有「抱一」為養身之論者：

> 老子曰：「衛生之經，能抱一乎？能勿失乎？能無卜筮而知吉凶乎？能止乎？能已乎？能舍諸人而求諸己乎？能翛然乎？能侗然乎？能兒子乎？兒子終日嗥而嗌不嗄，和之至也；終日握而手不掜，共其德也；終日視而目不瞋，偏不在外也。行不知所之，居不知所為，與物委蛇，而同其波。是衛生之經已。」（〈庚桑楚〉，頁 541）

此段言「衛生之經」，即保全本真生命之常法，「抱一」即是說養生之法在於持守「道」，而實際的內涵即是〈刻意〉所說的「至靜不變」。〔註75〕帛書《老子》所言「戴營魄抱一」亦是言精魄守靜勿失，近於外雜篇「抱神以靜」、「無搖女

〔註73〕諸多異說可參見高明：《帛書老子校注》，頁 263～264。

〔註74〕參見張瀚墨：〈載[OC]*[ts]ʕəʔ+營[OC]*[ɢ]ʷeŋ=精[OC]*tseŋ：「載營」試析與《老子》第十章首句的解釋〉，《饒宗頤國學院院刊》第 6 期（2019 年 8 月），頁 309～329。

〔註75〕《莊子·刻意》：「悲樂者，德之邪；喜怒者，道之過；好惡者，德之失。故心不憂樂，德之至也；一而不變，靜之至也；無所於忤，虛之至也；不與物交，惔之至也；無所於逆，粹之至也。」《莊子集釋》，頁 375。

精」之意。〔註76〕就帛書《老子》、《莊子》外雜篇的用語、概念及思想上來看，二者言「嬰兒」、「兒子」一詞似有相似之處，與郭店本「赤子」相近：

> 㝩（含）悳（德）之重（厚）者，比於赤子……未智（知）牝戊（牡）
> 之合然㦬（怒），精之至也。終日虖（呼）而不惪（憂），和之至也。
> （郭店甲組，頁113）

「赤子」、「兒子」、「嬰兒」即以人的原初素樸之狀，言其精氣充和，生命力旺盛之狀態，故能終日呼嗥而不傷。從上述概念可知，就修養論的「抱一」，乃近於持守素樸本真，勿失勿離之意。

帛書本中亦有「得一」之說：

> 昔得一者，天得一以清，地得一以寧，神得一以霝（靈），浴（谷）
> 得一盈，侯王得一以為天下正。其至也，胃（謂）天毋已清將恐蓮
> （裂），地毋已寧將恐發，神毋【已靈將】恐歇，谷毋已【盈】將將
> 渴（竭），侯王毋已貴以高將恐欮（蹶）。（帛書乙本，頁36～37）

此段言「得一」者，有秉道而無為之意，即自然的天、地、神、谷依道運行則得以清、寧、靈、盈。侯王若能秉道治人，則能居位無憂。此段言「一」，乃就「道」對於自然大化是不可或缺的要素，而人事政治亦須依道而行，有天道下貫人道，皆須無為自然之意。此段與《莊子·至樂》一段相似：

> 天無為以之清，地無為以之寧，故兩無為相合，萬物皆化。芒乎芴
> 乎，而無從出乎！芴乎芒乎，而無有象乎！萬物職職，皆從無為殖。
> 故曰：「天地無為也，而無不為也。」人也，孰能得無為哉！（〈至
> 樂〉，頁421～422）

與帛書本《老子》相參照可知，「得一」即「無為」。帛書《老子》中的「得一」重在自然與政治相貫通，故從「天地」依序論述至「侯王」；〈至樂〉一段乃言萬物生成之無為自然，天地無為相合之說，隱約具有「氣」論陰陽二氣相合的意味。

《莊子》外雜篇中有「一」為「氣」的論述。〈知北游〉篇中，知問無為謂、狂屈、黃帝如何知道、安道、得道，黃帝回答：

〔註76〕《莊子·在宥》：「至道之精，窈窈冥冥；至道之極，昏昏默默。無視無聽，抱
　　　神以靜，形將自正。必靜必清，無勞女形，無搖女精，乃可以長生。目無所見，
　　　耳無所聞，心無所知，女神將守形，形乃長生。慎女內，閉女外，多知為敗。……
　　　我守其一以處其和，故我修身千二百歲矣，吾形未常衰。」《莊子集釋》，頁
　　　269。

生也死之徒，死也生之始，孰知其紀！人之生，氣之聚也；聚則為
生，散則為死。若死生為徒，吾又何患！故萬物一也，是其所美者
為神奇，其所惡者為臭腐；臭腐復化為神奇，神奇復化為臭腐。故
曰：「通天下一氣耳。」聖人故貴一。（〈知北遊〉，頁505～506）

〈知北遊〉明言死生為一氣聚散，氣為萬物之生命質素，故通天下萬物為一，
聖人因此「貴一」。可見，《莊子》外、雜篇中的「一」與「道」、「氣」的概念
相近相容，此與後來《老子》文本中「道生一」又「道一同」的狀況相近，皆
是戰國學術的思想特徵於《莊子》外雜篇及《老子》文本的呈現。而〈在宥〉、
〈刻意〉所指的「守一」即是「守道」，以修養論的角度，能體道之質純素樸，
並且抱靜守一，則可以長生，可謂「真人」。

　　「一」無論是作為《莊子》內七篇道境觀照下「道通為一」的「一」來看，
抑或是《莊子》外、雜篇萬物共同原質的「通天下一氣」來說，皆有泯去人為
造作，復歸原初自然的義涵。徐國峰說：

綜合各家的說法，有把「一」字解釋成氣、樸、身，或是人之真也；
另外則是直接把「抱一」解成「合一」。以上各說皆只是從今本的文
字來加以推測，若從近代出土的竹簡來看，在郭店竹簡《老子》中
有「視素保樸」這樣的句子，與今本中的「見素抱樸」有些微的不
同。古「保」、「抱」兩字因音近故可相通，其字意又相近，但「保
樸」一詞比較像是去保有本來就已存在的東西；「抱樸」比較像是去
持有外在的東西。以老子的思想來說，郭店竹簡的「保樸」一詞是
比「抱樸」為佳的。這麼一來，十章所說的「抱一」或能解釋成「保
一」，要人「去保有天生就具有的初始狀態」，此狀態與最初那種混
沌未分的狀態是一樣的、相同的。這也正是老子一貫要人去效法天
道的思想體系。〔註77〕

由徐國峰之論可知，帛書本中所見「守一」、「執一」、「得一」，其「一」皆可
視為素樸本真、無為自然之原初狀態。若以「氣」解釋「一」，是「氣」作為
宇宙原質生化萬物，萬物各自的原初狀態，於人而言便是《老子》的「嬰兒」、
「赤子」，《莊子》的「兒子」，於萬物乃為「天得一以清，地得一以寧，神得
一以靈，谷得一盈」；若以「道」解釋「一」，乃言「道」是去除人為造作對

〔註77〕參見徐國峰：〈論老莊思想中的數字「一」〉，《東方人文學誌》第7卷第2期
　　　　（2008年6月），頁87。

於素樸本性之戕害的「無為」，用於政治則成了「得一以為天下正」、「執一以為天下牧」。

至於失其修養，傷害素樸之性的狀況，〈天地〉篇中說：

> 百年之木，破為犧尊，青黃而文之，其斷在溝中。比犧尊於溝中之斷，則美惡有間矣，其於失性一也。跖與曾、史，行義有間矣，然其失性均也。且夫失性有五：一曰五色亂目，使目不明；二曰五聲亂耳，使耳不聰；三曰五臭薰鼻，困惾中顙；四曰五味濁口，使口厲爽；五曰趣舍滑心，使性飛揚。此五者，皆生之害也。（〈天地〉，頁316）

此段以百年之木破斷為器比喻，指出外在美醜雖有不同，其失性害生是沒有分別的，並以此說明盜跖與曾參、史鰌的外在行為有別，失性之實則無異。其論失性害生者有五：五色亂目、五聲亂耳、五臭薰鼻、五味濁口、趨舍滑心，所論皆為感官心知的接觸外物，受外物其牽引擾亂而導致傷損。這一段論述與帛書《老子》相似，茲引缺損較少之帛書乙本以為參照：

> 五色使人目盲，馳騁田臘（獵）使人心發狂。難得之貨，使人之行仿（妨）。五味使人之口（爽），五音使人之耳【聾】。是以聖人之治也，為腹而不為目。故去彼而取此。（帛書乙本，頁54）

此段亦言外物接於感官心知，對人是有傷損的。其中五色、五味、五音與〈天地〉相同，馳騁畋獵與趨舍滑心，皆是對心知作用的影響，可視為類似之論。明顯有異者僅在「難得之貨」與「五臭」。郭店《老子》中已有「難得之貨」一詞：

> 聖人谷（欲）不谷（欲），不貴難得之貨，孝（教）不孝（教），復眾之所华（過）。是古（故）聖人能尃（輔）萬勿（物）之自肰（然），而弗能為。（郭店甲組，頁112）

而帛書乙本亦有言：

> 不上賢，使民不爭；不貴難得之貨，使民不為盜；不見可欲，使民不亂。是以聖人之治也，虛其心，實其腹；弱其志，強其骨。恒使民無知無欲也，使夫知不敢弗為而已，則無不治矣。（帛書乙本，頁52～53）

郭店本與帛書本言「不貴難得之貨」，其旨皆在寡欲。《莊子‧天地》之言，重在存養性命的修身之義；而帛書《老子》此二段明顯轉化為治術，故皆歸

於「聖人之治」。在此一統治目的之前提下,「不貴難得之貨」轉為「使民不為盜」的統治手段,對〈天地〉篇中「五色」、「五音」、「五味」造成感官心知外馳之害,須有節制的修身論,亦轉而視為誘發人民慾望之物,強調「不見可欲,使民不亂」的治民之方。劉笑敢認為,老子思想具有將修養論與政治論混言不分的特色,他說:

> 老子的思想萌發於所謂軸心時代,其學說雖有突破性意義,但對於源遠流長的人類文明來說,還是尚未充分發展的萌芽階段。後來才有的各種學術分工,在老子時代並不存在。所以身心修煉和治理天下的事是一體的,因而老子也講到「抱一為天下式」。「抱一」的意義在那個時代不限於個人的身心合一的修煉。老子的修身仍有關心天下的精神取向,這一點與儒家相通,只是不如儒家那麼執著,那麼不顧一切。〔註78〕

對於帛書《老子》中,養身論多聯繫著政治論的原因,劉笑敢此說可備一格;另一種可能是,帛書《老子》受黃老之學影響,故呈現黃老治術之特色:存養形神是君術、治道的基礎,故論君術須兼養生與治道二端並論。

第三節 從政治思想論觀測

前一節所言的「一」除了作為修養論的概念外,帛書中本亦可見以「一」為行事施政的原則,如傳世本《老子》說「聖人抱一以為天下式」,帛書本則作「聖人執一以為天下牧」。〔註79〕黃釗以為「牧」當釋為「治」,其說可參。〔註80〕「執一」可解為「執道」之意,與「抱一」同意,皆是以「無為」之道治民,是聖人統治的最高原則。而承前一章所論,對「無為」的詮釋,是老子後學、莊子後學產生歧異之處。

一、小國寡民

帛書本《老子》中,最具政治思想的篇章,即是談論「小國寡民」的部分,

〔註78〕 參見劉笑敢:《老子古今——五種對勘與析評引論》,頁165。
〔註79〕 帛書本參見《馬王堆漢墓帛書》,甲本頁25,乙本頁57。
〔註80〕 黃釗:「王弼訓『式』字為『則』,即法則;河上公釋為『法式』。雖經義亦通,但不若帛書本釋『牧』字為『治』義長。」參見黃釗:《帛書老子校注》(北京:中華書局,1996年5月),頁341。

而此段文字幾乎重出於《莊子》一書：

> 小邦寡民，使十百人之器毋用，使民重死而遠送＜徙＞。有車周（舟）
> 無所乘之；有甲兵無所陳【之。使民復結繩而】用之，甘其食，美
> 其服，樂其俗，安其居。䣆（鄰）邦相墅（望），雞狗之聲相聞，民
> 【至老死不相往來。】（帛書甲本，頁9）

> 小國寡民，使有十百人器而勿用，使民重死而遠徙。又（有）周（舟）
> 車無所乘之，有甲兵無所陳之。使民復結繩而用之。甘其食，美其
> 服，樂其俗，安其居。䣥（鄰）國相望，雞犬之【聲相】聞，民至
> 老死不相往來。（帛書乙本，頁44）

> 子獨不知至德之世乎？昔者容成氏、大庭氏、伯皇氏、中央氏、栗
> 陸氏、驪畜氏、軒轅氏、赫胥氏、尊盧氏、祝融氏、伏犧氏、神農
> 氏，當是時也，民結繩而用之，甘其食，美其服，樂其俗，安其居，
> 鄰國相望，雞狗之音相聞，民至老死而不相往來。若此之時，則至
> 治已。（《莊子·胠篋》，頁252～253）

帛書甲、乙本未有文意上的差別，僅用字有不同。值得注意的是，對比《老
子》、《莊子》兩段文字，雖大多相同，《老子》中卻多了「使」字，作「使民
復結繩而用之」，袁青言《老子》與《莊子》間「使」字的有無，是「小國寡
民」文本詮釋的一大差異：

> 《老子》的「小國寡民」是一種統治術而非理想社會，不過《老子》
> 之後「小國寡民」的涵義發生變化，被普遍理解為國小、民寡，「小
> 國寡民」被當作道家的一種理想社會。……〈胠篋〉篇所說的「民
> 結繩而用之」，相比《老子》少了一「使」字，這就將《老子》「小國
> 寡民」所蘊含的治術之義加以消解。〔註81〕

袁青以為《莊子》文本在《老子》之後，故《莊子》消解本為治術的小國寡民
之意。就前後文來看，不難發現《莊子》較之《老子》，其文義脈絡較近於返
歸素樸社會之意，詳列上古驪畜氏、軒轅氏、赫胥氏、尊盧氏、祝融氏、伏犧
氏、神農氏時代為「至德之世」，判為「至治」。《莊子》他篇中亦多有以遠古
素樸之世為理想的說法；高華平亦認為此段文字似乎本就在《莊子》之中，尚
未被加入《老子》一書，且若為《莊子》引用《老子》之言，為何未如其他章

〔註81〕參見袁青：〈老子「小國寡民」新論〉，《中州學刊》2014年第4期，頁124～
128。

節以「故曰」作為提示。〔註82〕《莊子》書中以原始素樸的社會生活型態作為理想，反對文明累積、器物進步，是有跡可循的，如〈馬蹄〉、〈盜跖〉等篇皆可見。〔註83〕筆者以為，此段應原先即是莊子後學「無君派」之文獻，此後經過改動，才進入《老子》文本中。袁青認為具有治術部分，乃帛書本《老子》後出的特色，如：

> 故曰：為道者非以明民也，將以愚之也。民之難【治】也，以其知
> 【智】也。故以（知）智知邦，邦之賊也；不以（知）智知邦，【邦
> 之】德也。（帛書甲本，頁8～9）

帛書乙本無「故曰」二字，內容與甲本無文義差別，姑略不引。此段文字具有統治手段「愚民」之意味，帛書本此章後接傳世本第六十六章，亦談統治原則及技術之內容後，便是「小國寡民」一章。依寧鎮疆所言帛書章序的「同類集結」原則可知，「小國寡民」此章的改動，乃在《老子》成書過程中，有意或無意的狀況下，將之理解為政治目的的治術改寫而成的。而統治之目標，就帛書《老子》的內容看來，並非是返歸素樸社會的理想政治描述，而是近於權謀的純愚其民治術，故言「聖人之治，虛其心，實其腹；弱其志，強其骨。恒使民無知無欲也，使夫知不敢弗為而已，則無不治矣。」（帛書乙本，頁53）

莊子後學「無君派」對於老子思想的滲透，還見於對郭店甲組的改寫：

〔註82〕 高華平：「《莊子·胠篋》篇中還有一段與今本《老子》第80章相近的文字，曰『子獨不知至德之世乎……當是時也，民結繩而用之，甘其食，美其服，樂其俗，安其居，鄰國相望，雞狗之音相聞，民至老死而不相往來。』這一章不見於郭店楚簡《老子》之中，卻與今本《老子》第80章後半段基本相同。但《莊子》在這裡並未使用『故曰』提示是在引用《老子》。這似說明，今本《老子》第80章的內容此時雖已具備，但可能並未定型，也可能尚未被加入《老子》一書。」參見高華平：〈先秦《老子》文本的演變——由《韓非子》等戰國著作中的《老子》引文考考察〉，《中州學刊》總第274期（2019年10月），頁108。

〔註83〕 〈馬蹄〉：「夫至德之世，同與禽獸居，族與萬物並，惡乎知君子小人哉！同乎無知，其德不離；同乎無欲，是謂素樸；素樸而民性得矣。及至聖人，蹩躠為仁，踶跂為義，而天下始疑矣；澶漫為樂，摘僻為禮，而天下始分矣。故純樸不殘，孰為犧尊！白玉不毀，孰為珪璋！道德不廢，安取仁義！性情不離，安用禮樂！五色不亂，孰為文采！五聲不亂，孰應六律！夫殘樸以為器，工匠之罪也；毀道德以為仁義，聖人之過也。」（頁238）〈盜跖〉：「古者禽獸多而人少，於是民皆巢居以避之，晝拾橡栗，暮栖木上，故命之曰有巢氏之民。古者民不知衣服，夏多積薪，冬則煬之，故命之曰知生之民。神農之世，臥則居居，起則于于，民知其母，不知其父，與麋鹿共處，耕而食，織而衣，無有相害之心，此至德之隆也。」（頁682～683）

　　𢿱（絕）智（知）弃卞（辯），民利百怀（倍）。𢿱（絕）攻（巧）弃

　　利，䙷（盜）惻（賊）亡又（有）。𢿱（絕）𢟪（偽）弃慮，民复（復）

　　季（孝）子（慈）。（郭店《老子》甲組，頁111）

　　絕聲（聖）棄知（智），民利百負（倍）。絕仁棄義，民復畜（孝）茲

　　（慈）。絕巧棄利，盜賊無有。（帛書甲本，頁23）

此段文字的差異，在郭店本發表時即引發極大的討論。一派學者以為帛書本為
文本原狀，郭店《老子》是經改動的文本，如周鳳五認為郭店《老子》甲組是
「儒家化」之文本；〔註84〕程水金以為郭店本為抄手據帛書本竄改而來；〔註
85〕沈清松則以郭店本為受到儒家詮釋影響的《老子》版本；〔註86〕黃人二則
將郭店本視為「鄒齊儒者」的傳本。〔註87〕

〔註84〕周鳳五說：「郭店竹簡三組《老子》明顯有所刪節，都是儒家『援道入儒』的
　　　　產物。……文字經過修改，已經『儒家化』了的甲組《老子》可視同經典，但
　　　　竹簡要略短一些。」參見周鳳五：〈郭店竹簡的形式特徵及其分類意義〉，《郭
　　　　店楚簡國際學術研討會論文集》，頁54。

〔註85〕程水金認為：「尤其值得玩味的是，簡書《老子》甲組（也是抄寫者認為最為
　　　　重要的一組）劈頭一句便是『絕智棄辯，民利百倍』，與帛書及通行本《老
　　　　子》十四章『絕聖棄智，民利百倍』意義迥別，聯繫上述時代風氣，很難說
　　　　這不是出於簡書抄寫者的有意更改。眾所周知，除了個別無關緊要的文句之
　　　　外，簡書《老子》的突出異點是『絕智棄辯』與『絕偽棄詐』；帛書及通行本
　　　　《老子》作『絕聖棄智』、『絕仁棄義』。論者認為，這體現出帛書本或通行
　　　　本對簡本的發展。然而，事實恰恰相反，這正是簡抄本晚出的明顯徵標。老
　　　　子生當春秋末季，他極力抨擊的就是禮樂仁義的既往文化傳統。而至於戰國，
　　　　這種傳統已經蕩然無存。……當此『禮崩樂壞』『仁義』無存之際，抨擊『仁
　　　　義』未免無的放矢。相反，傳統反過了頭就要重新呼喚傳統。在這種時代氛
　　　　圍之中，簡書的抄寫者當然不會再反『仁義』，而是回過頭來矯枉過正。因
　　　　此他要『絕智棄辯』，他要『絕偽棄詐』。如果老子的時代就開始抨擊要到戰
　　　　國時代才出現的社會病，那才是不可思議的。可見認為帛書《老子》是簡書
　　　　《老子》的發展，正好本末倒置。」參見程水金：〈郭店簡書《老子》的性質
　　　　及其學術定位〉，《郭店楚簡國際學術研討會論文集》，頁503。

〔註86〕沈清松說：「郭店竹簡《老子》是一種受到儒家詮釋影響的《老子》版本，雖
　　　　屬迄今最早抄本，但既不是唯一的抄本，也很難說服我以之為最接近原本的
　　　　抄本。既謂一種抄本往往就是一種詮釋，文本引發思想，且針對文本的思想皆
　　　　應以文本為據，則我們可以說，郭店竹簡《老子》僅只是一出自儒家或儒家同
　　　　情者的抄本，此外，應還可以找到其他更多元的抄本。」參見沈清松：〈郭店
　　　　竹簡《老子》的道論與宇宙論——相關文本的解讀與比較〉，《哲學與文化》第
　　　　26卷第4期（1999年4月），頁315。

〔註87〕黃人二說：「依出土文獻之利用價值言，簡本《老子》是目前最接近《老子》
　　　　成書時代的一個本子。照道理說，文本內容應該是最接近《老子》原本之原

　　另一種說法反駁了郭店《老子》為「儒家化」或者「後出」的文本,認為帛書本《老子》書中對仁義的激烈批判方為後出,是出自郭店本至帛書本之間所改動的,部分學者更進一步推論為莊子等道家後學所改,如許抗生即言:「從整個簡本《老子》來看,反儒思想並不明顯,因此,我懷疑帛書本與今本『絕仁棄義』可能是莊子學派後來加進去的東西。」〔註88〕認同或主張此說的學者如陳鼓應〔註89〕、王中江〔註90〕、聶中慶〔註91〕以及丁原植〔註92〕,筆者亦以為此一說法較為妥切。抨擊「聖」、「知」、「仁」、「義」,實為莊子後學「無君派」思想之特徵,《莊子》外雜篇早有與之相應的載述:

　　吾未知聖知之不為桁楊椄槢也,仁義之不為桎梏鑿枘也,焉知曾、史之不為桀、跖嚆矢也,故曰:「絕聖棄知而天下大治。」(〈在宥〉,頁266)

　　絕聖棄知,大盜乃止;擿玉毀珠,小盜不起;焚符破璽,而民朴鄙;掊斗折衡,而民不爭;殫殘天下之聖法,而民始可與論議。(〈胠篋〉,頁250)

〈在宥〉一段批評聖智、仁義,將「絕聖棄智」視為達成天下大治的方式。〈胠

貌。但情形或許恰好相反。即簡本可能對《老子》原文做了很大的改動,是個改動很大、經過節選的儒者版本。而結合簡文加以探討,似可進一步認為應是鄒齊儒者之版本。」參見黃人二:〈讀郭簡《老子》並論其為鄒魯儒者之版本〉,《郭店楚簡國際學術研討會論文集》,頁493。

〔註88〕 參見許抗生:〈初讀郭店楚簡《老子》〉,《郭店楚簡研究》(《中國哲學》第20輯),頁99。

〔註89〕 陳鼓應:「簡本之『絕偽棄詐』,崇尚樸質的主張,與老、孔所處時代的風尚較為相應,而『絕仁棄義』的觀點當是受到莊子後學影響所致。」參見陳鼓應:〈從郭店簡本看《老子》尚仁及守中思想〉,《道家文化研究》第17輯,頁69。

〔註90〕 王中江:「對『聖』和『聖人』排擠最厲害的是《莊子》。其他《老子》傳本,也許是受了《莊子》的影響,亦未可知。」參見王中江:〈郭店竹簡《老子》略說〉,《郭店楚簡研究》(《中國哲學》第20輯),頁111。

〔註91〕 聶中慶:「傳統的觀點認為老子反對仁義,其實不然。老子不但不反對『聖』,亦不反對『仁義』。古史辨派認為老子生活時期,不應有如此激烈反對『仁義』的言詞,此懷疑是有道理的。春秋時期儒道間並未勢同水火,竹簡《老子》可說明這一點。今本『絕仁棄義』出現於戰國中期,應為莊學所為。」參見聶中慶:《郭店楚簡《老子》研究》,頁187~188。

〔註92〕 丁原植:「『絕仁棄義』觀念出現在《老子》中,似乎表明它經過某個道家後來學派思想的改造。因此,簡文無『絕仁棄義』這種激烈反人文的思想,似屬較古文本。」參見丁原植:〈郭店竹簡老子的出土及其特殊意義〉,《國文天地》第14卷第2期(1999年),頁39。

篋〉則列舉人文之世所崇尚、追求的事物，強調唯有毀棄它們，人民才能純樸不爭。另一處改寫則發生於丙組：

> 古（故）大道癹（廢），安（焉）又（有）息（仁）義。六新（親）不和，安（焉）又（有）孝孿（慈）。邦豪（家）緍（昏）□，安又（有）正臣。（郭店《老子》丙組，頁 121）

> 故大道廢，案有仁義。知（智）快（慧）出，案有大偽。六親不和，案有畜（孝）茲（慈）。邦家閽（昏）亂，案有正臣。（帛書甲本，頁23）

郭店丙組此段文字「安」字的解讀，影響了此章的義理傾向。劉釗言，其一是作疑問代詞，「哪裡」，「怎麼會」解，其二是作為連詞，「於是」、「則」解。〔註93〕就郭店丙本上文言「信不足，安有不信」來看，解為「於是」為佳。另外，帛書本出現「智慧出，案有大偽」一句，亦引發討論。池田知久就文本之並列形式，解讀此句置於文本中的不合理性，他說：

> 假如原文中存在有第二段。那麼，「大偽」也應當是一種相當正面的價值存在，「知快出」也必然指的是相當嚴重的惡性的社會基礎崩潰。但如果對「知快出，案有大偽」作這樣的解釋，則幾乎不可能吧。因此，筆者認為第二段當初在郭店楚簡丙本中並不存在，有其他三段文字已十分完整地構成一篇文章。〔註94〕

池田知久以文意脈絡，論證「智慧出，案有大偽」於郭店本中不存在，否則將難以解釋。裘錫圭也說：「此句應是在簡本之後的時代添加進去的，並非《老子》原本所有。老子並未以仁義、孝慈與大偽相提並論。」〔註95〕二位先賢之論甚為有理，筆者從之。

　　《莊子》外雜篇中，〈駢拇〉、〈馬蹄〉、〈胠篋〉及〈在宥〉上半部，其思想較為一致，呈現了戰國中後期莊學發展出反儒法、反治的「無君」思想。莊子後學無君派思想對於郭店《老子》「絕智棄辯」一段的改寫是明顯的。「絕聖棄智」的改寫及「智慧出，有大偽」的添入，時間可能在戰國晚期帛書本完成時，且取代、排擠了前此的《老子》傳本，使得如郭店《老子》的原初文本銷聲匿跡。

〔註93〕參見劉釗：《郭店楚簡校釋》（福州：福建人民出版社，2005 年），頁 39。

〔註94〕參見池田知久：〈尚處形成階段的《老子》最古本──郭店楚簡《老子》〉，《道家文化研究》第十七輯，頁 181。

〔註95〕參見裘錫圭〈郭店《老子》簡初探〉，《道家文化研究》第十七輯，頁 43。

二、反戰思想

　　學界向有以《老子》為兵書，謀略書的說法。就文本中來看，確實有言「兵」的篇章〔註96〕，然《老子》書中更多與談論用兵之法相矛盾，抨擊戰爭造成傷損的內容。呂文郁論《老子》書中言「兵」的矛盾之處，乃戰國時代環境所致，他說：

> 這種長期的、頻繁的、激烈的、大規模的戰爭對當時社會生活和人們的思想意識產生的影響是極其深刻的。展生於這個時代的百家之書，經常援引有關戰爭的材料來表達自己的思想，論證自己的學說，這不僅是正常的，而且是必然的。因此，老子雖然反對戰爭，害怕戰爭，然而它畢竟不能擺脫時代的影響，它不能不以戰爭為例來闡發自己的哲學思想。並非老子喜好談兵，而是時代決定它不能不談兵。〔註97〕

呂氏認為，身處於戰國時期的思想家，即便反對戰爭，亦無法避而不談，是故文本中多有看似矛盾之處。此論雖有其理，然預設了《老子》為一時一地一人之作，似有未妥。寧鎮疆論《老子》文本的思想轉向時，提到《老子》中許多增入的文本具有「實用」色彩，他說：

> 綜合以上增加的「重文複出」或注文，其思想上以下兩個特點應該引起我們充分的注意。首先就是它的「實用」色彩。儘管這些內容是後來加入的，但它們一旦「登堂入室」，實際上也暗示《老子》思想有了悄然的轉向，即更注重「實用」，向現實社會靠攏。這是有深刻的社會及學術背景的。我們不應該忘記，戰國中期以降，「黃」學以及援刑名、法術入老的「道法家」曾經非常活躍。相對於老學倡言道論，學者謂「黃」學則更偏向於實用的「技術」。而「道法家」的引法術、刑名作為治術，且也多言「兵」，可以說同樣擁有明顯的外在「事功」傾向。筆者因此以為，《老子》後來增入的這些「實用」色彩濃厚的文句，以及由之導致的「實用」轉向，可能正是受其時「黃」學特別是「道法家」思想濡染的結果。〔註98〕

〔註96〕傳世本《老子》言兵的篇章如第三十章、三十一章、四十六章、五十七章、六十七章、六十八章、六十九章、七十六章。

〔註97〕參見呂文郁：〈《老子》兵書說平議〉，呂文郁著：《先秦諸子蠡測》（北京：科學出版社，2018 年 9 月），頁 149～150。

〔註98〕參見寧鎮疆：《《老子》「早期傳本」結構及其流變研究》，頁 273～274。

寧氏以為，傳世《老子》中言「兵」之篇章，是重視外在「事功」的戰國時期，受黃老思潮的影響而增入的。筆者以為，寧氏之說更為妥切。

　　若說言「兵」的篇章為黃老思想之影響，則帛書《老子》中抨擊戰爭的篇章或文句，其來源又為何？筆者以為，其可能來自莊子後學的思想。《莊子》外、雜篇中多見抨擊戰爭的思想，如〈則陽〉篇中將諸侯藉由戰爭擴張土地，比喻為「蝸角之爭」，否定軍事行動價值的一段寓言：

　　惠子聞之而見戴晉人。戴晉人曰：「有所謂蝸者，君知之乎？」曰：「然。」「有國於蝸之左角者曰觸氏，有國於蝸之右角者曰蠻氏，時相與爭地而戰，伏尸數萬，逐北旬有五日而後反。」君曰：「噫！其虛言與？」曰：「臣請為君實之。君以意在四方上下有窮乎？」君曰：「無窮。」曰：「知遊心於無窮，而反在通達之國，若存若亡乎？」君曰：「然。」曰：「通達之中有魏，於魏中有梁，於梁中有王。王與蠻氏，有辯乎？」君曰：「無辯。」客出而君惝然若有亡也。（〈則陽〉，頁 611～612）

〈則陽〉所論，認為四方上下廣大無窮，而「伏尸數萬」的戰爭所擴張、攻佔的土地，僅為蝸角一般，乃宇宙大化中的微小土地，毫無價值。另外，〈盜跖〉篇藉由孔子與盜跖的對話，抨擊了黃帝及數名儒家推崇的君王引發戰亂：

　　古者禽獸多而人少，於是民皆巢居以避之，晝拾橡栗，暮栖木上，故命之曰有巢氏之民。古者民不知衣服，夏多積薪，冬則煬之，故命之曰知生之民。神農之世，臥則居居，起則于于，民知其母，不知其父，與麋鹿共處，耕而食，織而衣，無有相害之心，此至德之隆也。然而黃帝不能致德，與蚩尤戰於涿鹿之野，流血百里。堯、舜作，立群臣，湯放其主，武王殺紂。自是之後，以強陵弱，以眾暴寡。湯、武以來，皆亂人之徒也。今子脩文、武之道，掌天下之辯，以教後世，縫衣淺帶，矯言偽行，以迷惑天下之主，而欲求富貴焉，盜莫大於子。天下何故不謂子為盜丘，而乃謂我為盜跖？（〈盜跖〉，頁 682～683）

此段文字先述「至德之隆」，與前文所論的「至德之世」相近，是與萬物共處，無機心相害的純樸社會。其後言黃帝與蚩尤的涿鹿之戰，流血百里；湯放逐夏桀、周武王討伐商紂，都是恃強凌弱、以軍力優勢欺壓少數的暴行。此段文字將儒家推崇的聖君商湯、周武王，判定為兵禍戰亂的始作俑者，似承莊子後學

「無君」一系的思想而來。值得注意的是，以黃帝採取戰爭行動造成大量生命的殘害，言其不能致德，呈現了對戰爭的強烈批判。

這些莊子後學抨擊戰爭的思想，於戰國晚期時對《老子》文本產生影響。郭店《老子》中言「兵」的篇章如：

> 以衍（道）差（左）人宔（主）者，不谷（欲）以兵強於天下。（郭店甲組，頁 111）

> 以正之（治）邦，以戟（奇）甬（用）兵，以亡事取天下。（郭店甲組，頁 113）

> 君子居則貴左，甬（用）兵則貴右。古（故）曰兵者□□□□□□得已而甬（用）之。銛䤵為上，弗媺（美）也。歖（美）之，是樂殺人。夫樂□□□以得志於天下。古（故）吉事上左，喪事上右。是以下（偏）牐（將）軍居左，上牐（將）軍居右，言以喪豊（禮）居之也。古（故）殺□□，則以（哀）悲位（蒞）之；戰勳（勝）則以喪豊（禮）居之。（郭店丙組，頁 121）

依郭店本甲組文意來看，談及治國、用兵的原則有異，治國當以正道，用兵則重在出奇制勝，但亦強調有道者是不願以軍事武力逞強於天下。軍事行動是「不得以用之」，要以哀戚之情行之。對於軍事行動造成的人員傷亡，是必須心存哀悲，以喪禮看待的。由上可知，郭店本對於「兵」的態度並不全然否定，其所重視的，是用兵的態度須謹慎，切莫以勝為樂。而帛書本則有衍入描述戰亂景況或批判戰爭之文：

> 以道佐人主，不以兵強【於】天下。【其事好還，師之】所居，楚朸（棘）生之。善者果而已矣，毋以取強焉。（帛書甲本，頁 27）

> 以道佐人主，不以兵強於天下。其【事好還，師之所居，楚】棘生之。善者果而已矣，毋以取強焉。（帛書乙本，頁 59）

> 夫兵者，不祥之器【也。】物或惡之，故有欲者弗居。君子居則貴左，用兵則貴右，故兵者非君子之器也。（帛書甲本，頁 27）

> 夫兵者，不祥之器也。物或亞（惡）【之，故有欲者弗居。君】子居則貴左，用兵則貴右，故兵者非君子之器。（帛書乙本，頁 60）

帛書甲本、乙本較郭店本多出了批判戰爭的文字「師之所居，楚棘生之」，應

為後人增入〔註99〕，言軍隊駐紮之處，農地荒蕪，荊棘叢生，乃是描述軍事行動帶來的損害。三十一章開頭多出「夫兵者，不祥之器也，物或惡之，故有欲者弗居」，黃釗以為「有欲者」當是「有裕者」，乃音近通假，與傳世本「有道者」義同，即「有道者不居」。〔註100〕中間又言「兵者非君子之器」。前者強調了用兵之害，後者則以有道者、君子對兵持反對態度，不用此「不祥之器」，可看出帛書本增入的部分，否定用兵的意味較郭店本為強。

除了增入之外，帛書本亦有延伸郭店本思想，以之批判戰爭之例：

> 皋（罪）莫亀〈厚〉虘（乎）甚欲，咎莫僉（憯）虘（乎）谷（欲）
> 得，化（禍）莫大虘（乎）不智（知）足。智（知）足之為足，此互
> （恆）足矣。（郭店甲組，頁 111）

郭店《老子》此段所言，罪咎，災禍多起於多欲、貪得而不知足，故強調知足寡欲。帛書本於此段之前，增入了「天下有道，【卻】走馬以糞。天下無道，戎馬生於郊。」（帛書甲本，頁 3）「走馬」為健壯善奔之馬，天下有道之時，良馬亦可用於農事；「戎馬」乃戰爭所用之馬，天下無道則馬皆用於郊野作戰。此段似為批判無道之君興起戰爭，本可用於利民耕種的馬，反用於戰爭造成傷亡。而其後的知足之論，似作為勸說統治者知足，不可為私利致使百姓獲罪遭禍。

由上述〈則陽〉、〈盜跖〉引文可知，莊子後學中某些學者，具有否定戰爭可獲致利益的思想。此種反戰思潮的興起，應與戰國征伐死傷日益慘重有關，如《戰國策》中說：「國異政教，各自制斷，上無天子，下無方伯，力功爭強，勝者為右，兵革不休，詐偽並起。」〔註101〕可見戰國時代以武力爭勝的景況。戰國中期以前的郭店《老子》文本，尚不到如此慘況，故這些抨擊戰爭的文字，可能是戰國中晚期，隨莊子後學的流傳，漸漸滲透入帛書《老子》之中。帛書《老子》之中雖有近於論述用兵原則的篇章，卻亦有與之矛盾，批判戰爭、否定戰爭利益的篇章，其來源可能是戰國時期莊學抨擊戰爭的思想。

〔註99〕許抗生說：「帛書本、今本的『其事好還』以及『其事好還』之後的『師之所居，（或作處），楚（或作荊）棘生焉』；『大軍之後，必有兇年』等等，可能皆是後人增纂進去的。」參見許抗生：〈初讀郭店竹簡《老子》〉，《郭店楚簡研究》（《中國哲學》第 20 輯），頁 101。

〔註100〕黃釗：「按『欲』字當假為『裕』，……準此諸例，足證甲、乙本『欲』字當讀作『裕』，『故有欲者不居』，猶今本所言『故有道者不處』也。此乃謂有道者不自處其穢也。」參見黃釗：《帛書老子校注》，頁 341。

〔註101〕參見高誘注：《戰國策》（上海：商務印書館，1934 年），頁 2。

三、黃老治術

「黃帝」一詞雖未於《老子》文本出現，然部分章節似受戰國黃老思潮影響，此已多有學者指出。如前一節末所引寧鎮疆之論即指出，在《老子》文本形成傳世本樣貌的過程中，添入了許多「實用色彩」的文本，其來源可能就是黃老之學。

盧桂珍則就出土文獻中，對應傳世本《老子》第十六章的文本研判，認為其由郭店本「至虛，互（恆）也；歔（守）中，篤（篤）也。萬物方（旁）复作，居以須復也」（郭店甲組，頁112），轉變為帛書本「至虛極也，守情（靜）表也。萬物旁（並）作，吾以觀其復也」（帛書甲本，頁23），乃是因為黃老思潮影響之故。〔註102〕前一節中修養論的討論，亦指出帛書《老子》將原是養生存神之論，轉而為治術之用，相當符合黃老治術的特徵。

除此之外，《莊子・知北遊》篇中的黃帝寓言，與《老子》文本之間之關係尤值得注意：

> 黃帝曰：「彼無為謂真是也，狂屈似之，我與汝終不近也。夫知者不言，言者不知，故聖人行不言之教。道不可致，德不可至。仁可為也，義可虧也，禮相偽也。故曰：『失道而後德，失德而後仁，失仁而後義，失義而後禮。禮者，道之華而亂之首也。』故曰：『為道者日損，損之又損之，以至於無為，無為而無不為也。』今已為物也，欲復歸根，不亦難乎！其易也，其唯大人乎！生也死之徒，死也生之始，孰知其紀！人之生，氣之聚也；聚則為生，散則為死。若死生為徒，吾又何患！故萬物一也，是其所美者為神奇，其所惡者為臭腐；臭腐復化為神奇，神奇復化為臭腐。故曰：『通天下一氣耳。』聖人故貴一。」（〈知北遊〉，頁505～506）

此段寓言藉黃帝之口闡述聖人處世之道。過去研究者多就「故曰」一詞，以為乃引用《老子》書之言，然而就此段來看，似乎有待斟酌。〈知北游〉此段文字乃藉黃帝之口談論，而「故曰」後所引之文本，皆不見郭店《老子》甲組之內容，與之近似者僅「知者不言，言者不知，故聖人行不言之教」、「今

〔註102〕 盧桂珍以為「守中」變為「守靜」，乃是因受稷下學派重修心養氣、形心交養之說影響；後文則是抄者受黃老思潮影響，將「須復」判讀為「顧復」，再因形近訛誤、音近通假，再變「顧復」為「觀復」。詳說參見盧桂珍：〈《老子》十六章文本研究與意義詮釋〉，《東華人文學報》第20期（2012年1月），頁1～32。

已為物也，欲復歸根，不亦難乎」兩段，詞語與郭店甲組相關，卻未明標「故曰」，只是發揮其義理而已；三處明言「故曰」之處，「失道而後德」一段不見於郭店本，「通天下一氣耳」則未見於各種《老子》文本，而「為道者日損，損之又損，以至於無為，無為而無不為也」則見於郭店乙組。谷中信一認為，此段是「黃老思想在戰國齊地與儒家的對立日益加深時期著述的」，並「假托是黃帝的言論，後來被添加進了《老子》中」。〔註103〕

藉「黃帝」援引傳世本所見之《老子》書內容的狀況，亦見於《列子》一書中。〈天瑞〉篇提到「黃帝」之書內容，卻為傳世本《老子》篇章的狀況：「《黃帝書》曰：『谷神不死，是謂玄牝。玄牝之門，是謂天地之根。綿綿若存，用之不勤。』」〔註104〕寧鎮疆認為，此一現象，呈現了帛書《老子》文本來源的複雜性與多元性，他說：

> 《列子》其他處引《老子》的話，均標明「老子曰」或「老聃曰」，
> 而此處偏偏云「《黃帝書》」，筆者懷疑今本《老子》六章的原始出處
> 似應該是《黃帝書》，只是後來才為《老子》所襲。此處「黃」與「老」
> 之間的相互出入，其實正反映了「黃」與「老」在知識背景上千絲
> 萬縷的關係。……《老子》與其他典籍的「諸書互見」現象，從橫
> 的方向上說，反映了此類古書最初材料來源的多元化；從縱的方向
> 上說，也反映此類古書在內容上存在斷續「增補」、不斷完善的特徵。
> 具體到《老子》，它告訴我們：即使從內容的完整性角度講，《老子》
> 也是「歷時性」的，有個漸次「成書」的過程。〔註105〕

筆者以為，此狀況有兩種可能。其一，即谷中信一以及寧鎮疆的觀點，帛書《老子》之文，是從〈知北遊〉的黃帝言或《列子》援引《黃帝書》文本，於戰國時期黃帝傳說與老學合流時，逐漸增入《老子》文本中；其二，可能帛書《老子》與《莊子・知北遊》、《列子・天瑞》有共同的文本來源，而此一來源於當時尚未成為《老子》文本。何者為確，則尚待更多出土文獻的面世，或傳世文獻的深入研究。

〔註103〕 參見谷中信一：〈從郭店《老子》看今本《老子》的完成〉，《郭店楚簡學術研討會論文集》，頁443。

〔註104〕 參見楊伯峻：《列子集釋》（北京：中華書局，1979年），頁3～4。

〔註105〕 參見寧鎮疆：《《老子》「早期傳本」結構及其流變研究》，頁257～258。

第五章　結　論

　　目前所見的《老子》先秦傳本有二：形成期的郭店《老子》甲、乙、丙三組和成型期的帛書《老子》甲、乙本（漢簡《老子》當亦屬成型期，然其入葬時間推定較馬王堆帛書晚，故以帛書本為代表）。兩種文本之差異所呈現的戰國發展，與戰國中期後流傳的莊子後學之關聯為何？實乃本文研究之核心問題。

　　就本文第二章所論，郭店《老子》甲、乙、丙三組非五千言之摘抄本，在墓葬當時，三組《老子》尚未被視為具整體性的《老子》文獻，故應視為三種不同性質的老學著作：甲組地位最高，可能為老子親著，或是最接近原初《老子》書的文本，其性質近於「經」，從現存甲組簡文中的分章符號來看，可分為兩篇，可能是後世《老子》文本分為上經、下經（或德經、道經）的根據；乙、丙二組地位不如甲組，可能為老學相關的「經說」或「傳注」。郭店乙組可能為老子之言或後學之說的輯錄；而簡制相同的〈太一生水〉與郭店丙組合為一編，則是戰國時期受郭店甲組的老子學說影響，楚地陰陽數術派的著作。而後者三組《老子》的內容，加之刪去〈太一生水〉生成論的部分文本，經戰國中晚期不斷擴充後，成為帛書本《老子》。

　　此種彙編成書的方式，與《莊子》類似。《莊子》文本於戰國時期，多是以「篇」的方式流傳，至漢代後方才集結成書。《莊子》內七篇與郭店《老子》甲組相近，作為一派思想的核心文本；〈刻意〉則似郭店乙組般，為片段輯錄的文本；而外雜篇中，前後較為通貫的篇章，則與〈太一生水〉與丙組合編的文本相似，為該學派的後學之著作。

　　就郭店《老子》中的思想特色看來，「先天地生」的「道」，尚未有創生之源的概念，而是老子「見周之衰」，禮壞樂崩之際，標舉「道」取代周文化「天」的角色，成為政權遞嬗的新準則，並為治世的指導原則。其後以此開展了「知足」、「寡欲」、「無為」、「抱樸」、「居下」的養身處世之說。

　　約於戰國時期寫成的〈太一生水〉，可推測為楚地學者的著作。〈太一生水〉揉合楚文化的「太一」崇拜、尚「水」意識，與郭店《老子》甲組的「道」，建構了一套創生論。其表述結構與戰國時期的諸多創生論著作一致，先論本體創生，後論人事政治之用。其論人事之用的部分，在帛書《老子》前的編輯工作中，進入了《老子》文本，如第七十七章、七十八章可能即是承〈太一生水〉而來。以「水」為創生之說的部份被刪去，可能即莊子後學參與《老子》編輯工作所致。

　　從《莊子》外雜篇觀察，「道」、「氣」、「一」三者皆有相互涵攝之處。「道」具創生義、根源義，或治世之法則，自然之規律；「氣」則多指涉萬物之原質、創生之作用、生命之動力等。「一」則常用以言「道」與「氣」之特性，無分別、對立相，具總體義、存有義，亦用以指稱反歸於道的觀照下，無有分別，泯去對立的道境。在戰國時期「氣論」的哲學意涵有很大的擴充，並為戰國各家思想所吸納。

　　傳世本《老子》第四十二章的生成論，於帛書本已見。就其思想特徵觀察，當是在郭店《老子》後逐漸發展而成。其原始概念奠基郭店本中「天下之物生於有，有生於無」，論述的模式與〈凡物流形〉中「一生二、二生三、三生母（四），母（四）成結」句句頂真，層層遞生的形式相近，以「道」為創生之源，以「一生二、二生三」為自無到有，則是詮釋《莊子‧齊物論》「自無適有，以至於三」所確定，「三生萬物」則是「天下之物生於有」的原始概念延伸。創生論述之後「萬物負陰抱陽，沖氣以為和」一句，有以「氣」為核心的宇宙論的意味。

　　在戰國的學術發展趨勢下，刪去「水生說」的創生論，代之以具氣論基礎的「道生一」章，是相當可能的。筆者以為，這一個《老子》文本上的取捨的安排，是重視「氣論」的莊子後學參與其中所致。此為莊子後學影響帛書《老子》文本形成之一。

　　就修養論而言，郭店《老子》中無「一」等同於「道」的論述，亦無與全神養身有關之「一」。到了帛書《老子》，多見「抱一」、「得一」、「執一」之論，

若就莊子後學以「氣一同」的詮釋向度來看，則是強調復歸萬物的「自然」狀態，於人而言便是《老子》中的「嬰兒」、「赤子」，《莊子・庚桑楚》中的「兒子」，於天地乃為「天得一以清，地得一以寧，神得一以靈，谷得一以盈」。以「道一同」的詮釋向度而言，「道」是去除人為造作或可欲之物對於素樸本性之戕害的「無為」之法，於《莊子》言是避免「五色亂目」「五聲亂耳」「五臭薰鼻」「五味濁口」以及「趣舍滑心」。以「一」論「道」，是為莊子後學影響帛書《老子》文本形成之二。

就對軍事戰爭而言，郭店《老子》僅有對用兵謹慎、以奇用兵的原則之說，而帛書本則增入不少批判戰爭之文句。就《莊子》外雜篇中〈則陽〉、〈盜跖〉二篇多有否定戰爭可以獲致利益的思想，此思想應與戰國征伐益發頻繁有關。是故，帛書《老子》中抨擊戰爭的文字，可能即是隨莊子後學的流傳，漸漸滲透入帛書《老子》之中的。對於用兵態度的在文本中矛盾的狀況，乃莊子後學影響帛書《老子》文本形成之三。

就政治論的角度觀察，外雜篇中「無君派」與「黃老治術」恰為兩端。《莊子》外雜篇中，〈駢拇〉、〈馬蹄〉、〈胠篋〉及〈在宥〉各篇呈現的「無君派」思想，反對一切統治技術，對於儒家推崇的德目、價值成為統治者的工具，殘害人民情性的狀況大力抨擊，嚮往「至德之世」素樸的原始社會形態。「反儒」色彩的「絕聖棄智」及「智慧出，有大偽」的改寫、添入，〈胠篋〉描述至德之世的文本，是為莊子後學影響帛書《老子》文本形成之四。

黃老治術則已是將天道、人道通而為一，以無為處世治人，以虛靜、恬淡全神養生，並在政治應用目的下，大量涵納了儒、墨、法家的思想，用以充實治國之手段。就帛書《老子》文本觀察，其所受黃老之學的影響，實難確知來自稷下學術集團，抑或莊子後學的黃老一派。就筆者本論文之重點，乃在於從《莊子》外雜篇觀察道家學術在戰國中期至晚期的思想特徵，並以此討論帛書《老子》較之郭店本增加的部分，有多少成分來自莊子後學？是故，本文僅討論《莊子・天地》黃帝寓言及《老子》文本相關之處，並未確知其中是否有思想上的因承。

本文以學術史的角度討論《老子》文本受莊子後學影響之可能，主要乃基於思想特徵的因承關係，作一自圓其說的推論。至於莊子後學影響《老子》文本形成之具體原因或實際方式，則尚待更多出土材料或證據來進一步探究。寧鎮疆之說，可作為一種可能的狀況：

筆者感覺，這種經竄改的本子之所以能夠流傳下來，「優勢」之外，還應該有其他因素，比如學派間的口傳心授。這當中，最關鍵的是「業師」的選擇。當「業師」迅速接受（很可能有的新本子即為這些「業師」所手訂）新的本子，並以之在學派間教授、傳習的時候，由於「家法」或「師承」的關係，這種新的本子就會擁有相當的「權威性」，並因此以很快的速度傳播開來。〔註1〕

將寧氏之說置於本文的論點推衍，則莊子後學影響《老子》文本形成之具體原因，即是為了傳授老學之用而編訂，此一編訂本對於帛書《老子》的成型影響很大，或者說，此一編定本即為帛書《老子》的祖本之一。

誠如大部分學者所論，先秦《老子》文本流傳之情況應相當複雜。令人懷疑的是，若當時有多種傳本流傳，何以僅受到改動後，有「反儒」思想的文本受到保留，流傳至今。足見受莊子後學「無君派」改動的《老子》文本出現後，具有相當的「權威性」，未有人據他本再將「反儒」之文句勘改回較古樸的郭店本原貌。

就《老子》文本變化觀察，戰國老學思想的脈絡，即是對「自然」義詮釋的歧出。自老學標舉天地形成之前，已有一符合自然律則的「道」。由此一自然的律則，推衍為宇宙萬物如何生成之建構，是為宇宙論及創生論；將之落實於人事之用轉為「自然無為」。「無為」用以養形，則多崇尚人的原初狀態，精氣充盛，與物無傷，如赤子、嬰兒；「無為」用以養神，則以精神的虛靜為上，存神而保真。「無為」用於理想政治的推闡，則可分為兩端：一、反對一切統治手段的無君思想。二、法天治人、因循時變的黃老治術。

戰國時期對於老子「道」的各種推衍、應用，於戰國晚期又「海納百川」般收攝於《老子》之中。是故，僅五千言的《老子》一書，「道」的哲學可謂博大精深之論，君人南面之術，得傳於萬世而讀之不厭。

〔註 1〕參見寧鎮疆：《《老子》「早期傳本」結構及其流變研究》，頁 263。

參考書目

一、古籍

(一) 傳世文獻 (按朝代排序)

1. 〔周〕左丘明撰、〔漢〕韋昭注、明潔輯評,《國語》(上海:上海古籍出版社,2008 年)。
2. 〔周〕老子撰、〔魏〕王弼等著:《老子四種》(台北:大安出版社,1999 年)。
3. 〔周〕老子撰、〔魏〕王弼注、樓宇烈校釋:《老子道德經注校釋》(北京:中華書局,2008 年 12 月)。
4. 〔周〕莊周撰、〔清〕郭慶藩集釋:《莊子集釋》(臺北:商周出版,城邦文化出版社,2018 年 1 月)。
5. 〔周〕列禦寇撰、楊伯峻集釋:《列子集釋》(北京:中華書局,1979 年)。
6. 〔漢〕劉安撰、高誘注,根據武進莊氏本校刊:《淮南子》(台北:中華書局,1983 年)。
7. 〔漢〕司馬遷撰、瀧川龜太郎考證:《史記會注考證》(台北:萬卷樓出版社,1999 年)。
8. 〔漢〕劉向撰、高誘注:《戰國策》(上海:商務印書館,1934 年)。
9. 〔東漢〕班固:《漢書》(台北:藝文印書館,1955 年)。
10. 〔東漢〕許慎:《說文解字》(天津:天津古籍出版社,1991 年 6 月)。

(二) 出土文獻 (按出版年月排序)

1. 北京大學出土文獻研究所編:《北京大學藏西漢竹書·貳》(上海:上海古籍出版社,2012 年 12 月)。

2. 荊門市博物館編：《郭店楚墓竹簡》（北京：文物出版社，1998 年 5 月）。

3. 馬王堆漢墓帛書整理小組編：《馬王堆漢墓帛書《老子》》（北京：文物出版社，1976 年）。

4. 馬王堆漢墓帛書整理小組編：《馬王堆漢墓帛書》（北京：文物出版社，1974 年）。

二、研究專著

（一）簡帛總論類（依出版年月排列）

1. 馮勝君：《二十世紀古文獻新證研究》（濟南：齊魯書社，2006 年）。

2. 池田知久著、曹峰譯：《池田知久簡帛研究論集》（北京：中華書局，2006 年）。

3. 劉祖信、龍永芳編著：《郭店楚簡綜覽》（台北：萬卷樓出版社，2004 年）。

4. 駢宇騫：《簡帛文獻概述》（台北：萬卷樓出版社，2005 年）。

5. 饒宗頤：《新出土文獻論證》（上海：上海古籍出版社，2005 年）。

6. 廖名春：《新出楚簡試論》（台北：臺灣古籍出版社，2001 年）。

7. 駢宇騫、段書安：《本世紀以來出土簡帛概述》（台北：萬卷樓出版社，1999 年）。

（二）簡帛《老子》校注類（依出版年月排列）

1. 魏元珪：《竹簡老子》（台中：賴志岳，2020 年 7 月）。

2. 陳錫勇：《郭店楚簡老子論證〔增補本〕》（台北：國家出版社，2020 年 1 月）。

3. 裘錫圭：《長沙馬王堆漢墓簡帛集成‧肆》（北京：中華書局，2014 年 6 月）。

4. 陳鼓應：《老子今註今譯及評介》（台北：臺灣商務印書館，2013 年 6 月）。

5. 彭裕商、吳毅強：《郭店楚簡《老子》集釋》（成都：巴蜀書社，2011 年 10 月）。

6. 丁四新：《郭店楚竹書《老子》校注》（武漢：武漢大學，2010 年）。

7. 李零：《郭店楚簡校讀記（增訂本）》（北京：中國人民大學出版社，2007 年 8 月）。

8. 尹振環：《帛書老子再疏義》（北京：商務印書館，2007 年 5 月）。

9. 鄧各泉：《郭店楚簡老子釋讀》（長沙：湖南人民出版社，2005 年 3 月）。

10. 聶中慶：《郭店楚簡《老子》研究》（北京：中華書局，2004 年）。

11. 廖名春：《出土簡帛叢考》（武漢，湖北教育出版社，2004 年）。

12. 廖名春：《郭店楚簡老子校釋》（北京：清華大學出版社，2003 年 6 月）。

13. 劉釗：《郭店楚簡校釋》（福州：福建人民出版社，2003 年）。

14. 陳偉：《郭店竹書別釋》（武漢：湖北教育出版社，2003 年）。

15. 徐志鈞：《老子帛書校注》（上海：學林出版社，2002 年）。

16. 朱謙之：《老子校釋》（北京：中華書局，2000 年 8 月）。

17. 彭浩：《郭店楚簡老子校讀》（武漢：湖北人民出版社，2000 年 1 月）。

18. 魏啟鵬：《楚簡《老子》柬釋》（台北：萬卷樓出版社，1999 年）。

19. 劉信芳：《荊門郭店楚簡《老子》解詁》（台北：藝文印書館，1999 年）。

20. 侯才：《郭店楚墓竹簡老子校讀》（大連：大連出版社，1999 年）。

21. 戴維：《帛書老子校釋》（湖南：岳麓書社，1998 年）。

22. 丁原植：《郭店竹簡老子釋析與研究（增修版）》（台北：萬卷樓出版社，1999 年）。

23. 高明：《帛書老子校注》（北京：中華書局，1996 年 5 月）。

24. 黃釗：《帛書老子校注析》（台北：臺灣學生書局，1991 年）。

25. 許抗生：《帛書老子注譯及研究》（杭州：浙江人民出版社，1985 年）。

（三）簡帛《老子》思想類（依出版年月排列）

1. 陳師麗桂：《近四十年出土簡帛文獻思想研究》（台北：五南出版社，2013 年）。

2. 劉笑敢：《老子古今——五種對勘與析評引論》（北京：中國社會科學出版社，2006 年）。

3. 寧鎮疆：《《老子》「早期傳本」結構及其流變研究》（上海：學林出版社，2006 年 5 月）。

4. 邢文：《著乎竹帛——中國古代思想與學派》（台北：蘭臺出版社，2005 年）。

5. 邢文編譯：《郭店老子與太一生水》（北京：學苑出版社，2005 年）。

6. 鄭剛：《楚簡道家類文獻辨證》（汕頭：汕頭大學出版社，2004 年）。

7. 韓祿伯：《簡帛老子研究》（北京：學苑出版社，2004 年）。

8. 李若暉：《郭店竹書《老子》論考》（濟南：齊魯書社，2004 年）。

9. 李零：《簡帛古書與學術源流》（北京：三聯書局，2004 年）。

10. 朱心怡：《天之道與人之道——郭店楚簡儒、道思想研究》（台北，文津出版社，2004 年）。

11. 劉樂賢：《簡帛數術文獻探論》（武漢：湖北教育出版社，2003 年）。

12. 林素英：《從郭店簡探究其倫常觀念》（台北：萬卷樓出版社，2003 年）。

13. 郭沂：《郭店竹簡與先秦學術思想》（江蘇：上海教育出版社，2001 年）。

14. 尹振環：《楚簡老子辨析——楚簡與帛書《老子》的比較研究》（北京：中華書局，2001 年）。

15. 丁四新：《郭店楚墓竹簡思想研究》（北京：東方出版社，2000 年）。

16. 崔仁義：《荊門郭店楚簡《老子》研究》（北京：北京科學技術出版社，1998 年）。

17. 尹振環：《帛書《老子》釋析》（貴陽：貴州人民出版社，1995 年）。

（四）《莊子》思想類（依出版年月排列）

1. 吳怡：《新譯莊子內篇解義》（台北：三民書局，2004 年 1 月）。

2. 劉榮賢：《莊子外雜篇研究》（台北：聯經出版社，2004 年）。

3. 池田知久著、黃華珍譯：《莊子「道」的思想及其演變》（台北：國立編譯館，2001 年）。

4. 莊萬壽：《莊子史論》（台北：萬卷樓出版社，2000 年）。

5. 黃華珍：《莊子音義研究》（北京：中華書局，1999 年）。

6. 封思毅：《莊子詮言》（台北：臺灣商務印書館，1997 年）。

7. 劉笑敢：《兩種自由的追求：莊子與沙特》（台北：正中書局，1994 年）。

8. 鄭世根：《莊子氣化論》（台北：臺灣學生書局，1993 年）。

9. 陳德和：《從老莊思想詮詁莊書外雜篇的生命哲學》（台北：文史哲出版社，1993 年）。

10. 劉笑敢：《莊子哲學及其演變》（北京：中國社會科學出版社，1993 年）。

11. 錢穆：《莊子纂箋》（台北：東大圖書公司，1985 年 11 月）。

12. 陳鼓應：《莊子今註今譯》（台北：臺灣商務印書館，1984 年 3 月）。

13. 葉海煙：《莊子宇宙論試探》（台北：嘉新水泥公司文化基金會，1979 年）。

14. 蔡明田：《莊子的政治思想》（台北：牧童出版社，1974 年）。

15. 張默生：《莊子新釋》（台北：樂天出版社，1971 年）。

（五）道家思想類（依出版年月排列）

1. 陳師麗桂：《《老子》異文與黃老要論》（台北：五南圖書出版公司，2020年7月）。

2. 〔日〕陳漢生著、周景松等譯：《中國思想的道家之論：一種哲學解釋》（南京：江蘇人民出版社，2020年5月）。

3. 蕭振聲：《老子之人性論與無名思想》（台北：萬卷樓出版社，2018年12月）。

4. 楊穎詩：《老子思想詮釋的開展：從先秦到魏晉階段》（台北：文史哲出版社，2017年3月）。

5. 王中江：《出土文獻與道家新知》（北京：中華書局，2015年11月）。

6. 劉笑敢：《老子：年代新考與思想新詮》（台北：東大圖書公司，2015年）。

7. 王邦雄：《老子十二講》（台北：遠流出版公司，2011年）。

8. 吳怡：《新譯老子解義》（台北：三民書局，2010年）。

9. 張鴻愷：《先秦至漢初老子思想之發展與變遷》（台北：萬卷樓出版社，2009年）。

10. 王邦雄：《老子的哲學》（台北：東大圖書公司，2006年）。

11. 陳德和：《道家思想的哲學詮釋》（台北：里仁書局，2005年）。

12. 方東美：《原始儒家道家哲學》（台北：黎明文化事業股份有限公司，2005年）。

13. 王增田：《黃老治道及其實踐》（廣州：中山大學出版社，2005年）。

14. 陳鼓應：《管子四篇詮釋——稷下道家代表作》（台北：三民書局，2003年）。

15. 呂錫琛：《道家道教與中國古代政治》（湖南：湖南人民出版社，2002年）。

16. 熊鐵基：《秦漢新道家》（上海：上海人民出版社，2001年）。

17. 朱哲：《先秦道家哲學研究》（上海：上海人民出版社，2000年）。

18. 丁原明：《黃老學論綱》（濟南：山東大學出版社，2000）。

19. 白奚：《稷下學研究——中國古代的思想自由》（北京：三聯書店，1998年）。

20. 張運華：《先秦兩漢道家思想研究》（吉林：吉林教育出版社，1998年）。

21. 陳鼓應：《易傳與道家思想》（北京：三聯書店，1997年）。

22. 王博：《老子思想的史官特色》（台北：文津出版社，1993年）。

23. 陳鼓應：《老莊新論》（上海：上海古籍出版社，1992 年）。

24. 錢穆：《莊老通辨》（台北：東大圖書股份有限公司，1991 年）。

25. 陳師麗桂：《戰國時期的黃老思想》（台北：聯經出版社，1991 年）。

26. 楊儒賓：《先秦道家「道」的觀念的發展》（台北：國立臺灣大學出版中心，1987 年）。

27. 吳光：《黃老之學通論》（浙江：浙江人民出版社，1985 年）。

（六）其他（依出版年月排列）

1. 蔣重躍：《道的生成與本體化：論古代中國的本體思想》（成都：四川人民出版社，2021 年 3 月）。

2. 〔日〕武內義雄著、汪馥泉譯：《中國哲學小史》（北京：民族與建設出版社，2017 年 6 月）。

3. 高華平：《先秦諸子與楚國諸子學》（北京：北京師範大學出版社，2016 年 4 月）。

4. 〔日〕谷中信一著、孫佩霞譯：《先秦秦漢思想史研究》（上海：上海古籍出版社，2015 年 12 月）。

5. 徐炳主編：《黃帝思想與先秦諸子百家》（北京：社會科學文獻出版社，2015 年 3 月）。

6. 吾淳：《中國哲學的起源：前諸子時期觀念、概念、思想的發生發展與成型的歷史（修訂本）》（上海：上海人民出版社，2015 年）。

7. 余英時：《論天人之際：中國古代思想起源試探》（台北：聯經出版社，2014 年）。

8. 李澤厚：《說巫史傳統》（上海：上海譯文出版社，2012 年）。

9. 曾春海：《先秦哲學史》（台北：五南圖書出版公司，2010 年 10 月）。

10. 鄧國光：《聖王之道：先秦諸子的經世智慧》（北京：中華書局，2010 年 5 月）。

11. 〔日〕池田知久著、王啟發、曹峰譯：《道家思想的新研究：以《莊子》為中心》（鄭州：中州古籍出版社，2009 年 5 月）。

12. 李存山：《氣論與仁學》（鄭州：中州古籍出版社，2009 年 5 月）。

13. 鄭吉雄：《觀念字解讀與思想史探索》（台北：臺灣學生書局，2009 年）。

14. 郭沫若：《十批判書》（北京：中國華僑出版社，2008 年 2 月）。

15. 勞思光：《新編中國哲學史》（台北：三民書局，2007 年 1 月）。

16. 馮時：《中國古代的天文與人・弁言》（北京：中國社會科學出版社，2006 年）。

17. 馮鐵流：《先秦諸子學派源流考》（重慶：重慶出版社，2005 年 5 月）。

18. 徐復觀：《中國人性論史・先秦篇》（上海：上海三聯書店，2001 年 5 月）。

19. 曾振宇：《中國氣論哲學研究》（濟南：山東大學出版社，2001 年）。

20. 韋政通：《中國哲學辭典》（台北：水牛出版社，1999 年）。

21. 徐復觀：《中國藝術精神》（台北：臺灣學生書局，1998 年 5 月）。

22. 葛兆光：《七世紀前中國的知識、思想與信仰世界》（上海：復旦大學出版社，1998 年）。

23. 楊儒賓：《中國古代思想中的氣論及身體觀》（台北：巨流圖書公司，1997 年）。

24. 任繼愈主編：《中國哲學發展史》（北京：人民出版社，1992 年）。

25. 張岱年：《中國哲學大綱》（台北：藍燈文化事業股份有限公司，1992 年）。

26. 張舜徽：《周秦道論發微》（台北：木鐸出版社，1988 年）。

27. 朱淑瑤、徐碩如：《春秋戰國史話》（台北：木鐸出版社，1988 年）。

28. 錢穆：《先秦諸子繫年》（台北：東大圖書股份有限公司，1986 年）。

29. 唐君毅：《中國哲學原論（導論篇）》（台北：臺灣學生書局，1986 年）。

30. 方克立：《中國哲學範疇集》（北京：人民出版社，1985 年）。

31. 牟宗三：《中國哲學十九講》（台北：臺灣學生，1983 年）。

32. 唐君毅：《中國哲學原論（原道篇）》（台北：臺灣學生書局，1976 年）。

33. 徐復觀：《周秦漢政治社會結構之研究》（台北：臺灣學生書局，1974 年）。

34. 羅根澤：《古史辨・第四冊》（台北：明倫出版社，1970 年 3 月）。

35. 羅根澤：《古史辨・第六冊》（上海：上海書店，1938 年）。

三、單篇論文

（一）簡帛《老子》類（依出版年月排列）

1. 吳戰洪、王紅：〈《老子》與《太一生水》關係再檢討〉，《商丘師範學院學報》2020 年第 7 期，頁 1～24。

2. 李健：〈老學晚於孔學新證──對木齋《先秦文學演變史・老子》的評論與補證〉，《哈爾濱師範大學社會科學學報》第 54 期（2019 年 10 月），頁 128～133。

3. 高華平：〈先秦《老子》文本的演變——由《韓非子》等戰國著作中的《老子》引文來考察〉，《中州學刊》2019 年第 10 期（2019 年 10 月），頁 107～118。

4. 郭梨華：〈論《老子》與《經法》的正靜功夫之異同〉，《哲學與文化》46 卷 8 期（2019 年 8 月），頁 75～91。

5. 張瀚墨：〈載[OC]*[ts]ˤəʔ+營[OC]*[ɢ]ʷeŋ=精[OC]*tseŋ：「載營」試析與《老子》第十章首句的解釋〉，《饒宗頤國學院院刊》第 6 期（2019 年 8 月），頁 309～329。

6. 工藤卓司：〈近二十年來日本學者郭店《老子》之研究〉，《漢學研究集刊》28 期（2019 年 6 月），頁 1～40。

7. 洪千雯：〈郭店竹簡《老子》與〈太一生水〉之「道」的內在聯繫——兼論〈太一生水〉的定位探究〉，《鵝湖學誌》62 期（2019 年 6 月），頁 29～59。

8. 喬洋：〈關於郭店《老子》的古典文獻學研究綜論〉，《北方文學》2019 年 6 期（2019 年 2 月），頁 242～244。

9. 馬文增：〈《史記·老子列傳》新解——兼及老學源流及其與「郭店簡」「清華簡」等新出土文獻之關係〉，《老子學刊》第 13 輯（2019 年），頁 14～26。

10. 張其賢：〈郭店《老子》思想管窺〉，《人文及社會科學集刊》30 卷 4 期（2018 年 12 月），頁 571～609。

11. 史林：〈從出土文獻看漢代《老子》文本及流傳〉，《史林》2018 年第 6 期，頁 20～27。

12. 鄔可晶：〈郭店《老子》甲組 21 號簡有關異文的解釋〉，《人文中國學報》25 期（2017 年 12 月），頁 231～257。

13. 陳師麗桂：〈近年出土文獻與《老子》研究〉，《老子的學說與精神：歷史與當代》（北京：中國社會科學，2016 年 3 月），頁 133～146。

14. 馬文增：〈〈太一生水〉新釋新解——兼論〈太一生水〉與簡本《老子》之關係〉，《老子學刊》2016 年第 1 期，頁 31～39。

15. 趙雄健：〈郭店楚簡〈太一生水〉與今本《老子》的思想聯繫〉，《東吳中文線上學術論文》30 期（2015 年 6 月），頁 1～15。

16. 蕭順杰：〈有幾位書手——關於郭店楚簡《老子》〉，《書畫藝術學刊》18 期（2015 年 6 月），頁 279～322。

17. 丁四新：〈早期《老子》文本的演變、成型與定型——以出土簡帛本為依據〉，《中州學刊》2014 年第 10 期（2014 年 10 月），頁 103～115。

18. 劉笑敢：〈簡帛本《老子》的思想與學術價值——以北大漢簡為契機的新考察〉，《國學學刊》2014 年第 2 期，頁 34～45。

19. 周贇：〈「無」字再探——以《老子》「有生於無」為中心〉，《弘道》第 3 期（2014 年），頁 30～34。

20. 李零：〈從郭店《老子》看老子的入世思想〉，《國學》2013 卷 12 期（2013 年 12 月），頁 18～19。

21. 陳錫勇：〈讀漢簡《老子》雜記〉，《鵝湖學誌》51 期（2013 年 12 月），頁 163～184。

22. 楊穎詩：〈竹簡本《老子》「絕智棄卞」章與今本〈十九章〉義理內涵之異同辨析〉，《世新中文研究集刊》9 期（2013 年 7 月），頁 159～182。

23. 陳錫勇：〈《老子》論證〉，《中國文化大學中文學報》25 期（2012 年 10 月）頁 85～93。

24. 盧桂珍：〈《老子》十六章文本研究與意義詮釋〉，《東華人文學報》20 期（2012 年 1 月），頁 1～32。

25. 陳錫勇：〈《史記·老子傳》辨正〉，《鵝湖學誌》47 期（2011 年 12 月），頁 71～91。

26. 陳錫勇：〈郭店楚簡《老子》指瑕〉，《中國文化大學中文學報》23 期（2011 年 10 月），頁 1～8。

27. 譚寶剛：〈郭店《老子》成書考〉，《史學月刊》2011 年第 7 期（2011 年 7 月），頁 23～29。

28. 廖名春：〈《老子》首章新釋〉，《哲學研究》第 9 期（2011 年），頁 35～42。

29. 池田知久：〈《老子》對於儒學的批判——以郭店《老子》第十八章的「仁義」批判為中心〉，《宗教哲學》53 期（2010 年 09 月），頁 39～53。

30. 程林：〈從出土文獻論《老子》的「道」與「德」〉，《信陽師範學院學報（哲學社會科學版）》30 卷 4 期（2010 年 7 月），頁 24～27。

31. 譚寶剛：〈從郭店《老子》看老子的入世思想〉，《周口師範學院學報》26 卷 6 期（2009 年 11 月），頁 5～9。

32. 馬振凱：〈楚簡《老子》中的重文識讀與分類〉，《東方論壇》2009 卷 4 期（2009 年 8 月），頁 39～41。

33. 劉勝男：〈略論郭店楚簡《老子》（甲本）通假字的類型〉，《現代語文》2009 卷 6 期（2009 年 2 月），頁 152～153。

34. 安海民：〈從歷史語言學的角度解讀《老子》〉，《青海民族大學學報（社會科學版）》35 卷 1 期（2009 年 1 月），頁 120～124。

35. 丁亮：〈《老子》文本形成的形式規律——從認知圖式對簡本、帛本及傳世本進行的新觀察〉，《臺大中文學報》29 期（2008 年 12 月），頁 1～48。

36. 徐臨江：〈郭店楚墓竹簡《老子》聖人觀探微〉，《上海大學學報（社會科學版）》15 卷 4 期（2008 年 07 月），頁 155～160。

37. 李剛：〈《太一生水》新探——論〈太一生水〉在老子和黃老之學之間的承前啟後作用〉，《安徽大學學報（哲學社會科學版）》2008 年第 1 期，頁 41～46。

38. 林建德：〈《老子》有無觀之哲學新解〉，《長庚人文社會學報》第一卷第二期（2008 年），頁 357～388。

39. 陳文采：〈「老子年代」問題在民初（1919～1936）論辯過程的分析研究〉，《台南科大學報》第 26 期（2007 年 9 月），頁 1～22。

40. 姜廣輝：〈關於郭店簡《老子》三組簡文的傳本問題〉，《湖南大學學報（社會科學版）》21 卷 1 期（2007 年 1 月），頁 5～7。

41. 張勇：〈從詩人之情到哲人之思——《詩經》二雅與竹簡《老子》的契合與演進〉，《安徽師範大學學報（人文社會科學版）》35 卷 1 期（2007 年 1 月），頁 28～31。

42. 寧鎮疆：〈結構研究視野下的《老子》材料討論〉，《漢學研究》24 卷 2 期（2006 年 12 月），頁 425～447。

43. 鄭倩琳：〈從《郭店‧老子甲》「絕智棄辯」章探析《老子》相關思想之詮釋發展〉，《國文學報》39 期（2006 年 6 月），頁 81～109。

44. 高華平：〈對郭店楚簡《老子》的再認識〉，《江漢論壇》2006 卷 4 期（2006 年 4 月），頁 93～96。

45. 趙彤：〈郭店楚簡《老子》乙組「閉其門」章新解〉，《南陽師範學院學報》5 卷 1 期（2006 年 1 月），頁 89～90。

46. 陳師麗桂：〈〈太一生水〉研究綜述及其與《老子》丙的相關問題〉，《漢學研究》第 23 卷第 2 期（2005 年 12 月），頁 413～437。

47. 李泰瑋：〈郭店楚墓竹簡〈老子〉〈太一生水〉書法探析〉，《造形藝術學

刊》2004 年度（2004 年 12 月），頁 67～85。

48. 陳錫勇：〈《郭店楚簡老子校釋》指瑕〉，《鵝湖學誌》31 期（2003 年 12 月），頁 201～219。

49. 金春峰：〈郭店《老子》的文史哲意義〉，《第六次儒佛會通論文集》（2002 年 7 月），頁 189～204。

50. 丁四新：〈簡帛《老子》思想研究之前緣問題報告——兼論楚簡《太一生水》的思想〉，《現代哲學》2002 年第 2 期，頁 84～91。

51. 晁福林：〈論老子思想的歷史發展〉，《孔子研究》2002 年第 1 期（2002 年 1 月），頁 21～35。

52. 丁四新：〈從簡、帛、通行本比較的角度論《老子》文本演變的觀念、過程和規律〉，《人文論叢》2002 年卷，頁 84～97。

53. 王葆玹：〈郭店楚簡的時代及其與子思學派的關係〉，《郭店楚簡國際學術研討會論文集》（2000 年 5 月），頁 644～649。

54. 唐明邦：〈竹簡《老子》與通行本《老子》比較研究〉，《郭店楚簡國際學術研討會論文集》（2000 年 5 月），頁 429～435。

55. 張正明：〈郭店楚簡的幾點啟示〉，《郭店楚簡國際學術研討會論文集》（2000 年 5 月），頁 43～46。

56. 程水金：〈郭店簡書《老子》的性質及其學術定位〉，《郭店楚簡國際學術研討會論文集》（2000 年 5 月），頁 499～505。

57. 谷中信一：〈從郭店《老子》看今本《老子》的完成〉，《郭店楚簡國際學術研討會論文集》（武漢：湖北人民出版社，2000 年），頁 436～444。

58. 陳偉：〈《太一生水》校讀並論與《老子》的關係〉，《古文字研究》第 22 期（2000 年），頁 227～231。

59. 陳鼓應：〈從郭店簡本看《老子》尚仁及守中思想〉，《道家文化研究》第 17 輯（1999 年 8 月），頁 64～80。

60. 丁原植：〈從出土《老子》文本看中國古典哲學的發展〉，《哲學與文化》26 卷 4 期（1999 年 4 月），頁 317～335。

61. 沈清松：〈郭店竹簡《老子》的道論與宇宙論——相關文本的解讀與比較〉，《哲學與文化》26 卷 4 期（1999 年 4 月），頁 298～316。

62. 龐樸：〈古墓新知——漫讀郭店楚簡〉，《郭店楚簡研究》（《中國哲學》第 20 輯）（瀋陽：遼寧教育出版社，1999 年 1 月），頁 7～12。

63. 許抗生：〈初談郭店竹簡《老子》〉,《宗教哲學》16 期（1998 年 10 月）,
頁 125～131。

64. 郭沂：〈從郭店楚簡《老子》看老子其人其書〉,《哲學研究》1998 年第 7
期（1998 年 7 月）,頁 47～55。

65. 郭沂：〈試談楚簡〈太一生水〉及其與簡本《老子》的關係〉,《中國哲學
史》1998 年第 4 期,頁 33～38。

66. 鄭良樹：〈論帛書本老子〉,《書目季刊》13 卷 2 期（1979 年 9 月）,頁 43
～51。

(二)《莊子》思想類（依出版年月排列）

1. 丁四新：〈莊子思想的三大本原及其自然之義〉,《人文雜誌》2020 年第 2
期,頁 2～14。

2. 蘭輝耀：〈《莊子》外雜篇之「德」論〉,《河南大學學報（社會科學版）》
第 54 卷第 2 期（2014 年 3 月）,頁 16～21。

3. 吳肇嘉：〈《莊子‧應帝王》中「即內聖即外王」的應世思想〉,《清華中文
學報》第 5 期（2011 年 6 月）,頁 205～230。

4. 陳德和〈從《莊子‧養生主》論心靈的突破與生命的安頓〉,《鵝湖學誌》
第 44 期（2010 年 6 月）,頁 135～172。

5. 張偉偉、吳玉嬌：〈《莊子》外、雜篇歸屬新探〉,《焦作大學學報》24 卷
2 期（2010 年 5 月）,頁 10～11。

6. 黃瑞云：〈《莊子》雜篇疏解〉,《黃石理工學院學報（人文社科版）》27 卷
2 期（2010 年 4 月）,頁 11～14。

7. 馬耘：〈論莊子哲學中「政治」之意義與地位〉,《止善》第 7 期（2009 年
12 月）,頁 169～184。

8. 徐瑩：〈莊子學說之獨立性研究──以《莊子》內七篇為中心〉,《文史哲》
2009 卷 6 期（2009 年 11 月）,頁 34～48。

9. 彭富春：〈論莊子的道〉,《湖北社會科學》2009 年第 9 期（2009 年 9 月）,
頁 117～121。

10. 丁懷軫：〈道的複調──老子與莊子的比較分析〉,《淮北煤炭師範學院
（哲學社會科學版）》29 卷 5 期（2008 年 10 月）,頁 65～69。

11. 徐國峰：〈論老莊思想中的數字「一」〉,《東方人文學誌》7 卷 2 期（2008
年 6 月）,頁 77～97。

12. 鮑宇：〈莊學稷下黃老學價值觀比較〉，《常州大學學報（社會科學版）》7 卷 2 期（2006 年 6 月），頁 1～4。

13. 賴錫三：〈《莊子》精、氣、神的功夫和境界——身體的精神化與形上化之實現〉，《漢學研究》第 22 卷第 2 期（2004 年 12 月），頁 121～154。

14. 陳政揚：〈莊子的治道觀〉，《高雄師大學報》第 16 期（2004 年），頁 255～272。

15. 劉榮賢：〈《莊子・外雜篇》中「理」觀念的發展〉，《靜宜人文學報》第 17 期（2002 年 12 月），頁 53～63。

16. 晁福林：〈《盜跖》篇看莊子後學的無為思想〉，《山東社會科學學報》（2002 年 2 月），頁 59～62。

17. 劉榮賢：〈《莊子・外雜篇》對戰國諸家子學的批判〉，《東海中文學報》13 期（2001 年 7 月），頁 19～42。

18. 朱謙之：〈《莊子》書之考證（下）〉，《社會科學研究》2001 年第 5 期，頁 64～69。

19. 朱謙之：〈《莊子》書之考證）（上）〉，《社會科學研究》2001 年第 4 期，頁 74～80。

20. 王運生：〈《莊子》外篇存在的問題〉，《昆明師範高等專科學校學報》第 23 卷第 1 期（2001 年 3 月），頁 10～14。

21. 王運生：〈《莊子・天下》篇的真偽及學術價值〉，《昆明師範高等專科學校學報》第 22 卷第 3 期（2000 年 9 月），頁 1～4。

22. 劉榮賢〈《莊子・外雜篇》中的養生思想〉，《東海大學文學院學報》第 41 卷（2000 年 7 月），頁 59～78。

23. 陳水德：〈《莊子・天地》篇三重混雜思想體系概說〉，《華僑大學學報》哲社版，2000 年第 3 期，頁 123～127。

24. 黎廣基：〈《莊子・庚桑楚》篇雜志〉，《南京師範大學文學院學報》（2000 年 1 月），頁 10～12。

25. 葉海煙：〈《太一生水》與莊子的宇宙觀〉，《哲學與文化》第 26 卷 4 期（1999 年 4 月），頁 336～343。

26. 王葆玹：〈試論郭店楚簡的抄寫時間與莊子的撰作時代——兼論郭店與包山楚墓的時代問題〉，《哲學研究》1999 年第 4 期（1999 年），頁 18～29。

27. 劉榮賢：〈《莊子》內外雜篇之形成及其先後問題〉，《中山人文學報》第 6 期（1998 年 2 月），頁 57～75。

28. 葉海煙：〈莊子哲學的「陰陽」概念〉，《宗教哲學》第三卷第三期（1997 年 7 月），頁 88～100。

29. 陸建華：〈《莊子》外雜篇中的莊子〉，《淮北煤師院學報》社科版（1997 年 3 月），頁 55～57。

30. 李叔華：〈《莊子·天下》篇的主旨和成文年代新探〉，《哲學研究》1995 年 第 5 期，頁 72～81。

31. 王邦雄〈莊子系列（七）──應帝王〉，《鵝湖月刊》第 18 卷 12 期（1993 年 6 月），頁 22～34。

32. 高齡芬：〈莊子外雜篇之老子義理之詮釋〉，《鵝湖學誌》7 期（1991 年 12 月），頁 87～106。

33. 王邦雄：〈莊子思想及其修養工夫〉，《鵝湖月刊》第 193 期（1991 年 7 月），頁 1～12。

34. 劉笑敢：〈莊子後學中的黃老派〉，《哲學研究》（1985 年 6 月），頁 59～65、77。

（三）其他（依出版年月排列）

1. 陳師麗桂：〈范應元《老子道德經古本集註》的異文價值──以范氏注文 所及《韓非子》、王弼本、河上公本、指歸本、傅奕本為討論核心〉，《哲學論集》49 期（2018 年 2 月），頁 1～32。

2. 李銳：〈上博簡〈凡物流形〉的思想主旨與學派歸屬〉，《陝西師範大學學報（哲學社會科學版）》2017 年第 5 期，頁 69～76。

3. 竹田健二：〈戰國時代的氣概念：以出土文獻為中心〉，《東亞觀念史集刊》第 11 期（2016 年 12 月），頁 23、25～59。

4. 楊菁：〈戰國黃老道家重「時」觀之探討〉，《台北大學中文學報》第 18 期（2015 年 9 月），頁 101～120。

5. 王中江：〈《太一生水》的構成和概念層次再證〉，《船山學刊》第 1 期（2015 年）頁 56～65。

6. 陳師麗桂：〈由道到術──漢代道家相關文獻對「道」的理解與詮釋〉，《政大中文學報》22 期（2014 年 12 月），頁 43～68。

7. 林麗玲：〈《荀子》與《老子》、《莊子》關係重探──從詞彙用例考察〉，

《人文中國學報》20 期（2014 年 9 月），頁 35～68。

8. 陳師麗桂：〈「道」的異稱及其義涵衍化──「一」與「亙」〉，《成大中文學報》第 46 期（2014 年 9 月），頁 1～32。

9. 郭鶴鳴：〈「無」、「有」之義與老子思想系統之釐定──《老子》首章義理新詮〉，《世新中文研究集刊》13 期（2017 年 7 月），頁 1～15。

10. 曹峰：〈《太一生水》「天道貴弱」篇的思想結構──兼論與黃老道家的關係〉，《清華大學學報（哲學社會科學版）》2015 年第 3 期，頁 164～173。

11. 謝君直：〈郭店楚簡〈太一生水〉的天道思想及其重詮〉，《揭諦》第 27 期（2014 年 7 月），頁 47～84。

12. 鄭吉雄：〈《太一生水》釋讀研究〉，《中國典籍與文化論叢》第 14 輯（2012 年 6 月），頁 145～166。

13. 王文隆：〈道家哲學的邏輯〉，《淡江人文社會學刊》第 49 期（2012 年 3 月），頁 1～32。

14. 林忠軍：〈論上博簡〈凡物流形〉「豸」字的內涵及哲學意義〉，《哲學研究》2010 年第 5 期，頁 63～66。

15. 李若暉：〈試論先秦道家思想〉，《欽州學院學報》25 卷 2 期（2010 年 4 月），頁 49～54。

16. 馮勝君：〈從出土文獻看抄手在先秦文獻傳佈過程中所產生的影響〉，《簡帛》第 4 期（2009 年 10 月），頁 411～424。

17. 王中江：〈〈凡物流形〉的宇宙觀、自然觀和政治哲學──圍繞「一」而展開的探究並兼及學派歸屬〉，《哲學研究》2009 年第 6 期，頁 48～58、93。

18. 劉榮賢：〈先秦兩漢所謂「黃老」思想的名與實〉，《逢甲人文社會學報》第 18 期（2009 年 6 月），頁 1～20。

19. 鄒濬智：〈傳世典籍與出土文獻所見東周楚人宇宙觀念試構〉，《通識教育學報》13 期（2008 年 6 月），頁 83～115。

20. 鄒濬智：〈傳世文獻及出土資料所見戰國楚人迷信思想綜論〉，《康寧學報》第 10 期（2008 年 6 月），頁 273～288。

21. 梅廣：〈從楚文化的特色試論老莊的自然哲學〉，《臺大文史哲學報》第 67 期（2007 年 11 月），頁 1～38。

22. 劉群棟：〈《文子》撰作年代考〉，《中州學刊》2007 卷 6 期（2007 年 11

月），頁 202～204。

23. 譚寶剛：〈近十年來國內郭店楚簡〈太一生水〉研究述評〉，《史學月刊》
    2007 年第 7 期，頁 102～109。

24. 陳師麗桂：〈從出土簡帛文獻看戰國楚道家的道論及其相關問題～～以帛
    書〈道原〉、〈太一生水〉與〈互先〉為核心〉，《中國文哲研究集刊》第 29
    期（2006 年 9 月），頁 123～144。

25. 陳師麗桂：〈先秦儒道的氣論與黃老之學〉，《哲學與文化》33 卷 8 期
    （2006 年 8 月），頁 5～18。

26. 鄭萬耕：〈楚竹書《恒先》簡說〉，《齊魯學刊》第 1 期（2005 年 1 月），
    頁 21～25。

27. 丁四新，〈有無之辯和氣的思想〉，《中國哲學史》第 3 期（2004 年），頁
    100～105。

28. 劉學文：〈論郭店楚簡〈太一生水〉本體生成系統〉，《新疆大學學報（哲
    學社會科學版）》第 31 卷第 3 期（2003 年 9 月），頁 72～79。

29. 丁四新：〈「察一」（「察道」）的工夫與功用——論楚竹書〈凡物流形〉第
    二部分文本的哲學思想〉，《武漢大學學報（人文科學版）》2013 年第 1 期
    （2003 年 1 月），頁 19～24。

30. 蕭兵：〈《太一生水》的神話學研究〉，《華中師範大學學報（人文社會科學
    版）》第 6 期（2003 年），頁 18～24。

31. 劉振維：〈論《老子》書中的「一」與「道」〉，《朝陽學報》8 卷 1 期（2003
    年 9 月），頁 133～151。

32. 鄭振偉：〈道家與原始思維〉，《漢學研究》第 19 卷第 2 期（2001 年 12
    月），頁 113～140。

33. 趙東栓：〈《太一生水》篇的宇宙圖式及其文化哲學闡釋〉，《齊魯學刊》第
    163 期（2001 年 4 月），頁 72～79。

34. 林俊宏：〈《老子》政治思想的開展—從「道」與幾個概念談起〉，《政治科
    學論叢》第 10 期（1999 年 6 月），頁 171～194。

35. 陳德和：〈略論老子的年代與思想—對劉笑敢《老子》的幾點質疑〉，《鵝
    湖學誌》22 期（1999 年 6 月），頁 179～188。

36. 莊萬壽：〈太一與水之思想探究——《太一生水》楚簡之初探〉，《哲學與
    文化》26 卷 5 期（1999 年 5 月），頁 394～401。

37. 杜維明：〈郭店楚簡與先秦儒道思想的重新定位〉，《中國哲學》第 20 輯（1999 年 1 月），頁 1～6。

38. 李學勤：〈先秦儒家著作的重大發現〉，《中國哲學》第 20 輯（1998 年 10 月），頁 13～17。

39. 向松柏：〈水生型創世神話在現代民族習俗中的沈積〉，《中南民族學院學報》第 85 期第 2 期（1997 年），頁 34～35。

40. 劉笑敢：〈關於老子考證的歷史考查與分析〉，《中國文哲研究通訊》第 20 號第 5 卷第 4 期（1995 年 12 月），頁 77～94。

41. 劉笑敢：〈先秦無君派的批判哲學〉，《孔子研究》1984 年第 4 期，頁 62 ～69。

四、學位論文

（一）博士論文（依出版年月排列）

1. 林勝彩：《郭店楚簡與先秦學派問題》（國立中山大學中國文學系博士論文，鍾彩鈞指導，2006 年）。

2. 謝君直：《郭店楚簡的天道思想》（中國文化大學哲學研究所博士論文，袁保新指導，2004 年）。

3. 朱心怡：《天之道與人之道——郭店楚簡儒、道思想研究》（國立清華大學中國文學研究所博士論文，林聰舜、徐漢昌指導，2003 年）。

4. 黃漢青：《莊子內篇與外雜篇比較研究》（中國文化大學哲學研究所博士論文，王邦雄指導，1992 年）。

5. 陳師麗桂：《淮南鴻烈思想研究》（國立臺灣師範大學國文學系博士論文，高明、于大成指導，1983 年）。

6. 吳勁雄：《郭店楚簡與諸子研究新視野》（湖南大學博士論文，于振波指導，2015 年）。

7. 陳成吒：《先秦老學考論》（華東師範大學博士論文，方勇指導，2014 年）。

8. 李培志：《《黃帝書》與簡帛《老子》思想淵源研究》（河南大學博士論文，李振宏指導，2010 年）。

9. 譚寶剛：《老子及其遺著研究》（河南大學博士論文，李振宏指導，2008 年）。

10. 劉晗：《《老子》文本與道儒關系演變研究》（陝西師範大學博士論文，臧

振指導，2007 年）。

11. 聶中慶：《郭店楚簡《老子》研究》（復旦大學博士論文，吳格指導，2003年）。

（二）碩士論文（依出版年月排列）

1. 吳雅婷：《從《莊子》書看老、莊思想的關聯》（國立中興大學中國文學所碩士學位論文，林文彬指導，2018 年）。

2. 張沐一：《漢簡本《老子》與郭店、馬王堆簡帛本用字之比較研究》（國立臺灣師範大學碩士學位論文，陳師麗桂指導，2016 年）。

3. 蘇上毓：《老子與馬王堆黃老帛書的政治觀之比較研究》（南華大學哲學與生命教育學系碩士論文，謝君直指導，2012 年）。

4. 劉書羽：《《莊子》引《老子》考》（台北市立教育大學中國語文學系碩士論文，陳錫勇指導，2009 年）。

5. 謝君萍：《莊子後學與《老子》、黃老之學關係研究》（國立中山大學中國文學系研究所碩士論文，陳師麗桂指導，2007 年）。

6. 方連全：《郭店簡《太一生水》研究》（國立中山大學中國語文學系研究所碩士論文，徐漢昌、楊濟襄指導，2005 年）。

7. 申寶峻：《郭店楚簡《老子》校理》（中國文化大學中國文學研究所碩士論文，陳錫勇指導，2005 年）。

8. 陳哲音：《先秦時期老子學說的傳播與影響》（中國文化大學中國文學研究所碩士論文，黃沛榮指導，2004 年）。

9. 張鴻愷：《先秦至漢初老子思想之發展與變遷》（國立高雄師範大學國文學系碩士論文，蔡崇名指導，2003 年）。

10. 鄭倩琳：《戰國時期道家之宇宙生成論》（國立臺灣師範大學國文學系碩士論文，陳師麗桂指導，2003 年）。

11. 吳勇冀：《郭店楚簡《太一生水》研究》（暨南國際大學中國語文學系碩士論文，劉文起指導，2002 年）。

12. 房慧真：《陰陽刑德研究——黃學、陰陽與黃老三者之間的交會融通》（國立臺灣師範大學國文學系碩士論文，陳師麗桂指導，2002 年）。

13. 謝佩霓：《郭店楚簡《老子》訓詁辨疑》（暨南國際大學中國語文學系碩士論文，林慶勳、林清源指導，2002 年）。

14. 易天任：《先秦「氣」思想研究》（國立高雄師範大學國文研究所碩士論

文，周虎林指導，2001 年）。

15. 邱惠聆：《《莊子》內篇與外雜篇修養論之比較研究》（淡江大學中國文學系碩士論文，高柏園指導，2000 年）。

16. 陳明恩：《氣化宇宙論主體架構的形成及其開展》（淡江大學中國文學研究所碩士論文，李正治指導，1998 年）。

17. 陳師麗桂：《王充自然思想研究》（國立臺灣師範大學國文學系碩士論文，林耀曾指導，1974 年）。

18. 吳秀婷：《簡帛《老子》研究史略》（鄭州大學碩士論文，羅家湘指導，2012 年）。

19. 林雄洲：《楚簡本與帛書本、傳世本《老子》的文本關系研究》（湖南師範大學宗教研究所碩士論文，徐儀明指導，2008 年）。

20. 劉黛：《郭店楚簡、馬王堆帛書、王弼本《老子》版本比較與分析》（北京大學碩士論文，王博指導，2008 年）。

21. 劉靜：《《老子》成書前後文本與思想研究》（山東大學碩士論文，曾振宇指導，2007 年）。

22. 張偉：《《莊子》在先秦時期的傳播與接受》（山東大學碩士論文，廖群指導，2007 年）。

23. 袁紅梅：《郭店楚簡《老子》校釋札記》（南京師範大學碩士論文，方向東指導，2006 年）。

24. 張園：《郭店楚簡《老子》研究述論》（東北師範大學碩士論文，李德山指導，2006 年）。

25. 李曉宇：《郭店楚簡《太一生水》探析》（四川大學碩士論文，黃德昌指導，2003 年）。